지급결제와 본인인증편

핀테크 규제와 실무

핀테크 규제와 실무

2019년 8월 9일 초판 발행
2023년 2월 16일 3판 2쇄 발행

글/그림 | 예자선
발 행 인 | 이희태
발 행 처 | 삼일인포마인
등록번호 | 1995. 6. 26. 제3－633호
주　　소 | 서울특별시 용산구 한강대로 273 용산빌딩 4층
전　　화 | (02)3489－3100
팩　　스 | (02)3489－3141
정　　가 | 35,000원

ISBN 979－11－6784－005－9 93320

지급결제와 본인인증편

핀테크 규제와 실무

예자선(변호사) 글 / 그림

SAMIL | 삼일인포마인

개정증보판을 내면서

개인적으로는 개정증보판을 찍을 수 있어 너무 다행입니다. 오타도 있었고, 한 문장이 5줄, 이런 걸 보면 정말 고치고 싶었거든요. 새로운 내용을 업데이트해야 하는 건 어느 정도 당연할 거라 생각했는데, 그 속도가 정말 빠른 것 같습니다.

책을 이미 구매하신 분들을 위해 보완된 내용을 인터넷에 올려두겠습니다. yejasun.com으로 검색해 보시면 됩니다.

그리고 업무 과정에서 만나는 모든 분들께 감사드립니다. 분명 하나도 몰랐었는데, 어느 순간 책이 되었다는 것은 그동안 누구한테 듣거나 어디선가 본 것이겠지요. 의외로 나무위키에 별것이 다 있는데, 그런 걸 누가 그렇게 정리하는 건지 존경스럽습니다.

금융위와 금감원의 축적된 자료들도 검색이 용이한 데이터베이스 형태로 공개된다면 실무자들에게는 굉장히 유용할 것 같습니다.

개정증보판의 수정 때 조세경 변호사님이 후불교통카드 등의 내용을 짚어주셨습니다. 또 출판사로 질문 보내주신 IT회사 다니신다는 분께도 감사드립니다.

그럼 저는 2권으로 찾아뵙겠습니다.

2020. 4.

머리말

핀테크는 금융에 기술을 적용하여 편리한 이용 방식을 제공하는 것이다. 이왕이면 조금 더 쉽고 편하게 하겠다는 것에서 출발하여 어느새 새로운 서비스가 되고 서로 다른 산업이 융합된다. 그런데 어떤 아이디어가 있어서 기술적으로 가능하더라도 서비스로서 시장에 소개될 수 있으려면 기존 금융시스템과 결합하는데 법적·제도적 문제가 없어야 하고, 다른 사업자들과 이해관계가 맞아서 제휴도 해야 한다. 그리고 그 서비스가 지속되려면 각 참여자들이 적정 수익을 낼 수 있는 비즈니스 모델이 성립되어야 함은 물론이다.

'비즈니스 모델'은 한마디로 '제도의 테두리 안에서 사업자들이 맺고 있는 계약관계의 집합체'라고 할 수 있다. 여기에는 기업 간의 이해관계 및 사업적 판단과 함께, 제도를 만들고 해석하는 감독당국의 영향력이 크게 작용하게 된다. 이 양쪽 측면의 줄타기를 하면서, 무엇보다도 이용자 중심으로 사고할 때 선택받는 서비스로 살아남을 가능성이 생길 것이다.

이 책은 핀테크 중에서도 우리가 가장 일상적으로 접하는 온라인과 오프라인의 지급결제 서비스를 다루고 있다. 이 시장은 당장 수익을 내기는 어렵지만 여기서의 많은 고객 접점과 데이터 확보를 기반으로 하여 대출, 보험, 투자 등 종합 금융플랫폼으로 도약할 수 있는 분야이기 때문에 기존 사업자들과 신규 사업자들이 피튀기는 경쟁을 하고 있다. 또한 실물경제와 관련이 높고, 증가하는 해외송금과 온라인쇼핑으로 외국서비스가 상대적으로 금방 침투할 수 있는 산업이며 이는 동시에 해외진출 기회이기도 하다. 이러한 중요성을 인식하여 정부에서도 지급결제 분야에 대해 인프라 혁신을 추진하고 탄력적인 규제 체계를 도입하겠다고 발표한 바 있어 현재 많은 현안들이 논의 중이기도 하다.

책의 내용은 비즈니스 모델의 팩트(각 서비스별로 누가 참여하며, 무슨 라이선스가 필요한지, 어떤 계약관계를 맺고 있는지, 어떤 규제를 받고 있는지)와 제도적 현안들에 대한 설명으로 구성되어 있다. 각자의 업무에서 이해와 인사이트가 필요한 분들을 위해서 기본바탕이 될 수 있는 전반적인 지식을 정리하는 것을 목표로 최대한의 모든 정성을 기울였다. 이 자료가 업계에서 실무를 하는 분들과 제도를 만들고 운영하는 분들 그리고 학계에서 연구하는 분들에게 소기의 도움이 되었으면 한다.

끝으로, 비즈니스 현장에서 고군분투하는 분들이 부디 좋은 서비스들을 성공시킬 수 있기를, 많은 사람들이 그렇게 만들어진 서비스들을 잘 누릴 수 있기를 … 대한민국 파이팅!

저자 씀

차례

제1장 지급결제란

제2장 지급결제 기초편: license의 이해

제3장 지급결제 실전편: 다양한 비즈니스 모델

제1장

지급결제란

제 1 절

지급결제의 개념

가. 전자금융거래, 전자지급거래, 전자지급수단

'전자금융거래'는 이용자가 금융회사 또는 전자금융업자와 대면 또는 전화통화 등으로 직접 의사소통하는 과정 없이 금융거래가 전자적으로 이루어지는 것을 말한다. 오프라인에서 카드를 사용하는 것도 전자금융거래이다.

전자금융거래 중에서 일방에서 타방으로 자금이 이전되는 거래를 '전자지급거래'라고 한다. 전자지급거래를 위해 사용되는 장치를 '전자지급수단'이라고 하며 '전자자금이체', '신용카드', '직불전자지급수단', '선불전자지급수단' 등이 여기에 해당한다. 전자지급수단을 통해서 결국은 내 계좌에 있는 돈을 수취인·판매자 계좌로 이동시키는 것이기 때문에 현금 교부를 대체할 수 있는 것이다.

전금법 제2조【정의】 이 법에서 사용하는 용어의 정의는 다음과 같다. <개정 2007. 4. 27., 2008. 2. 29., 2012. 3. 21., 2012. 6. 1., 2013. 5. 22.>

1. "전자금융거래"라 함은 금융회사 또는 전자금융업자가 전자적 장치를 통하여 금융상품 및 서비스를 제공(이하 "전자금융업무"라 한다)하고, 이용자가 금융회사 또는 전자금융업자의 종사자와 직접 대면하거나 의사소통을 하지 아니하고 자동화된 방식으로 이를 이용하는 거래를 말한다.
2. "전지지급거래"라 함은 자금을 주는 자(이하 "지급인"이라 한다)가 금융회사 또는 전자금융업자로 하여금 전자지급수단을 이용하여 자금을 받는 자(이하 "수취인"이라 한다)에게 자금을 이동하게 하는 전자금융거래를 말한다.
11. "전자지급수단"이라 함은 전자자금이체, 직불전자지급수단, 선불전자지급수단, 전자화폐, 신용카드, 전자채권 그 밖에 전자적 방법에 따른 지급수단을 말한다.

나. 전자지급수단의 두 가지 종류

전자지급수단은 무언가를 구매하고 대금을 결제할 때 쓰는 것과 용도 제한 없이 자금이체 자체가 목적인 것으로 구별할 수 있다.

전금법상 '전자자금이체'가 후자에 해당하는 것으로 전자자금이체의 지시를 지급인이 자기 계좌가 있는 금융기관에 직접 하면 '지급지시'이고, 수취인이 (지급인의 동의를 받아서) 지급인의 금융기관에 대신하면 '추심지시'이다. 보통 '계좌이체'라고 하면 지급지시에 의한 이체를 말하고, 추심지시에 의한 이체는 '추심이체'라고 한다.

반면 전금법의 '선불전자지급수단', '직불전자지급수단', '전자화폐', 여전법의 '신용카드', '선불카드', '직불카드'는 재화나 용역을 구매할 때 사용하는 것으로 정의되어 있다.

전금법 제2조【정의】 이 법에서 사용하는 용어의 정의는 다음과 같다. <개정 2007. 4. 27., 2008. 2. 29., 2012. 3. 21., 2012. 6. 1., 2013. 5. 22.>

12. "전자자금이체"라 함은 지급인과 수취인 사이에 자금을 지급할 목적으로 금융회사 또는 전자금융업자에 개설된 계좌(금융회사에 연결된 계좌에 한한다. 이하 같다)에서 다른 계좌로 전자적 장치에 의하여 다음 각 목의 어느 하나에 해당하는 방법으로 자금을 이체하는 것을 말한다.
   가. 금융회사 또는 전자금융업자에 대한 지급인의 지급지시
   나. 금융회사 또는 전자금융업자에 대한 수취인의 추심지시(이하 "추심이체"라 한다)
13. "직불전자지급수단"이라 함은 이용자와 가맹점 간에 전자적 방법에 따라 금융회사의 계좌에서 자금을 이체하는 등의 방법으로 재화 또는 용역의 제공과 그 대가의 지급을 동시에 이행할 수 있도록 금융회사 또는 전자금융업자가 발행한 증표(자금을 융통받을 수 있는 증표를 제외한다) 또는 그 증표에 관한 정보를 말한다.
14. "선불전자지급수단"이라 함은 이전 가능한 금전적 가치가 전자적 방법으로 저장되어 발행된 증표 또는 그 증표에 관한 정보로서 다음 각 목의 요건을 모두 갖춘 것을 말한다. 다만, 전자화폐를 제외한다.
   가. 발행인(대통령령이 정하는 특수관계인을 포함한다) 외의 제3자로부터 재화 또는 용역을 구입하고 그 대가를 지급하는데 사용될 것
   나. 구입할 수 있는 재화 또는 용역의 범위가 2개 업종(「통계법」 제22조 제1항의 규정에 따라 통계청장이 고시하는 한국표준산업분류의 중분류상의 업종을 말한다. 이하 이 조에서 같다) 이상일 것
15. "전자화폐"라 함은 이전 가능한 금전적 가치가 전자적 방법으로 저장되어 발행된 증표 또는 그 증표에 관한 정보로서 다음 각 목의 요건을 모두 갖춘 것을 말한다.
   가. 대통령령이 정하는 기준 이상의 지역 및 가맹점에서 이용될 것

나. 제14호 가목의 요건을 충족할 것

다. 구입할 수 있는 재화 또는 용역의 범위가 5개 이상으로서 대통령령이 정하는 업종 수 이상일 것

라. 현금 또는 예금과 동일한 가치로 교환되어 발행될 것

마. 발행자에 의하여 현금 또는 예금으로 교환이 보장될 것

여전법 제2조【정의】 이 법에서 사용하는 용어의 뜻은 다음과 같다. <개정 2010. 3. 12., 2012. 3. 21., 2015. 1. 20., 2015. 7. 31., 2016. 3. 29., 2018. 2. 21.>

3. "신용카드"란 이를 제시함으로써 반복하여 신용카드가맹점에서 다음 각 목을 제외한 사항을 결제할 수 있는 증표(證票)로서 신용카드업자(외국에서 신용카드업에 상당하는 영업을 영위하는 자를 포함한다)가 발행한 것을 말한다.

가. 금전채무의 상환

나. 「자본시장과 금융투자업에 관한 법률」 제3조 제1항에 따른 금융투자상품 등 대통령령으로 정하는 금융상품

다. 「게임산업진흥에 관한 법률」 제2조 제1호의2에 따른 사행성게임물의 이용 대가 및 이용에 따른 금전의 지급. 다만, 외국인(「해외이주법」 제2조에 따른 해외이주자를 포함한다)이 「관광진흥법」에 따라 허가받은 카지노영업소에서 외국에서 신용카드업에 상당하는 영업을 영위하는 자가 발행한 신용카드로 결제하는 것은 제외한다.

라. 그 밖에 사행행위 등 건전한 국민생활을 저해하고 선량한 풍속을 해치는 행위로 대통령령으로 정하는 사항의 이용 대가 및 이용에 따른 금전의 지급

6. "직불카드"란 직불카드회원과 신용카드가맹점 간에 전자적(電子的) 또는 자기적(磁氣的) 방법으로 금융거래계좌에 이체(移替)하는 등의 방법으로 결제가 이루어질 수 있도록 신용카드업자가 발행한 증표{자금(資金)을 융통받을 수 있는 증표는 제외한다}를 말한다.

8. “선불카드”란 신용카드업자가 대금을 미리 받고 이에 해당하는 금액을 기록(전자적 또는 자기적 방법에 따른 기록을 말한다)하여 발행한 증표로서 선불카드소지자가 신용카드가맹점에 제시하여 그 카드에 기록된 금액의 범위에서 결제할 수 있게 한 증표를 말한다.

전자자금이체와 다른 결제용 지급수단 간의 차이를 정리하면 다음과 같다.

(1) 용도와 계약 구조

전자자금이체는 송금 목적인지, 결제 목적인지 용도의 구별이 없다. 전자자금이체에서 지급인과 수취인은 모두 금융회사에 계좌를 개설한 고객이다.

반면 결제용 지급수단들은 지급수단제공자와 판매자가 사전에 가맹점 관계를 맺고 있어야, 이용자가 지급수단을 사용했을 때 결제 요청이 지급수단제공자에게 전달되어 결제가 이루어질 수 있다. 여기에는 지급수단제공자-지급인 간의 회원 계약, 지급수단제공자-판매자 간의 가맹점 계약이라는 두 가지 관계가 존재하고, 결제가 이루어지려면 두 가지가 동시에 작동되어야 한다는 점에서(3 당사자가 동시에 하나의 계약을 체결하는 것과는 구별되는) 양면거래 관계라고 한다.

여전법과 전금법에서는 이러한 결제용 지급수단들을 이용하여 물품 판매를 가장하는 행위를 금지하고 있다.

여전법 제19조【가맹점의 준수사항】 ⑤ 신용카드가맹점은 다음 각 호의 어느 하나에 해당하는 행위를 하여서는 아니 된다. 다만, 결제대행업체의 경우에는 제1호·제4호 및 제5호를 적용하지 아니하고, 수납대행가맹점의 경우에는 제3호·제5호(제2조 제5호의2에 따라 대행하는 행위에 한한다)를 적용하지 아니한다. <개정 2010. 3. 12., 2015. 1. 20.>

1. 물품의 판매 또는 용역의 제공 등이 없이 신용카드로 거래한 것처럼 꾸미는 행위
2. 신용카드로 실제 매출금액 이상의 거래를 하는 행위
3. 다른 신용카드가맹점의 명의(名義)를 사용하여 신용카드로 거래하는 행위
4. 신용카드가맹점의 명의를 타인에게 빌려주는 행위
5. 신용카드에 의한 거래를 대행하는 행위

제70조【벌칙】 ③ 다음 각 호의 어느 하나에 해당하는 자는 3년 이하의 징역 또는 2천만 원 이하의 벌금에 처한다. <개정 2015. 1. 20.>

2. 다음 각 목의 어느 하나에 해당하는 행위를 통하여 자금을 융통하여 준 자 또는 이를 중개·알선한 자
   가. 물품의 판매 또는 용역의 제공 등을 가장하거나 실제 매출금액을 넘겨 신용카드로 거래하거나 이를 대행하게 하는 행위
   나. 신용카드회원으로 하여금 신용카드로 구매하도록 한 물품·용역 등을 할인하여 매입하는 행위

전금법 제37조【가맹점의 준수사항 등】 ③ 가맹점은 다음 각 호의 어느 하나에 해당하는 행위를 하여서는 아니 된다.

1. 재화 또는 용역의 제공 등이 없이 전자화폐등(직불전자지급수단, 전자지급수단, 전자화폐)에 의한 거래를 한 것으로 가장(假裝)하는 행위
2. 실제 매출금액을 초과하여 전자화폐등에 의한 거래를 하는 행위
3. 다른 가맹점 이름으로 전자화폐등에 의한 거래를 하는 행위
4. 가맹점의 이름을 타인에게 빌려주는 행위

5. 전자화폐등에 의한 거래를 대행하는 행위

④ 가맹점이 아닌 자는 가맹점의 이름으로 전자화폐등에 의한 거래를 하여서는 아니 된다.

제49조【벌칙】 ⑤ 다음 각 호의 어느 하나에 해당하는 자는 3년 이하의 징역 또는 2천만 원 이하의 벌금에 처한다. <개정 2008. 12. 31., 2015. 1. 20., 2016. 1. 27., 2020. 5. 19.>

7. 제37조 제3항 제3호의 규정을 위반하여 다른 가맹점의 이름으로 전자화폐등에 의한 거래를 한 자
8. 제37조 제3항 제5호의 규정을 위반하여 전자화폐등에 의한 거래를 대행한 자
9. 제37조 제4항의 규정을 위반하여 가맹점의 이름으로 전자화폐등에 의한 거래를 한 자

⑥ 다음 각 호의 어느 하나에 해당하는 자는 1년 이하의 징역 또는 1천만 원 이하의 벌금에 처한다. <개정 2020. 5. 19.>

5. 제37조 제3항 제4호의 규정을 위반하여 가맹점의 이름을 타인에게 빌려준 자

(2) 지급의 효력 발생 시점

전자자금이체는 수취인 계좌로 실시간 입금처리되기 때문에 수취인 계좌가 개설된 금융회사 계좌 원장에 '입금기록'이 끝날 때 효력이 발생하는 것으로 규정되어 있다.

반면, 결제용 지급수단들은 '결제요청이 승인됐을 때' 지급의 효력이 발생하여 이용자에게는 판매자에 대한 채무가 남지 않는다. 양면거래의 특성상 이 시점부터는, 판매자는 가맹점으로서 지급수단제공자에 대하여 매출채권을 취득하고 지급수단제공자는 가맹점에게 정산의무를 부담하게 된다.

전금법 제13조【지급의 효력발생시기】 ① 전자지급수단을 이용하여 자금을 지급하는 경우에는 그 지급의 효력은 다음 각 호의 어느 하나에서 정한 때에 생긴다. <개정 2013. 5. 22., 2014. 10. 15.>

1. 전자자금이체의 경우: 거래지시된 금액의 정보에 대하여 수취인의 계좌가 개설되어 있는 금융회사 또는 전자금융업자의 계좌의 원장에 입금기록이 끝난 때
3. 선불전자지급수단 및 전자화폐로 지급하는 경우: 거래지시된 금액의 정보가 수취인이 지정한 전자적 장치에 도달한 때
4. 그 밖의 전자지급수단으로 지급하는 경우: 거래지시된 금액의 정보가 수취인의 계좌가 개설되어 있는 금융회사 또는 전자금융업자의 전자적 장치에 입력이 끝난 때

(3) 정산 업무의 발생

결제를 승인했으면, 지급수단제공자는 가맹점에게 자기 수수료를 제하고 대금을 정산하게 된다. 정산은 일정주기를 두고 한꺼번에 이루어진다. 신용카드, 선불형 지급수단, 직불형 지급수단의 구별은 이용자와 지급수단발행사업자의 관계, 즉 결제를 승인하는 시점과 회원계좌에서 자금을 추심하는 시점 간의 관계를 기준으로 나눈 것이다. 신용은 후불이고, 직불은 동시이고, 선불은 미리 받아둔 것에서 차감한다. 가맹점과의 관계인 정산 업무는 별개의 문제로, 결제 승인시점에 회원 계좌에서 실시간 자금이 출금되는 체크카드도 가맹점 입금은 정산일에 이루어진다.

지급수단제공자의 업무는 회원의 결제요청을 승인하고 가맹점에

대금을 정산하는 양쪽을 아우르는 것이지만, 그렇다고 이들이 수많은 판매자들 전부와 직접 영업을 해서 계약을 체결할 수는 없다. 따라서 지급결제대행업체가 지급수단제공자와 실판매자들 사이에 대표가맹점으로 존재하면서 결제대금을 받아서 전달하는 업무를 하고 있다.

그 밖에도, 지급결제가 이루어지려면 결제요청과 승인·거절의 통신 중개, 단말기 공급과 POS기 연동, 매출전표 발행 등의 업무를 담당하는 사업자들이 필요하다. 마치 밥이 입으로 들어가기까지 여러 사람들의 노고가 있듯이.

✦ 선불·직불의 구별과 융합

앞에서 선불과 직불은 대금추심이 결제승인 전에 이루어지는지, 동시에 이루어지는지에 따라 구별되는 것이라고 설명한 바 있다. 전통적인 선불카드는 회원이 직접 가상계좌에 입금하는 방식으로 한꺼번에 충전했기 때문에 충전과 사용 단계가 명확히 구별되었다. 그러나 모바일 선불전자지급수단은 편의성을 높이기 위해 즉시충전 기능을 제공하고 있어서, 요청된 결제나 송금을 처리하기 위한 충전금 잔액이 부족하면 계좌에서 실시간 추심이체하여 거래를 실행시킨다. 결과적으로 계좌에 잔고만 있으면 거래가 승인되기 때문에, 선불이지만 사용성이 직불과 같아진 것이다.

이것을 보고 선불과 직불이 융합되었다 하기도 하는데, 직불은 매 거래 시마다 정확히 필요한 금액을 이체하고 잔액이 남지 않는 것이기 때문에 기본적인 법적 성격은 여전히 선불전자지급수단으로 보아야 할 것이다. 대부분의 서비스들이 최소 충전 금액을 정해두고 있는데, 직불로는 결제에 필요한 금액을 초과해서 출금하고 잔액을 적립해 두는 것이 설명되지 않는다. 실무적으로도 선불전자지급수단 서비스에 즉시충전 기능이 있다고 해서 따로 직불전자금융업 등록을 할 것이 요구되고 있지는 않다. 전자금융업자가 발행하는 선불전자지급수단과 직불전자지급수단은 등록 요건과 이용 한도에서 차이가 없어서 구별의 실익은 없다.

✦ 선불전자금융업자의 송금서비스, 전자자금이체와의 관계

선불형 전자지급수단은 신용카드 또는 직불형 지급수단과 달리 미리 충전해 둔 권리가 있는 것이기 때문에 '환급'과 '양도' 개념이 있다.

환급과 양도의 제약사항은 법에서 허용된 범위 내에서 약관에 기재하거나 별도로 안내하여 회원의 동의를 받으면 된다.

전자화폐와 선불전자지급수단 모두 발행자와의 약정에 따라 양도할 수 있음은 동일하다(전금법 제18조). 환급의 경우는, 전자화폐는 무조건이기 때문에 '환급'이라는 표현을 사용하고 있고(법 제16조 제4항), 선불전자지급수단은 가맹점에서 사용하지 못하게 되거나, 잔액이 20% 이하가 되었을 때 발행인에게 환급의무가 있다(법 제19조 제2항).

전금법 제16조【전자화폐의 발행과 사용 및 환급】 ② 전자화폐발행자는 현금 또는 예금과 동일한 가치로 교환하여 전자화폐를 발행하여야 한다.

④ 전자화폐발행자는 전자화폐보유자의 요청에 따라 전자화폐를 현금 또는 예금으로 교환할 의무를 부담한다.

제18조 【전자화폐등의 양도성】 ① 선불전자지급수단보유자 또는 전자화폐보유자는 발행자와의 약정에 따라 선불전자지급수단 또는 전자화폐를 타인에게 양도하거나 담보로 제공할 수 있다.

② 제1항의 규정에 따라 선불전자지급수단 또는 전자화폐를 양도하거나 담보로 제공하는 경우에는 반드시 발행자의 중앙전산시스템을 경유하여야 한다. 다만, 실지명의가 확인되지 아니하는 선불전자지급수단 또는 제16조 제1항 단서의 규정에 따른 전자화폐의 경우에는 그러하지 아니하다.

제19조 【선불전자지급수단의 환급】 ① 선불전자지급수단을 발행한 금융회사 또는 전자금융업자는 선불전자지급수단보유자가 선불전자지급수단에 기록된 잔액의 환급을 청구하는 경우에는 미리 약정한 바에 따라 환급하여야 한다. <개정 2013. 5. 22.>

② 금융회사 또는 전자금융업자는 제1항의 규정에 따른 환급과 관련된 약정을 약관에 기재하고, 다음 각 호의 어느 하나에 해당하는 경우에는 선불전자지급수단에 기록된 잔액의 전부를 지급한다는 내용을 약관에 포함시켜야 한다. <개정 2013. 5. 22.>

1. 천재지변 등의 사유로 가맹점이 재화 또는 용역을 제공하기 곤란하여 선불전자지급수단을 사용하지 못하게 된 경우
2. 선불전자지급수단의 결함으로 가맹점이 재화 또는 용역을 제공하지 못하는 경우
3. 선불전자지급수단에 기록된 잔액이 일정비율 이하인 경우. 이 경우 일정비율은 100분의 20 미만으로 정할 수 없다.

선불전자지급수단은 사업자가 양도와 환급에 제한을 둘 수 있다는 것이지, 제한을 두어야 하는 것이 의무는 아니기 때문에 양도와 환급을 자유롭게 할 수 있게 하면 양 당사자 간에 사실상 송금과

같은 경제적 효과를 거둘 수 있어서 그 대용으로 사용할 수 있게 된다. 선불전자지급수단으로 양도받아서 계좌로 환급하면 되기 때문이다. 이러한 서비스는 상대방의 계좌번호를 모르거나 묻기 애매한 상황에서 돈을 보낼 때 유용하다. 양수인이 같은 서비스에 가입된 상태인지 신경 쓸 필요도 없다. 카카오톡, 전화번호, 이메일 정보로 양수인을 특정하면, 사업자가 톡, 문자, 이메일로 도착 사실을 알려주고, 양수인은 그때 해당 서비스에 가입하여 자기 계정에 적립시켜 두고 사용하거나 계좌로 환급하면 된다. 비회원인 양수인이 회원 가입 없이 바로 계좌환급을 할 수 있도록 할 것인지는 회사 정책의 문제이다. 일정기간 양수인이 수취하지 않으면 권리를 다시 양도인에게 돌려주면 된다.

한편, 핀테크사업자의 간편송금서비스는 수취인 계좌번호를 입력해서 바로 그 계좌로 입금되게 하는 기능도 제공하고 있다. 지정한 계좌로 실시간 입금이 이루어지기 때문에 이용자 입장에서는 은행의 계좌이체 서비스와 동일하다. 그럼에도 2015년 1월 금융위 유권해석을 계기로 '전자자금이체업'을 등록하지 않고 일종의 '비회원에게 선불전자지급수단을 양도'하는 업무처리로서 허용되고 있다.[1] 그 내용을 보면 "선불사업자는 수취인 계좌로의 거래지시만을 행하며 실제로 전자적 장치에 의한 자금의 이체는 금융회사가 수행하기 때문에 전자자금이체 업무 수행자는 선불사업자가 아닌 금융회사로 보아야 한다"라고 하였다. 즉, 전자자금이체업 등록 없이 서비스를

1) 금융위 유권해석 150001. 토스 서비스의 '모바일머니'가 전자금융거래법상 '선불전자지급수단'에 해당하는지 여부(등록 2015. 1. 2. / 회신 2015. 1. 28.)

허용한 것이다. 자금의 흐름을 보면 양도인 계좌에서 일단 선불사업자 계좌로 출금되고 여기에서 다시 수취 계좌로 입금되는 것이지만, 선불사업자의 법인계좌 역시 금융회사에 개설되어 있는 계좌의 하나이므로 은행의 입출금서비스를 이용하는 것에 지나지 않는다고 본 것이다.

〈선불사업자의 송금서비스 flow〉

선불전자지급수단 양도 방식

②번 단계까지는 자금이 선불사업자 계좌에 있고, ③번 환급은 수취인이 신청하는 경우 이루어진다. 선불전자지급수단은 법률상 양도 가능하므로 당연히 가능한 부분이다.

수취인 계좌 입력 방식

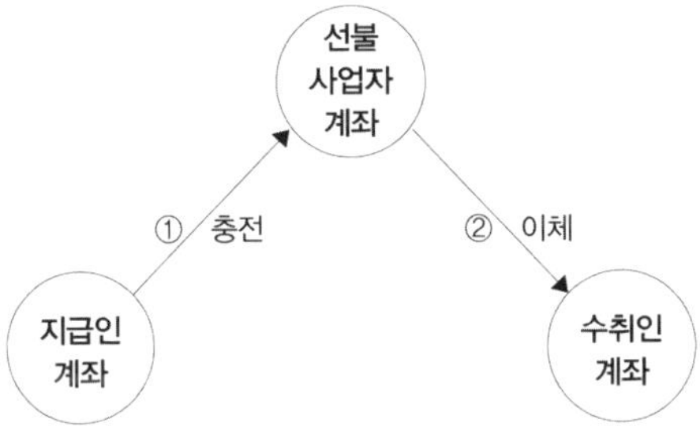

②번 거래가 실시간으로 이루어지므로 선불사업자 계좌는 통로 역할만 한다. 전자자금이체와 동일한 효과가 나기 때문에 유권해석을 받아 진행하였다.

전금법에 따르면 전자자금이체업은 금융회사뿐 아니라 전자금융업자에게도 열려있는 것처럼 보이는데, 전자금융업자의 전자자금이체는 어떤 경우를 말할까? 과연 선불사업자들이 지금 하고 있는 송금서비스 말고 다른 것이 존재할 수 있는지, 2015년 유권해석의 배경이 무엇인지 살펴보자.

'전자자금이체'의 정의는 '금융회사 또는 전자금융업자에 개설된 계좌(금융회사에 연결된 계좌에 한한다)에서 다른 계좌로' 지급지시 또는 추심지시에 따라 자금을 이체하는 것이다. 전자금융업자는 직접 계좌를 개설하는 경우가 없음에도 '금융회사에 연결된, 전자금융업자에 개설된 계좌'를 넣은 것을 보면, 수신기관으로서의 '계좌'가 아니라 전자금융업자가 회원을 관리하는 '계정'까지 염두에 두었던 것 같다.

2005년 전자금융거래법 제정을 위한 국회 재정경제위원회 검토보고서를 보면 '이미 통신사가 전자자금이체업을 하고 있는 현실을 반영하여 비금융기관에서 동 업무를 하는 명시적 근거를 두는 것'이라고 언급하고 있다(24면). 여기에서 말하는 SKT의 모네타캐시 서비스는 현재의 '선불전자지급수단 양도 방식'과 유사하게, 전화번호를 이용해서 양도인의 모네타 계정에서 양수인의 모네타 계정으로 송금하는 것이었다. 자금은 회원별 가상계좌에 들어 있게 된다. 즉, 법 제정 당시에는 회원 계정을 가상계좌와 연계해 두고 그 계정 간의 송금처리를 하는 것을 전자자금이체로 생각했던 것 같다. 그런데 가상계좌라는 것은 거래상대방 파악을 용이하게 하기 위해서 번호를 구별해 둔 것일 뿐 본질적으로 SKT의 법인계좌여서, 이

것만으로 현재의 간편송금과 근본적인 차이가 있다고 보기는 어렵다(선불카드를 충전할 때도 누가 입금했는지의 구별을 위해 가상계좌번호로 입금하게 한다). 그렇다면 선불전자지급수단과 자금의 이동경로에 본질적인 차이가 있어서가 아니라, 송금 용도라는 점과 이용 한도가 크다는 점 때문에 별도로 등록하게 하려는 취지였을 것이다(전자화폐도 선불전자지급수단과 사용가능 업종과 지역, 가맹점 수 같은 범용성을 기준으로 구별하고 있다).

그 결과는 어땠는가? 전자자금이체 시에는 보안카드나 OTP 같은 1회용 비밀번호 사용이 의무여서(1회용 비밀번호는 대면에서 실명확인 후 발급한다) 전자금융업자는 라이선스가 문제가 아니라 그 절차를 적용하기도 어려웠고, 금융회사도 아닌데 그렇게까지 하면서 고액으로 자금이체서비스를 할 필요도 없었기 때문에 실제로 등록한 사례가 없었다.

그런 면에서 2015년 선불전자금융업으로 '수취인 계좌 입력 방식'의 송금업무(비회원의 계좌환불을 포함하여)를 하도록 허용한 것은, 이미 있는 라이선스를 이용해서 소액 간편송금서비스를 할 수 있게 해주려는 정책적 고려가 있었던 것이다. 혁신금융서비스를 지정하면서도 온갖 조건을 붙이는 것이 현실인 것과 비교하면, 매우 이례적으로 혁신적인 유권해석 사례라고 할 수 있다. 이런 것은 정부의 강력한 의지와 관계가 있다. 그 결과 토스와 카카오페이는 간편송금서비스를 기반으로 하여 현재 많은 이용자를 보유한 플랫폼 서비스가 될 수 있었다.

1회용 비밀번호 규제는 2016년 6월 폐지되었지만, 간편송금은 계속 선불전자금융업으로 이루어지고 있다. 그 결과 한번에 이체할 수 있는 최대 금액은 200만 원이다. 선불전자지급수단의 이용한도는 '발행권면 최고한도' 기준이기 때문에 누적적립금과 1회 한도에 적용되는 개념이고, 1일 한도 규제는 따로 없다. 이론상 200만 원씩 연속적으로 여러 번은 가능하다는 것이지만, 사업자들마다 정책적으로 제한을 두고 있다. 이제와서 전자자금이체업 등록을 하더라도 송금 한도만 늘어나는데, 선불사업자에게 더 중요한 것은 결제 한도이기 때문에 수익이 발생하지 않는 송금서비스를 위해 굳이 전자자금이체업을 등록할 이유는 없다. 대신 선불전자지급수단에 대해서 이용 확산 추세를 감안하여 500만 원으로 이용한도 증액이 검토되고 있다. 이용한도에 대해서는 제2장에서 자세히 살펴보기로 한다.

한편 금융위는 계정을 통한 전자자금이체업은 사문화되었다고 보고, 자금을 취급하지 않고 지급지시 정보의 전달만 하는 새로운 라이선스(지급지시전달업)를 신설할 예정으로 있다. 이에 대해서는 제4장에서 설명한다.

✦ 전자자금이체와 선불·직불전자지급수단의 구별

전자자금이체는 결제 전용이 아니라는 것이지, 결제에 쓰지 못하는 것이 아니다. 온라인쇼핑에서 '실시간 계좌이체'를 선택하고 계좌번호를 입력해서 결제를 하기도 하고, 보험사에 계좌번호를 알려주면 추심이체로 보험료를 출금해 가기도 한다. 그런데 직불전자지급수단은 물론이고 선불전자지급수단도 계좌에서 충전하게 되면, 결국 계좌에서 계좌로 자금이 이전되므로 전자자금이체와 구별이 어려운 경우가 있다. 아래에서 혼동되기 쉬운 두 가지 사례를 살펴보기로 한다.

(1) 전문간편결제사업자와 온라인쇼핑몰의 계좌기반 결제

간편결제는 기본적으로 카드나 계좌를 등록하고 설정한 비밀번호·생체인증으로 원클릭결제를 하는 것이다.

카카오페이 같은 간편결제사업자들이 계좌기반 결제를 제공하는 것은 선불전자금융업이기 때문에 1회 이용한도가 200만 원으로 제한된다(즉시충전을 직불전자금융업으로 보더라도 어차피 한도는 동일하다). 반면 온라인쇼핑몰에서 자체적으로 제공하는 ○○페이에 계좌를 등록해서 결제할 때는 이용한도가 훨씬 크다. 이러한 차이는 왜 발생할까?

결제시점(선불의 경우 충전시점)에 이용자 계좌에서 간편결제사업자 계좌로 실시간 출금이 이루어지고, 사업자가 이를 가맹점(온라인쇼핑몰인 경우 입점한 판매자들)에게 정산하는 돈의 흐름, 이용자가 계좌를 등록하면서 추심이체를 위한 출금동의를 하는 절차는 동일하다. 그럼에도 차이가 나는 이유는, 간편결제사업자의 추심이체는 전자금융업자로서 선불전자지급수단을 발행하는 것이지만, 온라인쇼핑몰의 추심이체는 판매자로서 구매자에게 대금을 받는 행위인 전자자금이체서비스 이용으로 보기 때문이다. 이후 그 돈을 실판매자에게 정산하는 업무에 대해서 전자금융업(전자지급결제대행업) 등록을 해야 하는 것은 별개의 문제이고, 일단 구매자와의 관계는 마치

보험사에서 보험료를 출금하는 것과 동일하다고 본다.

전자자금이체의 경우 개인의 인터넷 및 모바일 뱅킹의 법규상 이체한도는 1회 1억 원, 1일 5억 원이다(전자금융감독규정 별표 3). 그 범위 내에서 계좌마다 본인이 설정하기 때문에, 본인이 설정한 한도 때문이 아니라면 자체 페이에서는 쇼핑금액에 제약을 받지 않는다. 전자자금이체로 보는 것은 계좌에서 바로 출금 결제될 때에 한하고, 쇼핑몰이라고 하더라도 포인트를 미리 충전해두거나 상품권을 구매하는 것은 선불전자지급수단 발행이기 때문에 200만 원 한도가 적용됨은 물론이다.

네이버페이는 네이버가 직접 운영하는 쇼핑몰에서도 사용되지만, 네이버쇼핑 검색으로 연결되는 다른 쇼핑몰에도 외부 결제로 제공되기 때문에 계좌기반 결제의 한도를 선불전자지급수단에 맞춰서 200만 원으로 통일하고 있는 것으로 보인다.

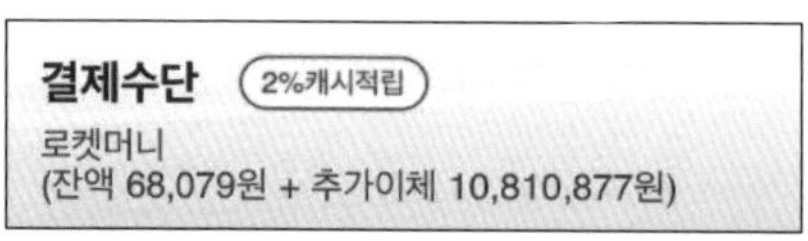

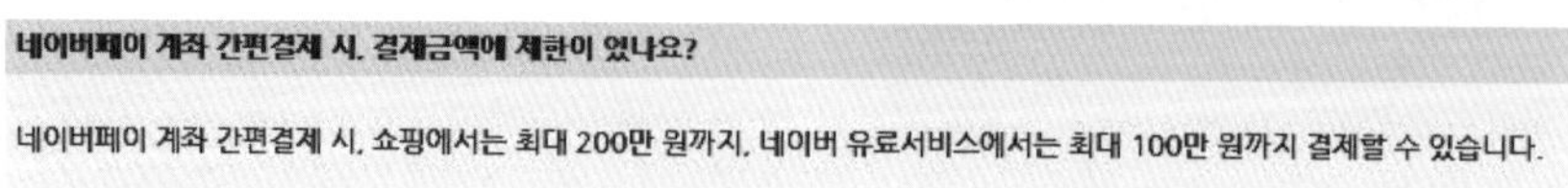

(2) 은행의 오프라인 계좌to계좌 결제서비스

은행의 전자자금이체와 체크카드는 같은 계좌 기반이지만, 사용방식과 자금흐름에서 차이가 뚜렷하다. 그런데 최근 은행에서 출시된 오프라인 계좌to계좌 서비스를 보면 구매자가 자기 휴대폰 앱에서 지급을 지시하고, 결제가 승인되면 구매자 계좌에서 바로 판매자 계좌로 입금되는 것이 일견 전자자금이체와 유사해 보인다.

해당 서비스의 프로세스는 판매자가 은행과 가맹점 계약을 체결하고, 결제시점에 매장 모니터에 (수취인 및 금액 정보가 들어 있는) QR을 보여주어서 고객이 자기 휴대폰 앱으로 스캔하면, 그 고객앱을 통해 은행으로 결제요청이 이루어지는 방식이다. 선불사업자는 결제를 제공하기 위해서 자금을 법인계좌로 출금했다가 정산해야 하는 반면, 은행의 서비스는 고객 계좌와 가맹점 계좌가 모두 해당 은행에 있기 때문에 말 그대로 이 계좌에서 빼서 저 계좌로 옮기는 계좌to계좌 프로세스이다.

이 서비스의 법적 성격에 대해 금융위에서는 "직불전자지급수단은 이용자와 가맹점 간에 전자적 방법에 따라 금융회사의 계좌에서 자금을 이체하는 등의 방법으로 재화 또는 용역의 제공과 그 대가의 지급을 동시에 이행할 수 있도록 금융회사 또는 전자금융업자가 발행한 증표 또는 그 증표에 관한 정보를 말하고, 여기에는 앱을 통해 서비스가 구현되고 자금을 지급하는 방식도 포함된다고 볼 수 있기 때문에 계좌to계좌 서비스는 직불전자지급수단에 해당한다."고 하였다.[2)]

---

2) 금융위 유권해석 180129. 계좌to계좌 서비스의 법적 성질과 수수료 수취의 적법성

직불형 결제수단은 실시간 계좌출금을 기반으로 하기 때문에 자금의 흐름만 보면 전자자금이체와 유사한 것이 당연하다. 결국 양자의 구별기준은 자금흐름이 아니라 계약관계라는 점을 확인한 것이다. 그래서 구매취소, 환불 등에 대비해 수취인 계좌로 입금하는 시점도 조정할 수 있고, 소득공제 대상으로도 자동 포함되는 등 기능과 취급도 다르다.

어차피 은행은 양쪽을 다 할 수 있어서 무엇으로 보든 상관은 없는데, 전자자금이체는 은행의 당연 업무이기 때문에 별도의 신고가 필요없으나 전금법상 직불전자지급수단을 발행하려면 은행법에 따라 겸영업무 신고를 해야 한다(은행법 제28조).

에 관한 질의(등록 2018. 3. 26. / 회신 2018. 5. 2.), 180056. POS기기와 연계한 VANless 모바일간편결제 서비스인 "썸패스 서비스"를 제공하는 행위에 대한 전자거래법상 위배 여부(등록 2018. 2. 13. / 회신 2018. 3. 23.)

제 2 절

적용법규

금융거래 관련 업무에 대해서는 각 사업자들의 자격, 업무 방식, 이용자 보호, 수수료 등에 있어 촘촘한 규제가 존재한다. 금융에 관한 주무부처는 금융위원회이고, 감독기관은 금융감독원이다. 동시에, 온라인 행위라는 점에서는 방송통신위원회, 전자상거래라는 점에서는 공정거래위원회, 지급이나 정산이 외국과 이루어지는 경우 기획재정부의 소관이기도 하다.

가. 전자금융거래법

은행, 카드, 증권, 보험 등 금융의 각 분야는 개별 금융법에 따라 라이선스와 영업행위 규제를 하는 한편, 전자금융거래 일반에 대해서 공통적으로 적용해야 할 내용들에 대해서는 '금융기관전자금융업무 감독규정 및 동 시행세칙'을 두고 있었다. 그러다가 인터넷뱅킹과 전자상거래가 확산되면서 전자금융업무를 영위하는 자에 대한 허가·등록 및 감독에 관한 사항을 체계적으로 정비하고, 거래당사자의 권리·의무 등 법률관계를 명확히 할 필요성이 높아져서 2007.

1. 1. 전자금융거래에 관한 일반법으로 전금법이 제정되었다. 기존의 감독규정은 '전자금융감독규정'으로 명칭이 변경되었다.

전금법은 ① 7가지 전자금융업[3] 라이선스, 전자금융업자와 가맹점의 준수 의무, 전자금융업자 및 전자금융보조업자의 감독에 관한 사항 ② 추심이체 출금 동의 방식, 지급의 효력발생 시기, 선불전자지급수단의 양도와 환급 등 전자금융거래의 법률관계 ③ 전자금융거래약관의 개정 절차, 전자금융사고 시 이용자와 금융기관의 책임부담 원칙 등 이용자 보호에 관한 내용으로 구성되어 있다.

이미 개별법에 의해 전자지급수단을 발행하고 전자금융거래 업무를 하고 있는 금융기관들에 대해서는 개별법이 우선 적용되고, 그 법에 없는 내용에 대해서 전금법이 적용된다(전금법 제3조).

나. 여신전문금융업법

전금법은 선불·직불형 지급수단에 대해서는 넓게 포섭하고 있지만, 신용카드는 다루지 않는다. 신용카드는 여전법에 따라 신용카드업자가 발행하므로, 여전법이 전금법에 우선하여 적용된다.

여전법상 신용카드업자는 부대업무로서 선불카드와 직불카드도 발행할 수 있는데, 선불카드와 직불카드의 개념 자체는 전금법의 선불전자지급수단, 직불전자지급수단과 동일하고, 다만 여전법이 우선 적용됨으로 인한 운영상의 차이가 있다. 이에 대해서는 제2장에서

---

3) 전자자금이체업, 전자화폐 발행 및 관리업, 직불전자지급수단 발행 및 관리업, 선불전자지급수단 발행 및 관리업, 전자지급결제대행업, 결제대금예치업, 고지납부대행업

자세히 살펴보기로 한다.

다. 기타 법규

정보통신 이용촉진 및 정보보호 등에 관한 법률: 휴대폰소액결제는 온라인 구매 대금을 익월 휴대폰 요금에 합산하여 청구하는 후불여신 결제이다(월 100만 원 한도). 개념상 전자금융거래에 해당되지만 방송통신위원회 관할로 두고, 전금법과 경합할 때는 정통망법을 우선 적용한다는 명시적 규정을 두고 있다(제5조).

전자상거래 등에서의 소비자 보호에 관한 법률: 전자상거래에 적용되는 전상법은 공정거래위원회 소관이다. 전상법은 지급결제 자체를 다루지는 않지만, 지급결제의 원인이 되는 구매 행위에 관한 법이기 때문에 실무를 처리할 때 함께 봐야 하는 경우가 많다. 전상법에 따르면, 통신판매업자는 선지급식 통신판매(소비자가 재화 등을 공급받기 전에 미리 대금의 전부 또는 일부를 지급하는 통신판매)를 하는 경우 결제대금예치 또는 소비자피해보상보험을 제공해야 한다(제13조 제2항 제10호, 제24조).

외국환거래법: 외국환거래는 '대한민국과 외국 간의 거래 또는 지급·수령' 등의 행위를 말한다. 내국 지급수단을 외국에서 사용하거나 내국에서 외국 지급수단을 사용하는 전자금융거래에는 외국환거래법이 적용된다. 외국환 업무는 원칙적으로 금융회사만 할 수 있는데, '환전업', '소액해외송금업'을 별도의 등록으로 할 수 있고,

결제와 관련해서는 ‘기타 전문외국환업자’로 등록하면 내국과 외국간의 결제대행업무, 선불전자지급수단의 해외결제 제공 업무가 가능하다(시행령 제15조의5).

제2장

지급결제 기초편: licensee의 이해

제 1 절

신용카드

제1항 신용카드업자

가. 전업카드사: 여전법에 따라 금융위원회 허가를 받아서 설립한다.

은행에서 분사된 금융지주회사 계열의 카드사들은 같은 계열 은행 계좌를 기반으로 하고, 은행을 통해 회원을 모집한다. 현대카드, 삼성카드, 롯데카드 같이 계열 은행이 없는 경우는 특별히 결제은행에 제한이 없다. 이들은 다양한 제휴마케팅을 통해 채널을 확보한다. BC카드는 1982년 시중은행들이 연합하여 설립한 카드사로, 가맹점 업무 관련 인프라를 구축하여 다른 금융회사 이름으로 발급되는 카드를 위탁 운영하는 것이 주요 사업이다.

나. 겸영여신업자: 은행(특수은행 포함), 상호저축은행중앙회, 신용협동조합중앙회, 새마을금고중앙회는 신용카드업을 겸영할 수 있다.

농협은행, SC은행, IBK기업은행, 지방은행들은 카드사업부가 분사되지 않고 같이 있다. 은행이라고 신용카드업을 그냥 할 수 있는 것이 아니라, 별도의 인적·물적 요건을 갖추어서 허가를 받아야 하기 때문에 인터넷 전문은행인 카카오뱅크와 K뱅크는 아직 신용카드를 발급하지 않고 있다.

다. 대규모점포운영자와 유통업자: 사업의 성격상 신용카드업을 겸하는 것이 필요하다고 보아, 허가가 아닌 등록만으로 신용카드를 발행할 수 있게 한 경우이다.

단, 발행업자가 운영하는 점포에서만 사용할 수 있고, 카드대출은 안된다. 우리나라 최초의 신용카드는 1967년 신세계백화점에서 발행했다고 한다. 지금은 현대백화점과 갤러리아백화점만 단독으로 신용카드를 발급하고, 롯데백화점은 롯데카드를, 신세계백화점은 다른 카드사들의 카드를 제휴상품으로 팔고 있다.

신용카드업자 중 '가. 전업카드사'와 '나. 겸영여신업자'는 부대업무로 선불카드, 직불카드를 발행할 수 있다. 여전법상 '신용카드가맹점', '가맹점모집인', '신용카드등', '신용카드회원등', '신용카드등부가통신업'이라는 용어들은 신용카드, 직불카드, 선불카드 관련 업무까지 포괄하는 개념이다.

제2항 부가통신업자(VAN, Value Added Network)

신용카드업자가 직접 모든 판매자들을 찾아다니면서 계약을 하고 통신망을 일일이 연결해서 관리할 수는 없는 노릇이고, 판매자 입장에서도 다수의 신용카드업자들과 개별적으로 계약하는 것은 불편하기 때문에 둘 사이를 연결하는 역할이 필요하다. 이들을 부가통신역무를 제공한다는 의미에서 VAN이라고 한다.

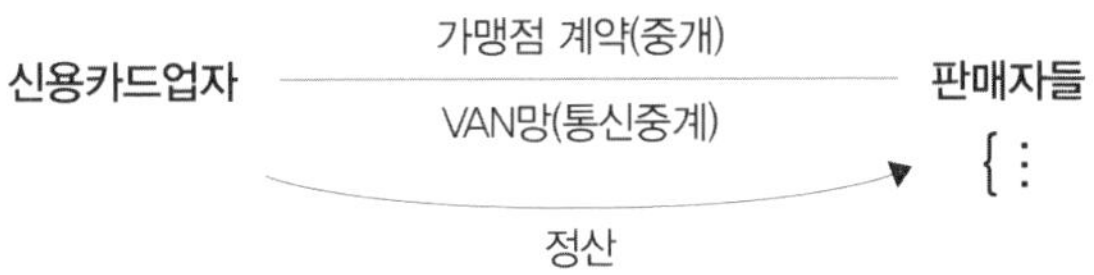

가. 여전법의 규율

VAN사업자는 신용카드업자를 위해서 가맹점을 모집·관리하고, 단말기를 설치하여 지급결제 정보의 송수신이 이루어질 수 있도록 한다.

여전법상 '가맹점모집인', '신용카드등부가통신업자'의 정의를 보면, 가맹점모집인은 가맹점계약의 체결을 '중개'하고, 신용카드등부가통신업자는 대금결제를 '중계'한다. 중개는 어떤 계약을 기준으로 그 당사자가 아니면서 소개해주는 업무, 중계는 자기가 업무 주체로서 하는 업무에 대해서 사용하는 용어인 바, 가맹점 계약에서는 소개자이지만, 부가통신역무라는 측면에서는 신용카드업자와 가맹점과의 사이에서 일련의 정보처리 프로세스를 이루는 주체이기 때문이다.

최초의 VAN사업은, 신용카드 사용이 증가하기 시작한 1980년대 후반 신용카드업자들이 카드사 정보보안시스템 구축 업무를 하던 한국정보통신(KICC)에게 공동으로 거래승인 업무를 위탁하면서 시작되었다.

VAN사업자에 대해서는 법규상 별도의 정의나 업무 규제가 없다가, 2014년 3개 카드사가 외주용역 직원에 의해 회원 정보를 대량 유출당하는 사고로 영업정지까지 받게 된 일이 있었는데, 여기에 VAN사업자가 관련된 것은 아니었지만 이래저래 VAN사업자에 대해서도 관리·감독 필요성이 제기되는 계기가 되어, 2015. 1. 20. 여전법에 관련규정이 신설되었다(시행 2015. 7. 21). 이에 따라, 카드 VAN사업을 하기 위해서는 부가통신사업자로 등록하고(제27조의2), 소속 VAN대리점을 가맹점 모집인으로 등록하여야 한다(제16조의3).

여전법 제2조 【정의】

5의3. "가맹점모집인"이란 신용카드업자를 위하여 가맹점계약의 체결을 중개 또는 대리하고 부가통신업자를 위하여 신용카드 단말기를 설치하는 자로서 제16조의3에 따라 금융위원회에 등록을 한 자를 말한다.

8의2. "신용카드등부가통신업"이란 신용카드업자 및 신용카드가맹점과의 계약에 따라 단말기 설치, 신용카드등의 조회·승인 및 매출전표 매입·자금정산 등 신용카드등의 대금결제를 승인·중계하기 위한 전기통신서비스 제공을 업으로 하는 것을 말한다.

8의3. "부가통신업자"란 신용카드등부가통신업에 대하여 제27조의2에 따라 금융위원회에 등록을 한 자를 말한다.

제16조의3 【가맹점모집인의 등록 등】 ① 부가통신업자는 소속 가맹점모집

인이 되려는 자를 금융위원회에 등록하여야 한다.
④ 금융위원회는 제1항에 따른 가맹점모집인의 등록에 관한 업무를 여신전문금융업협회의 장(이하 "여신전문금융업협회장"이라 한다)에게 위탁한다.

제27조의2 【신용카드등부가통신업의 등록 등】 ① 신용카드등부가통신업을 하려는 자는 대통령령으로 정하는 기준에 따른 시설·장비 및 기술능력을 갖추어 금융위원회에 등록하여야 한다.
② 신용카드등부가통신업의 등록을 할 수 있는 자는 법인으로서 자본금이 20억 원 이상인 자로 한다. 다만, 대통령령으로 정하는 규모 이하의 소규모 가맹점을 대상으로 서비스를 제공하는 자는 법인으로서 자본금이 10억 원 이상인 자로 한다.

나. 전금법의 규율

가맹점 모집과 부가통신역무 제공은 전금법상의 지급수단들에 대해서도 동일하게 필요한 업무이다. 전금법에서는 전자금융거래 과정의 한 부분을 처리하는 자를 모두 '전자금융보조업자'로 정의하기 때문에, 신용카드VAN도 전자금융보조업자로 포섭된다.

전금법에서는 전자금융보조업의 등록을 요구하지 않고, 대신 금융회사 또는 전자금융업자가 전자금융보조업자와 하는 계약을 '외부주문등'이라고 하여, 여기에서 사고가 발생하면 금융회사 또는 전자금융업자가 행정적·민사적 책임을 지도록 함으로써 자율규제가 이루어지도록 유도하고 있다(제11조, 제40조). 이것은 위수탁 관계의 일반적 법리인데, 전자금융보조업의 개념이 포괄적이어서 경우에 따라 '제휴'와 '위탁'의 구별이 모호할 수 있으므로, '외부주문등'으로 아예 따로 규정한 것이다.

전금법 제2조【정의】 5. “전자금융보조업자”라 함은 금융회사 또는 전자금융업자를 위하여 전자금융거래를 보조하거나 그 일부를 대행하는 업무를 행하는 자 또는 결제중계시스템의 운영자로서 금융위원회가 정하는 자를 말한다

제11조【전자금융보조업자의 지위】 ① 전자금융거래와 관련하여 전자금융보조업자(전자채권관리기관을 포함한다. 이하 이 장에서 같다)의 고의나 과실은 금융회사 또는 전자금융업자의 고의나 과실로 본다.
<개정 2013. 5. 22.>
② 금융회사 또는 전자금융업자는 전자금융보조업자의 고의나 과실로 인하여 발생한 손해에 대하여 이용자에게 그 손해를 배상한 경우에는 그 전자금융보조업자에게 구상할 수 있다. <개정 2013. 5. 22.>
③ 이용자는 금융회사 또는 전자금융업자와의 약정에 따라 금융회사 또는 전자금융업자에게 행하는 각종 통지를 전자금융보조업자에게 할 수 있다. 이 경우 전자금융보조업자에게 한 통지는 금융회사 또는 전자금융업자에게 한 것으로 본다. <개정 2013. 5. 22.>

제40조【외부주문등에 대한 감독 및 검사】 ① 금융회사 및 전자금융업자는 전자금융거래와 관련하여 전자금융보조업자와 제휴, 위탁 또는 외부주문(이하 이 조에서 “외부주문등”이라 한다)에 관한 계약을 체결하거나 변경하는 때(전자금융보조업자가 다른 전자금융보조업자와 외부주문등에 관한 계약을 체결하거나 변경하는 때를 포함한다)에는 전자금융거래의 안전성 및 신뢰성과 금융회사 및 전자금융업자의 건전성을 확보할 수 있도록 금융위원회가 정하는 기준을 준수하여야 한다.
<개정 2008. 2. 29., 2013. 5. 22.>
② 금융위원회는 제1항의 규정에 따른 계약 내용이 금융회사 또는 전자금융업자의 경영의 건전성 및 이용자의 권익을 침해하는 것이라고 인정하는 때에는 그 금융회사 또는 전자금융업자에 대하여 관련 계약 내용의 시정 또는 보완을 지시할 수 있다. <개정 2008. 2. 29., 2013. 5. 22.>

③ 금융감독원장은 제1항의 규정에 따른 외부주문등과 관련하여 금융회사 또는 전자금융업자에 대한 검사를 하는 경우에는 금융위원회가 정하는 기준에 따라 그 전자금융보조업자에 대한 자료제출을 요구할 수 있다. <개정 2008. 2. 29., 2013. 5. 22.>

④ 금융감독원장은 전자금융보조업자가 제3항에 따른 자료를 제출하지 아니하거나 부실한 자료를 제출한 경우에는 해당 전자금융보조업자에 대하여 조사를 할 수 있다. <신설 2013. 5. 22.>

⑥ 정보기술부문의 정보보호와 관련된 업무를 위탁받은 전자금융보조업자는 해당 업무를 제3자에게 재위탁하여서는 아니 된다. 다만, 전자금융거래정보의 보호 및 안전한 처리를 저해하지 아니하는 범위에서 금융위원회가 인정하는 경우에는 그러하지 아니하다. <신설 2014. 10. 15.>

전자금융감독규정 제3조【전자금융보조업자의 범위】 법 제2조 제5호에서 "금융위원회가 정하는 자"라 함은 다음 각 호의 어느 하나에 해당하는 자를 말한다.

1. 정보처리시스템을 통하여 「여전법」상 신용카드업자의 신용카드 승인 및 결제 그 밖의 자금정산에 관한 업무를 지원하는 사업자
2. 정보처리시스템을 통하여 은행업을 영위하는 자의 자금인출업무, 환업무 및 그 밖의 업무를 지원하는 사업자
3. 전자금융업무와 관련된 정보처리시스템을 해당 금융회사 또는 전자금융업자를 위하여 운영하는 사업자
4. 제1호부터 제3호의 사업자와 제휴, 위탁 또는 외부주문(이하 "외부주문등"이라 한다)에 관한 계약을 체결하고 정보처리시스템을 운영하는 사업자

제3항 가맹점, 지급결제대행업자(PG, Payment Gateway)

온라인에서 지급결제가 이루어지면 가맹점은 거래내역을 생성하고 저장해서 VAN망과 통신할 수 있는 최소한의 서버를 갖추어야 한다. 이러한 장비에는 낭연히 일정 규격과 보인이 요구된다. 또한 물리적 실체가 없는 온라인 판매자들은 정상영업을 하는 곳인지의 확인이 오프라인 매장보다 어렵기 때문에 카드사로서는 정산 대금 지급 이후 거래가 취소되는 경우를 대비하여 담보도 받아 두어야 한다. 이렇게 카드사가 요구하는 전산적·재무적 요건을 현실적으로 온라인 판매자들이 일일이 충족하는 것은 어렵기 때문에 이들을 대표해서 가맹점 역할을 해주는 사업자가 생기게 되었다. 이들은 판매자들의 거래내역을 저장할 수 있는 서버를 구축하여 VAN망과 연결하고, 신용카드업자와 신용카드가맹점 계약을 체결한 후, 정산 대금을 전달받아서 실제 판매자(하위가맹점)들에게 나누어 주는 업무를 한다.

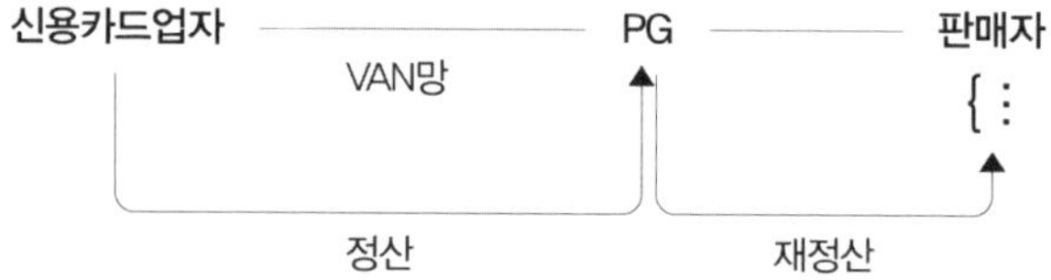

가. 여전법의 규율

여전법에서는 2002. 7. 1. 이러한 사업자들을 ‘신용카드가맹점(결제대행업체)’으로 정의하여 법규에 반영하였다. 이로써 여전법의 신용카드가맹점은 “가. 판매자”와 “나. 결제대행업체”를 모두 의미하게 되었는데, 어떤 경우든지 신용카드업자와 직접 신용카드가맹점 계약을 체결한 경우만을 의미한다. 대표가맹점의 하위가맹점인 실제 판매자들은 동법상의 신용카드가맹점이 아니고, 대표가맹점이 하위가맹점을 모집하는 행위에 대해서는 가맹점모집인 준수의무 관련 규정도 적용되지 않는다.[4)]

결제대행업체는 카드회원이 판매자의 상호 및 주소를 알 수 있도록 해주고, 거래 취소 또는 환불 요구를 처리해야 하며, 신용카드업자에게도 판매자 정보 및 각 거래 내역을 제공해야 한다.

여전법 제2조【정의】 5. "신용카드가맹점"이란 다음 각 목의 자를 말한다.

가. 신용카드업자와의 계약에 따라 신용카드회원·직불카드회원 또는 선불카드소지자(이하 "신용카드회원등"이라 한다)에게 신용카드·직불(直拂)카드 또는 선불(先拂)카드(이하 "신용카드등"이라 한다)를 사용한 거래에 의하여 물품의 판매 또는 용역의 제공 등을 하는 자

나. 신용카드업자와의 계약에 따라 신용카드회원등에게 물품의 판매 또는 용역의 제공 등을 하는 자를 위하여 신용카드등에 의한 거래를 대행(代行)하는 자(이하 "결제대행업체"라 한다)

제19조【가맹점의 준수사항】 ⑦ 결제대행업체는 다음 각 호의 사항을 지켜야 한다. <개정 2015. 1. 20.>

1. 물품의 판매 또는 용역의 제공 등을 하는 자의 신용정보 및 신용카드등에 따른 거래를 대행한 내용을 신용카드업자에게 제공할 것
2. 물품의 판매 또는 용역의 제공 등을 하는 자의 상호 및 주소를 신용카

---

4) 금융위 유권해석. 신용카드가맹점 모집 해당 여부
(등록 2015. 7. 20. / 회신 2015. 8. 25.)

드회원등이 알 수 있도록 할 것

3. 신용카드회원등이 거래 취소 또는 환불 등을 요구하는 경우 이에 따를 것

나. 전금법의 규율

2007. 1. 1. 전금법을 제정하면서는, 여전법과 달리 판매자는 '가맹점', 판매자가 아닌 결제대행업체는 '전자지급결제대행업자'로 구별하여 정의하였다. 전자지급결제대행업은 '전자적 방법으로[5] 재화의 구입 또는 용역을 이용함에 있어서, 지급결제정보를 송신하거나 수신하는 것 또는 그 대가의 정산을 대행하거나 매개하는 것'이다.

정의 규정만 보면 '지급결제정보 송수신'이나 '대가 정산' 중 한 가지 업무만 하더라도 지급결제대행업자가 될 것 같지만, 자금이동에 직접 관여하는 경우에만 전자지급결제대행업자로 등록하면 되기 때문에(제28조) 정보처리 업무만을 하는 VAN사업자는 자연스럽게 전자금융보조업자가 된다. 여전법상 신용카드VAN인 '신용카드등부가통신업'의 정의도 생각해보면, '신용카드업자 및 신용카드가맹점과의 계약에 따라 단말기 설치, 신용카드등의 조회·승인 및 매출전표 매입·자금정산 등 신용카드등의 대금결제를 승인·중계하기 위한 전기통신서비스 제공을 업으로 하는 것'이어서 '자금정산'이 포함된 것처럼 보인다. 그러나 부가통신사업자는 자금을 직접 취급하지 않으므로 여기서는, 실제로 자금을 받아서 전달한다는 의미가 아니라 정산 금액을 계산하기 위한 과정을 지원하는 업무를 의미하는 것으로 보면 된다.

---

5) '전자적 방법으로' 부분은, '재화의 구입 또는 용역의 이용'이 아니라, 그 뒷부분(지급결제정보를…)을 수식한다고 보기 때문에 오프라인 결제에도 당연히 적용된다.

여전법의 결제대행업체는 신용카드업자와 직접 신용카드가맹점 계약을 한 사업자(1차 PG)로 정의되어 있는 반면, 전금법의 전자지급결제대행업자는 지급수단 발행인과 직접 계약한 자에 한정되지 않는다. 최종적으로 판매자 계좌로 대금이 입금되기까지, 중간에서 자금을 취급하는 모든 사업자들은 (그것이 1건이라도) 전자지급결제대행업에 해당하는 것으로 되어 있다. 그 결과, 결제대행 자체를 주업무로 하는 것이 아닌 IT회사, 통신판매업자, 통신판매중개자 등이 모두 전자금융업자로 포섭되어 여러 가지 규제를 받고 있다.

전금법 제2조 【정의】 19. "전자지급결제대행"이라 함은 전자적 방법으로 재화의 구입 또는 용역의 이용에 있어서 지급결제정보를 송신하거나 수신하는 것 또는 그 대가의 정산을 대행하거나 매개하는 것을 말한다.

20. "가맹점"이라 함은 금융회사 또는 전자금융업자와의 계약에 따라 직불전자지급수단이나 선불전자지급수단 또는 전자화폐에 의한 거래에 있어서 이용자에게 재화 또는 용역을 제공하는 자로서 금융회사 또는 전자금융업자가 아닌 자를 말한다.

제28조 【전자금융업의 허가와 등록】 ② 다음 각 호의 업무를 행하고자 하는 자는 금융위원회에 등록하여야 한다. 다만, 「은행법」에 따른 은행 그 밖에 대통령령이 정하는 금융회사는 그러하지 아니하다.
<개정 2008. 2. 29., 2010. 5. 17., 2013. 5. 22.>

1. 전자자금이체업무
2. 직불전자지급수단의 발행 및 관리
3. 선불전자지급수단의 발행 및 관리
4. 전자지급결제대행에 관한 업무
5. 그 밖에 대통령령이 정하는 전자금융업무

③ 제2항의 규정에 불구하고 다음 각 호의 어느 하나에 해당하는 자는 금융위원회에 등록하지 아니하고 같은 항 각 호의 업무를 행할 수 있다. <개정 2008. 2. 29.>

2. 자금이동에 직접 관여하지 아니하고 전자지급거래의 전자적 처리를 위한 정보만을 전달하는 업무 등 대통령령이 정하는 전자지급결제대행에 관한 업무를 수행히는 자

제4항 계약관계 및 규제

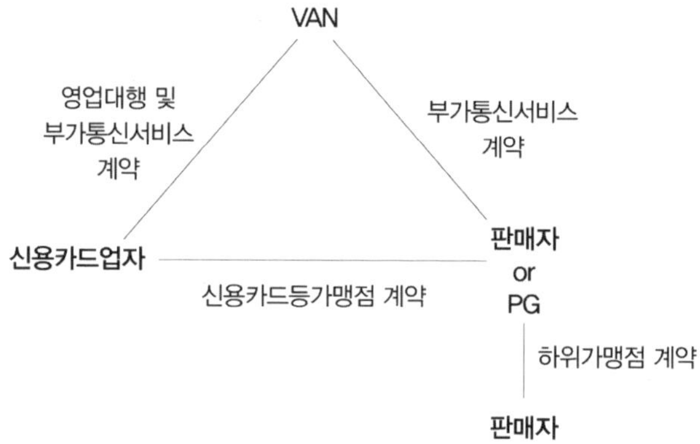

가. 신용카드업자 – 직가맹점 또는 PG: 신용카드가맹점 계약

신용카드업자는 거래가 승인되어 정산일 기준으로 취소되지 않고 유효한 구매 대금에서 자기 수수료를 제외한 나머지를 가맹점에 지급한다. 정산 이후에 구매가 취소되면 다음 번 정산 대금에서 차감하면 된다. 계속 거래 관계가 있고, 대금지급이 실시간이 아니라 정산주기에 따라 된다는 것 자체가 취소·허위 거래에 대한 담보 기능을 하는 것이다.

신용카드업자와 신용카드가맹점 간의 수수료율은 오래 전부터 직접적인 규제의 대상이었다가, 2012년 ‘영세한 중소신용카드가맹점’에 금융위원회가 정하는 ‘우대수수료’를 적용해야 한다는 규정이 명문화되었다(법 제18조의3 제3항). 우대수수료를 적용받을 수 있는 가맹점의 매출액 기준은 여전법 시행령 제6조의13에서, 매출액에 따른 우대수수료율은 여신전문금융업 감독규정 제25조의6에서 정한다. 재조정 주기가 명시적으로 규정되어 있는 것은 아니지만, 3년마다 다시 인하하는 것으로 방침이 정해져 있어서 시행령과 감독규정이 개정되고 있다. 2019년 현재 기준으로, ‘영세한 중소신용카드가맹점’은 ‘연매출액 30억 원 이하’로 넓게 잡혀져 있고, 이것이 다시 3억 원/5억 원/10억 원/30억 원 이하의 4단계로 세분화되어 있다.

우대수수료율 규정과 함께, ‘대형신용카드가맹점’이 신용카드업자나 부가통신사업자로부터 부당한 수수료 인하 또는 보상금을 요구하거나 받는 것도 명문으로 금지하였다(법 제18조의3 제4항). 이때의 ‘대형신용카드가맹점’은 연간 매출액 3억 원 초과인 경우를 말한다. 우대수수료율 적용에서는 ‘영세·중소’에 해당하더라도, 리베이트 금지에서는 대형신용카드가맹점에 해당될 수 있다. 우대수수료율 적용 대상이 아닌 매출 30억 원을 초과하는 가맹점을 지칭할 때는, 이와 구별하기 위해서 실무상 ‘일반가맹점’이라는 용어를 사용한다.

영세·중소 또는 대형 가맹점 구분 시, 동일 자연인 또는 법인이 둘 이상의 신용카드가맹점을 가지고 있으면 그 매출액을 합산하여 하나로 본다. 매출액은 국세청 자료를 기준으로 하는데, 계속 변동되는 것이기 때문에 연 2회 평가한다. 평가기준일 직전 1년의 연매출액을 기준으로 향후 6개월 동안의 우대수수료율 적용 및 리베이트 금지대상 여부가 결정되는 방식이다.

> **여전법 제18조의3【가맹점수수료율의 차별금지 등】** ① 신용카드업자는 신용카드가맹점과의 가맹점수수료율을 정함에 있어서 공정하고 합리적으로 정하여야 하며 부당하게 가맹점수수료율을 차별하여서는 아니 된다.
> ② 금융위원회는 신용카드업자가 제1항에 따른 가맹점수수료율을 정함에 있어서 준수하여야 할 사항을 정하여야 한다.
> ③ 제1항에도 불구하고 신용카드업자는 대통령령으로 정하는 규모 이하의 영세한 중소신용카드가맹점(이하 "영세한 중소신용카드가맹점"이라 한다)에 대하여 금융위원회가 정하는 우대수수료율을 적용하여야 한다. <개정 2016. 3. 29.>
> ④ 대통령령으로 정하는 규모 이상의 대형 신용카드가맹점(이하 "대형신용카드가맹점"이라 한다)은 거래상의 우월적 지위를 이용하여 다음 각 호의 어느 하나에 해당하는 행위를 하여서는 아니 된다.
> <개정 2015. 1. 20.>
> 1. 신용카드업자에게 부당하게 낮은 가맹점수수료율을 정할 것을 요구하는 행위
> 2. 신용카드와 관련한 거래를 이유로 부당하게 보상금, 사례금 등 명칭 또는 방식 여하를 불문하고 대가(이하 "보상금등"이라 한다)를 요구하거나 받는 행위
>
> [본조신설 2012. 3. 21.]

카드수수료율 규제는 '적격비용'이라는 것에 근거한다. 신용카드업을 하려면 자금조달, 위험관리, 거래승인, 매입정산, 마케팅, 일반관리 등 여러 가지 비용이 소요되는데, 이 중에서 가맹점수수료에 반영할 수 있는 항목을 적격비용이라고 한다. 예를 들면, 신용판매와 직접 관련 없는 카드론의 자금조달비용, 신용등급 7등급 이하

회원에 대한 대손비용 등은 제외되고, 마케팅 비용은 상품약관에 따라 제공되는 부가서비스 비용만 인정된다. 금융당국은 적격비용을 줄여서 카드수수료를 낮추는 것을 중요하게 생각하고 있기 때문에 그 항목을 감독규정 <별표 4>에서 상세히 규정하고 있다. 일반관리비 중에서 회원에 대한 카드 발급, 배송, 이용대금 청구 등의 관리비용도 제외되는데, 회원이 있어야 결제가 가능한 양면거래 특성에 부합하는지 의문이다.

한편 정부, 지방자치단체, 행정기관에 대한 세금이나 요금 납부 시에는 매우 낮은 수수료율을 적용하거나 0%로 하게 된다. 이것이 부당한 수수료 인하가 될 여지를 피하기 위해서 <별표 5>로 정하는 가맹점에 대해서는 적격비용을 차감조정할 수 있다는 규정을 두고 있다. 국공립학교의 학부모부담금도 0% 수수료가 가능한지에 대해서는, "실질적인 재화 또는 용역의 공급자가 민간 업체에 해당하는 급식비, 현장학습비, 우유비 등의 거래 금액도 포함되어 있는 점을 감안하여 신중히 검토하여 결정할 필요가 있다"고 한 유권해석이 있다.[6)]

감독규정 제25조의4【가맹점수수료율 산정 시 준수사항 등】 ① 법 제18조의3 제2항에 따라 신용카드업자가 "가맹점수수료율을 정함에 있어서 준수하여야 할 사항"이란 다음 각 호의 사항을 말한다.
<신설 2012. 12. 17.>
1. 신용카드가맹점이 부담하는 것이 합당한 비용(이하 "적격비용"이라 한다)만을 가맹점수수료율 산정에 반영하여야 하며 신용카드가맹점이 제

---

6) 금융위 유권해석 170326. 가맹점수수료 0% 적용 관련 질의
(등록 2017. 7. 20. / 회신 2017. 9. 29.)

공받는 서비스와 관련 없는 비용을 가맹점이 부담하지 않도록 하여야 한다.

2. 특정한 신용카드가맹점에 대한 혜택 제공을 위해 소요되는 비용은 해당 가맹점이 부담하도록 하여야 한다.
3. 객관적으로 공정·타당하다고 인정되는 근거자료를 바탕으로 가맹점수수료율을 정하여야 한다.
4. 법 제18조의3 제4항에서 금지하고 있는 대형 신용카드가맹점의 요구를 수용하거나 제1호부터 제3호까지에서 정한 사항 중 어느 하나를 위반하여 대형 신용카드가맹점에게 부당하게 낮은 가맹점수수료율을 적용하지 않도록 하여야 한다.

② 제1항 제1호에 따른 적격비용은 <별표 4>에서 정하는 바에 따른다. 다만, 신용카드업자는 <별표 5>에서 정하는 경우와 관련되는 신용카드가맹점에 대해서는 해당 가맹점의 특수성을 고려하여 적격비용을 차감 조정할 수 있다. <신설 2012. 12. 17.>

〈별표 5〉 <신설 2012. 12. 17.>

신용카드가맹점의 특수성을 고려하여 적격비용을 차감 조정할 수 있는 경우

(제25조의4 제2항 관련)

1. 국가·지방자치단체가 신용카드업자와 직접 계약을 체결한 경우
2. 행정기관이 행정서비스의 이용대금 등을 신용카드등으로 결제받으면서 법령·행정규칙·자치법규 등에 신용카드등에 대한 거래조건을 명시하여 이에 따라야 하는 경우. 다만, 행정기관의 장은 관련 규정을 제정·개정하기 전에 미리 금융위와 협의하여야 한다.
3. 제공되는 재화 또는 용역이 국민생활에 필수불가결한 것으로서 공공성을 갖는 경우
4. 그 밖에 제1호부터 제3호에 준하는 경우로서 신용카드업자가 객관적이고 합리적인 근거를 기초로 적격비용을 차감 조정할 필요가 있다고 인정하는 경우

개념 정의상, '신용카드업자'는 신용·직불·선불카드를 발행할 수 있고, '신용카드가맹점'은 신용카드업자와의 계약에 따라 신용·직불·선불카드를 받고 재화·용역을 제공하거나 그 거래를 대행하는 자를 말하기 때문에 우대수수료와 리베이트 금지는 직불카드와 선불카드에도 적용되는 것이다. 감독규정은 신용·직불·선불카드를 구별하지 않고 하나의 요율로 상한을 정하고, 그 범위 내에서 금융위가 신용카드와 체크카드의 구체적인 우대수수료율을 구분해서 발표한다(선불카드는 사용이 적기 때문에 수수료율을 따로 발표하지 않는다).

전금법에는 전자지급수단의 수수료를 제한하는 규정이 없지만, '체크카드'가 여전법상 직불카드와 전금법상 직불전자지급수단을 모두 포함하는 개념이기 때문에 체크카드라면 적용법규와 상관없이 우대수수료가 적용된다(여전법과 전금법 적용대상에 대해서는 제2장에서 설명한다). 체크카드를 제외한 전금법상의 결제수단은 직접적인 수수료 규제를 받지는 않지만, 카드수수료가 낮아지면 가맹점이나 금융당국에서 비교로 삼을 수 있기 때문에 그 영향을 간접적으로 받게 된다.

나. PG – 하위가맹점: 결제대행서비스 계약

PG사업자는 신용카드업자로부터 정산을 받아서, 자기 PG수수료를 제외하고 판매자들에게 재정산한다. PG사업자에게 있어서 신용카드수수료는 일종의 원가이다.

여전법 제18조의3의 적용대상은 신용카드업자의 원천수수료이고,

여전법상 PG수수료를 직접 규제하는 규정은 없다. 전금법에도 전자지급결제대행업자의 PG수수료를 규제하는 규정은 없다.

다. VAN – 신용카드업자: 영업대행 및 부가통신서비스 계약

VAN사업자의 주된 수입원은 자기가 모집한 가맹점에서 거래가 발생할 때마다 신용카드업자로부터 받는 VAN수수료이다. VAN수수료는 망을 이용하는 대가이기 때문에 거래 금액과 상관없이 건당 '정액제'로 책정되었으며, 결제 요청이 실패하거나 거래가 취소된 경우에도 각각 실패거래, 취소거래 요금이 부과되었다.

그러다가, 계속되는 신용카드수수료 인하의 여파로 2016년 이후 결제금액의 일정 비율을 받는 '정률제'로 전환되는 등 결과적으로 수수료가 낮아졌는데(정률제에서는 PG수수료와 마찬가지로 매출 유효 건에 대해서만 수수료를 받게 된다), 이에 대해서는 카드수수료와 함께 뒤에서 다시 설명하기로 한다.

라. VAN – 신용카드가맹점: 부가통신서비스 계약

VAN사업자는 독립사업자인 대리점 조직(가맹점모집인)을 통해서 가맹점에 대한 영업 활동과 단말기 설치 및 유지관리 업무를 수행한다. VAN사업자가 부가통신서비스를 제공하고 가맹점으로부터 받는 대가는 거의 없다. VAN대리점은 단말기를 유료로 판매하거나 월관리비를 받는데, 소정의 금액이다(원래 영업의 일환으로 그냥 제공하는 경우가 많았는데, VAN수수료가 감소되면서 현재는 대부분 유료화되었다). VAN사업자와 VAN대리점의 주된 수익원은 앞에서 설명했듯이 신용카드업자로부터 받는 VAN수수료이기 때문에 가맹점에 대한 서비스는 일종의 투자가 되는 셈이다.

VAN사업자는 각자가 모든 신용카드업자와 연결되어 있기 때문에 가맹점으로서는 하나의 VAN망만 연결하면 모든 카드로 결제를 받을 수 있다. 그럼에도 가맹점들은 대부분 복수의 VAN사와 계약해서 VAN망을 다중화하고 있다. 하나의 VAN망에 일시적 장애가 발생하더라도 다른 VAN망을 통해 결제가 원활하게 이루어질 수 있게 하기 위한 것도 있지만, VAN사 간 영업이 치열하다보니 7~8개까지 연결된 경우도 생긴다. VAN이 여러 개 연결되어 있더라도 실제 거래 시의 통신은 하나의 VAN망을 통해 이루어진다. 어떤 VAN망을 사용할지, 가맹점이 정한 순서와 비율에 따라서 결제요청이 배분되는 것이고, VAN사업자들은 자기 VAN망에서 처리된 건에 대해서 수수료를 받는다.

VAN의 역할은 전자금융결제에 있어서 중요한 기반이지만, 차별성이 없는 업무이기 때문에 곧 박터지는 경쟁시장이 되었다. VAN사들은 대형가맹점을 유치하기 위해 자기 비용으로 단말기와 결제시스템을 설치해주는 것은 기본이고, VAN수수료를 받으면 일부를 리베이트 주는 상황이 되었다. 이러한 금품 수수는 시장 왜곡을 초래하기 때문에(소형가맹점에 우대수수료율을 주는 의미가 없어진다), 2015년 대형신용카드가맹점에 대한 VAN사업자의 리베이트를 명문으로 금지하였다.

여전법 제19조【가맹점의 준수사항】 ⑥ 대형신용카드가맹점 및 그와 대통령령으로 정하는 특수한 관계에 있는 자(이하 "특수관계인"이라 한다)는 신용카드부가통신서비스 이용을 이유로 부가통신업자에게 부당하게 보상금등을 요구하거나 받아서는 아니 된다. <신설 2015. 1. 20., 2016. 3. 29.>

✦ VAN계약, PG계약의 법적 성격

지급수단 발행인과 가맹점 사이에서 결제정보 처리와 자금정산 업무를 지원하면서 정산 대금까지 직접 취급하면 PG, 대금은 취급하지 않으면 VAN이라는 점은 앞에서 살펴보았다.

PG사업자는 독립적인 전자금융업무의 수행 주체이다.[7] 따라서 지급수단제공자인 카드사, 선불·직불 사업자 입장에서 PG사업자와의 계약은 '업무 제휴'의 성격이다. 업무위수탁 관계가 적용되지 않고, 개인정보 취급에 있어서도 '제3자 제공'으로 처리하면 된다. PG 서비스가 제공되는 이용 화면을 생각해보면, PG사업자 명의의 서비스 이용 약관과 개인정보 수집·이용 동의 절차를 거치도록 되어 있다. 이는 전자금융업자에게는 약관 명시·설명 의무가 있기 때문이다(전금법 제24조, 제25조).

VAN사업자와 하는 계약은 전금법에 따라 '외부주문등'으로 취급되고, 법적 성격으로 보더라도 '업무위수탁' 관계에 해당한다. 따라서 약관과 개인정보 동의를 받지 않는 대신 '금융회사의 정보처리 업무 위탁에 관한 규정'이 적용된다.

---

7) 금융위 유권해석 160658. 전자금융감독규정 전용회선 사용 관련 (등록 2016. 5. 11. / 회신 2016. 6. 3.)

✦ 카드수수료 규제

신용카드는 세원 노출 목적으로 정부가 1999년 소득공제를 도입하는 등 인위적으로 활성화 정책을 편 것에 힘입어 순식간에 대표적인 지급수단으로 자리잡았다. 원래 정부 주도로 시작된 데다가, 2003년 신용불량자가 대거 양산된 카드대란 사태로 정부가 직접 개입할 일까지 생기면서 금융 분야 중에서도 대표적인 규제산업이 되었다.

금융위원회 홈페이지 보도자료 탭에서 '신용카드수수료'라고 검색하면 2001년부터 수수료 조정 관련 내용이 매년 나오는데, 그중 주요한 것들은 다음과 같다.

2007. 9. 19. 신용카드사의 가맹점 수수료 인하 계획

– 부가세법상 간이과세자(연매출 4,800만원 이하)는 영세가맹점으로 간주해서 2~2.2%로 일괄조정, 일반가맹점 수수료는 1.5~4.5%에서 1.5~3% 수준으로 인하, 체크카드수수료는 신용카드수수료와 동일했던 것을 차등화해서 1.5~2.3%로 대폭 인하하였다.

2012. 7. 4. 新 신용카드 가맹점수수료 체계 도입 방안

– 여전법 제18조의3 제3항을 신설하여 우대수수료를 법제화하였다. 당시 시장은 2007년 이후 6차례 조정을 통해 연매출 2억 원 미만 가맹점에 대해서 1.8% 수준으로 신용카드수수료가 형성된 상태였는데, 감독규정에 '직전 연도 평균수수료율의 80% 이하'로 제공

할 것으로 하였기 때문에[8] 결과적으로 1.5% 수준이 되었다. 위반 시 처벌규정이 있다(영업정지 3개월 또는 과징금 5천만 원). 우대수수료율은 3년마다 재산정하는 방침에 따라 꾸준히 인하되고 있다.

2015. 11. 2. 전국 238만 개 신용카드가맹점의 수수료 부담이 대폭 완화됩니다(2015. 11. 4. 추가설명 자료 포함).

－2014. 12. 26.자로 연매출 2억 원 이하 가맹점은 직전 연도 평균수수료의 80%와 1.5% 중 적은 요율, 연매출액 3억 원 이하 가맹점은 직전 연도 평균수수료의 80%와 2.0% 중 적은 요율을 적용하는 것으로 시행령과 감독규정이 개정되었고,[9] (이미 2012년부터 1.5%가 된 상태였으므로) 2015. 11. 2.자 당정협의를 통해 연매출 2억 원 이하 영세가맹점은 (신용)1.5%→0.8%, (체크)1.0%→0.5%, 연매출 2~3억 원 이하 중소가맹점은 (신용)2.0%→1.3%, (체크)1.5%→1.0%, 연매출 10억 원 이하 일반가맹점은 평균 0.3% 인하, 신용카

---

8) 감독규정 제25조의6 【우대수수료율】 ① 법 제18조의3 제3항에서 "금융위원회가 정하는 우대수수료율"이란 모든 신용카드업자의 직전 연도 평균 가맹점수수료율의 100분의 80 이하에 해당하는 가맹점수수료율을 말한다. <신설 2012. 12. 17.>

* 감독규정은 신설·개정 당일 시행된다.

9) 감독규정 제25조의6 【우대수수료율】 ① 법 제18조의3 제3항에서 "금융위원회가 정하는 우대수수료율"이란 다음 각 호에 해당하는 가맹점수수료율을 말한다. <신설 2012. 12. 17.> <개정 2014. 12. 26.>

1. 연간 매출액이 2억 원 이하인 가맹점: 모든 신용카드업자의 직전 연도 평균 가맹점수수료율(이하 "직전 연도 평균 가맹점수수료율"이라 한다)의 100분의 80과 1.5% 중 적은 수수료율 이하 <신설 2014. 12. 26.>
2. 연간 매출액이 2억 원을 초과하고 3억 원 이하인 가맹점: 직전 연도 평균 가맹점수수료율의 100분의 100과 2.0% 중 적은 수수료율 이하 <신설 2014. 12. 26.>

드수수료율 상한 2.7%→2.5%로 각 결정되었다는 내용이다.

2017. 6. 14. 매출액 5억 원 이하 소상공인들의 카드수수료 부담을 대폭 완화하여 양질의 일자리 창출을 지원하겠습니다.

—우대수수료가 적용되는 영세가맹점의 매출액 기준을 3억 원, 중소가맹점의 매출액 기준을 5억 원으로 높이는 시행령 개정이 있었다.[10)]

2019. 2. 19. 카드수수료 개편 결과 연매출액 500억 원 이하 가맹점의 카드수수료 부담이 연간 약 8천억 원 경감됩니다.

—다시 3년 주기 재조정 시기 도래로, 영세한 중소신용카드가맹점을 4단계로 세분화하였다. 연매출 3억 원 이하는 0.8%, 5억 원 이하는 1.3%, 10억 원 이하는 1.4%, 30억 원 이하는 1.6%로 하고, 체크카드는 이보다 각 0.3% 낮은 요율로 조정하였다.[11)] 금번 개정

---

10) 여전법 시행령 제6조의13【영세한 중소신용카드가맹점 기준】② 금융위원회는 법 제18조의3 제3항에 따라 우대수수료율을 정할 때에는 제1항에 따른 영세한 중소신용카드가맹점을 다음 각 호와 같이 구분하여 그 우대수수료율을 달리 정할 수 있다. <신설 2015. 1. 6., 2017. 7. 26.>

1. 연간 매출액이 3억 원 이하인 신용카드가맹점
2. 연간 매출액이 3억 원을 초과하고 5억 원 이하인 신용카드가맹점

11) 감독규정 제25조의6【우대수수료율】① 법 제18조의3 제3항에서 "금융위원회가 정하는 우대수수료율"이란 다음 각 호에 해당하는 가맹점수수료율을 말한다. <신설 2012. 12. 17.> <개정 2014. 12. 26., 2016. 1. 28., 2017. 7. 28.>

1. 연간 매출액이 3억 원 이하인 가맹점: 0.8% 이하
2. 연간 매출액이 3억 원을 초과하고 5억 원 이하인 가맹점: 1.3% 이하
3. 연간 매출액이 5억 원을 초과하고 10억 원 이하인 가맹점: 1.4% 이하
4. 연간 매출액이 10억 원을 초과하고 30억 원 이하인 가맹점: 1.6% 이하

은 시행일 2019. 1. 31.로, 2. 1.자 거래부터 적용대상이다.

이번 개정에서는 '전자상거래사업자'와 '개인택시사업자'에 대해서도 우대수수료를 적용하는 내용이 신설되었다. 신용카드업자의 우대수수료율은 카드사와 직접 계약한 신용카드가맹점에 대해서만 적용되는 것이어서, 종전에는 사실상 오프라인에서만 의미가 있었다. 오프라인에서는 VAN사업자가 계약의 중개만 하고 판매자가 직접 신용카드가맹점 계약을 하는 반면, 온라인에서는 PG사업자가 신용카드가맹점이 된다. 이 경우 하위가맹점들은 PG사에 적용되는 일반카드수수료에 PG수수료가 합산된 수수료를 최종적으로 부담하게 되므로, 결과적으로 우대수수료의 혜택을 보지 못하는 것이다. 오프라인 사업자인 경우에도, 매장에서 카드단말기로 결제하면 우대수수료 적용이지만, 배달앱이나 무인주문기계(키오스크)로 결제될 때는 앱사업자·키오스크 공급업체가 신용카드가맹점이기 때문에 일반수수료가 적용되고 있었다.

그런데 카드사 우대수수료의 적용 대상을 '신용카드가맹점' 외에도, '전자상거래를 하는 각 전자지급결제대행 하위사업자'로 확대함으로써 (PG는 수수료 판단에 있어서 도관체가 되고) 온라인 판매자들도 각자의 매출액을 기준으로 우대수수료 판단을 받을 수 있게 되었다. '전자상거래'는 '거래의 전부 또는 일부가 전자문서에 의하여 처리되는 거래'를 말하기 때문에 위에서 예로 든 배달앱 결제, 키오스크 결제도 전자상거래에 해당되어 우대수수료를 적용받을 수 있다.

택시의 경우, 오프라인 사업자이기는 하지만 한국스마트카드 등 교통요금 결제대행업체를 통해 정산을 받으므로, 개인택시에 대해서도 온라인사업자와 마찬가지로 매출액을 각자 판단하는 규정이 신설되었다.

감독규정 제25조의4【가맹점수수료율 산정 시 준수사항 등】 ③ 신용카드업자는 다음 각 호의 어느 하나에 해당하는 자의 연간 매출액이 제25조의5 제1항부터 제5항까지에 해당하는 경우 해당 거래를 대행하는 신용카드가맹점을 그 거래에 한해 법 제18조의3 제3항의 영세한 중소신용카드가맹점으로 보아 제25조의6 제1항에 해당하는 우대수수료율을 적용하여야 한다. <신설 2019. 1. 30.>

1. 「전금법」 제28조 제2항 제4호에 따라 금융위원회에 등록하여 전자지급결제대행에 관한 업무를 수행하는 자(이하 '전자지급결제대행업자'라 한다)가 결제를 대행하는 자로서 「전자상거래 등에서의 소비자보호에 관한 법률」 제2조 제1호의 전자상거래의 방법으로 물품의 판매 또는 용역의 제공 등을 하고 「부가가치세법」 제8조에 따른 사업자등록을 한 자(이하 '전자지급결제대행하위사업자'라 한다)
2. 「택시운송사업의 발전에 관한 법률」에 따른 개인택시운송사업자로서 신용카드업자와 교통운임 정산 관련 계약을 체결한 결제대행업체를 통해 이용요금을 정산하는 자(이하 '결제대행개인택시사업자'라 한다)

전자상거래법 제2조【정의】 이 법에서 사용하는 용어의 뜻은 다음과 같다. <개정 2012. 6. 1.>

1. "전자상거래"란 전자거래(「전자문서 및 전자거래 기본법」 제2조 제5호에 따른 전자거래를 말한다. 이하 같다)의 방법으로 상행위(商行爲)를 하는 것을 말한다.

전자문서 및 전자거래 기본법 제2조【정의】 이 법에서 사용하는 용어의 뜻은 다음과 같다.

1. "전자문서"란 정보처리시스템에 의하여 전자적 형태로 작성, 송신·수

신 또는 저장된 정보를 말한다.

5. “전자거래”란 재화나 용역을 거래할 때 그 전부 또는 일부가 전자문서에 의하여 처리되는 거래를 말한다.

✦ 수수료 인하에 대한 카드사 대응

이미 여러 차례 수수료가 조정된 상태에서, 인건비도 오르고 하는데 3년마다 원가를 계속 절감한다는 것이 쉽지는 않을 것이다. 이에 카드사들은 보유 정보를 활용하여 부가가치를 창출할 수 있는 데이터 사업, 중금리 대출, 사업자대상 렌털 사업 등 수익 다각화를 위한 신사업 기회를 모색하고 있다. 금융법에 따라 인·허가를 받은 금융기관들은 허용된 겸영·부수 업무만을 할 수 있기 때문에, 이를 위해서는 여전법 시행령 등 규정 개정이 수반되어야 한다. 금융위도 카드수수료 인하 정책을 펴는 입장에서, 이러한 신사업 확대에 대해서는 긍정적 입장을 밝힌 바 있다.[12] 그러나 카드사에게 당장 급한 일은 아무래도 카드 업무와 직접 관련된 비용의 절감일 것이다. 금융당국 입장에서도 적격비용을 줄이면 카드수수료를 계속 인하할 수 있다.

(1) 부가서비스 축소·폐지

현재까지는 거의 어렵다. 신용카드업자가 부가서비스를 축소·폐지하려면 무조건 3년간 유지한 뒤, 현재의 부가서비스를 유지할 경우 해당 상품의 수익성 유지가 어렵다는 근거를 제시하여 금감원 승인

12) 금융위 보도자료. 2019. 4. 19. 카드사 CEO 간담회 개최－카드산업「경쟁력 강화 및 고비용 마케팅 개선 방안」논의

을 받고, 6개월 동안 공지를 거쳐야 한다(여신전문금융업 감독규정 제25조 제2항).

금융위 유권해석 중에는 '부가서비스를 축소하여 수익성이 개선' 되는 것은 '부가서비스를 유지할 경우 수익성 유지가 어렵다'는 것과 다르다고 한 내용이 있다.[13] 전자의 수익성은 상품 출시 때 예상했던 수익성일 텐데, 후자에서 감독당국이 보는 수익성은 감내할 수 없는 수준으로 악화된 수익성을 의미하는 것 같다.

그 결과, 의무 유지기간이 5년에서 3년으로 변경된 2016년 이후로 부가서비스 축소를 위한 약관 변경이 승인된 적은 한 번도 없다. 어차피 마케팅 경쟁 때문에 카드사들이 임의로 축소할 리는 없는 현실인바, 특히 일괄적인 우대수수료 조정과 같은 외부적 요인이 원인인 경우에는 불가피하게 부가서비스 축소가 인정되어야 할 것이다.

(2) 모집비용 절감 노력

오프라인 모집채널은 카드모집인을 통하는 경우와 은행 영업점을 이용하는 경우(은행계 카드사)가 있는데, 건당 몇십만 원의 수수료가 들기 때문에 온라인 채널보다 상대적으로 고비용이다. 카드사들은 오프라인의 모집수수료를 줄이거나 비중을 제한하고, 온라인 신청 시에는 회원에게 혜택을 더 주는 등으로 모집비용 절감 노력을 하고 있다.

---

13) 금융위 유권해석. 카드상품 부가서비스 축소 관련
(등록 2015. 12. 4. / 회신 2016. 1. 14.)

(3) 대형가맹점 수수료 인상 및 마케팅 비용 축소

카드산업 초기에는 영업 경쟁으로 오히려 대형가맹점 수수료가 더 낮았던 적도 있으나, 영세중소가맹점 우대수수료 규제 이후 카드사는 반작용으로 대형가맹점 수수료로 수입을 보전할 수밖에 없게 되었다. 최근 2019년의 우대수수료 인하 직후에도, 오픈마켓이나 백화점사이트에 '○○카드 사용 중단' 공지가 붙은 것을 종종 볼 수 있고, '현대자동차에서 카드사들과 계약을 해지했네, 대학병원들이 7년째 이어진 카드수수료 인상에 반발하고 있네' 등의 기사들이 쏟아지고 있는 것을 볼 수 있는데, 이는 우대수수료 인하에 맞추어 대형가맹점 수수료가 인상되었기 때문이다.

사실, 대량 구매 시에 단가가 떨어지는 일반적 가격논리로만 본다면 대형가맹점의 수수료가 더 낮아야 한다고 볼 수 있겠지만(이 점은 뒤에서 설명할 VAN수수료의 경우에도 마찬가지이다), 정책적으로 중소상공인의 부담을 완화해주는 방편으로 우대수수료가 법제화된 것이다. 대신 카드사에서 가맹점이 아닌 회원 마케팅을 할 때는 시장논리에 따라 대형법인회원 위주로 마케팅 비용이 지출된다. 어떤 카드를 사용할지의 선택을 카드회원이 하기 때문에 카드사는 원래 회원대상 모집, 판촉, 부가서비스 등에 마케팅 비용을 많이 지출하지만, 법인카드에 대해서는 특히 규모가 큰 회사일수록 카드사용액의 1% 캐시백 지급, 복지기금 출연, 무기명 선불카드 추가 지급 등 다양한 혜택을 제공하고 있다. 이렇게 누가 먼저 멈추기 어려운 출혈경쟁을 막기 위해 금융위원회에서는 법인카드 연회비 면제를 금지하는 내용을 담은 법인카드 표준약관을 제정하고, 여전법 시행령에 신용카드업자의 '법인회원에 대한 과도한 경제적 이익 제공 금지'를 명문화하였다(별표 1의3 제2호 바목, 2021. 7. 1. 시행).[14)]

마지막으로 중요한 것은 아래에서 설명할 VAN수수료 인하이다.

✦ VAN수수료

VAN수수료 조정은 카드수수료와 달리 법규를 통해 규제되는 것이 아니라, 카드사들과 VAN사업자들 간의 계약을 통해 이루어진다. 개별 계약이어서 조건이 완전히 통일된 것은 아니지만, 여신전문협회를 통해서 큰 틀에서 조정이 이루어진다고 볼 수 있다.

VAN수수료는 크게 두 가지 요소로 이루어져 있다. 하나는 거래중계에 대한 대가이고, 다른 하나는 매입업무에 대한 대가이다. 승인수수료는 정률제 전환으로 낮추어진 상태이고, 매입수수료도 무서명거래 확대 및 직매입을 통해서 계속 줄이고 있는 추세이다.

거래 중계 통신료 부분은 각 거래가 승인·실패·취소 거래인지에 따라 정액으로 계산되었으나, 2016년부터 정률제 전환 논의가 시작되었다. 정률제에서는 실패·취소 거래가 수수료 지급 대상에서 제외되고, 승인 수수료가 건당 100원 수준에서 승인금액의 0.2~0.3% 수준으로 변경되기 때문에 4~5만 원 이하의 결제 구간에서는 수수료가 적어진다. 우리나라는 카드결제가 매우 일반화되어 있어서 소액결제가 건수에서 차지하는 비중이 절대적이다. 그리고 정률이라고

---

14) 금융위 보도자료. 2019. 4. 19. 카드사 CEO 간담회 개최－카드산업「경쟁력 강화 및 고비용 마케팅 개선 방안」논의

해서 무한정 수수료를 지급하는 것이 아니라 결제금액 100만 원을 상한으로 계산한다.

정률제 전환은 무조건 수수료가 낮아지는 것이라 당연히 카드사와 VAN사업자 및 VAN대리점 간에 상당한 이견이 있었으나, 정부로서도 카드수수료 인하를 위해서는 그 비용원인인 VAN수수료를 인하할 수밖에 없었기 때문에 당·정 협의를 거쳐 정률제로의 개편을 발표하였고, 2018. 7. 31.자로 전면 시행되었다.15)

'매입'은 가맹점이 결제 승인으로 카드사에 대해 취득하게 된 매출채권을 정산 전에 확정하는 과정이다. 온라인 결제는 비밀번호·생체정보 같은 본인확인을 거쳐서 이루어지기 때문에 따로 거래의 유효성을 증빙할 필요가 없다. 그러나 오프라인 결제에서는 가맹점이 서명으로(카드 뒷면의 서명과 비교) 본인확인을 하기 때문에 종이전표 서명인 경우 VAN대리점이 직접 가맹점에서 종이를 수거하여 신용카드업자에게 전달하고, 사인패드 서명인 경우 VAN사업자가 전자서명 정보를 각 카드사 양식에 맞춰서 전달하는 식으로, 매입과정에 VAN사업자의 역할이 있어 건당 수수료를 받는다. 이 부분도 종이전표가 줄어들고 전자서명으로 대체되면서 수수료가 낮아진 것도 있지만, 아래와 같이 아예 매입 업무 자체가 축소되는 추세이다.

① 오프라인에서 5만 원 이하 거래는 본인확인을 하지 않는다. 신용카드가맹점이 신용카드 결제를 받을 때는 서명확인, 비밀번호

15) 금융위 보도자료. 2018. 6. 26. 금융위원장 카드사 CEO 간담회 개최 – 별첨. VAN 수수료 체계개편 세부 방안

입력 등의 방법으로 본인확인을 해야 하고, 이 절차를 지키지 않았을 때는 신용카드가맹점 표준약관에 따라서 고객이 부정사용을 주장하면 그 손해를 부담해야 한다. 단, 5만 원 이하 거래는 신용카드업자와 가맹점 간의 계약에서 '신용카드사가 전적으로 책임지기로' 하면 가맹점은 본인확인 없이 무서명 방식으로 진행할 수 있었는데, 2016년 1월 '계약'이 아닌 카드사의 가맹점에 대한 '통지'만으로 무서명 거래가 가능하도록 여신전문금융업 감독규정이 개정되었다(제24조의6 제2항). 이는 무서명거래를 확대하기 위한 것으로, 그 이후로 카드사들은 5만 원 이하 거래에 대해서 일괄적으로 무서명 방식을 적용하고 있다.

② 삼성페이, 카카오페이, 페이코 같이 오프라인에서 모바일로 신용카드 결제가 된 경우에는 매입 절차를 생략하는 경우가 있다. 사실, 모바일 결제는 온라인 결제와 동일하게 앱에서 본인인증이 되기 때문에 카드사들은 굳이 VAN사를 통한 전표확인을 할 필요가 없다. 그래서 일부 카드사들은 모바일 결제 시 VAN사의 매입 업무를 없애고 수수료를 지급하지 않기도 하는데, 이렇게 되면 VAN대리점이 수익에 직접 영향을 받는다. 매입수수료는 원래 VAN대리점의 종이전표 수거 업무에서 비롯된 것이기 때문에 VAN사업자는 자신이 직접 처리하는 전자서명 부분의 매입수수료까지도 VAN대리점에게 그대로 전달하고 있다. 가맹점 영업과 관리를 담당하는 VAN대리점 조직을 유지할 필요가 있기 때문이다. 그러나 카드사로부터 받는 매입수수료가 없는 상황에서 그 비용을 보전해 주자니 곤란하고, VAN대리점으로서는 가뜩이나 줄어든 수입이 더 줄어드는 것을 받아들일 수 없다는 입장이어서, 이를 둘러싸고 카드사-

VAN사－VAN대리점 간의 이해관계가 대립되고 있다.

③ 또 한 가지는, 신용카드업자와 대형가맹점이 직접 통신망을 연결하여 VAN의 업무범위를 줄이고, 절감된 VAN비용을 가맹점수수료율에 반영(인하)하는 것이다. 여전법에서는 카드수수료와 VAN 수수료 규제의 실효성을 확보하기 위해서 대형신용카드가맹점(및 그 특수관계인)과 신용카드업자 또는 부가통신사업자 간의 리베이트를 금지하고 있는데, 여기에는 '부당한 수수료 인하'가 포함된다. 법문상 합리적인 가격 반영은 당연히 가능하지만, 워낙 금지규정이 엄중하다 보니(5년 이하의 징역 또는 3천만 원 이하의 벌금) 카드사－VAN－대형가맹점 간의 수수료 관계에 대해서 비슷한 유권해석 요청들이 많이 존재하는 것을 볼 수 있다. 그 내용을 보면 "VAN수수료의 인하는 VAN사업자의 원가(가맹점모집인 지급수수료, 전산설비 유지비용 등) 절감액을 초과하지 않는 범위 내에서 이루어져야 한다", "카드사는 VAN수수료 절감액 중 해당 신용카드가맹점과 카드사가 기여한 부분, 즉 종전에 부가통신업자가 제공하는 서비스 중 가맹점과 카드사가 직접 수행하게 되는 서비스의 비용 수준 등을 고려하여 일부는 자기 수익으로 삼고 일부는 가맹점수수료에 합리적으로 반영하면 된다", "절감된 VAN원가를 VAN수수료와 카드수수료를 통해 반영하지 않고 카드사나 VAN사가 가맹점에 별개의 금전 혜택을 제공하는 형태는 여전법 제24조의2 제3항에 해당할 소지가 있다" 등이다.[16)]

---

16) 금융위 유권해석 170489. 대형신용카드가맹점에 대한 VAN수수료 인하 혜택 제공 가능 여부(등록 2017. 11. 24. / 회신 2018. 3. 13.)

여전법 제18조의3【가맹점수수료율의 차별금지 등】 ① 신용카드업자는 신용카드가맹점과의 가맹점수수료율을 정함에 있어서 공정하고 합리적으로 정하여야 하며 부당하게 가맹점수수료율을 차별하여서는 아니 된다.
④ 대통령령으로 정하는 규모 이상의 대형신용카드가맹점(이하 "대형신용카드가맹점"이라 한다)은 거래상의 우월적 지위를 이용하여 다음 각 호의 어느 하나에 해당하는 행위를 하여서는 아니 된다.
<개정 2015. 1. 20.>

1. 신용카드업자에게 부당하게 낮은 가맹점수수료율을 정할 것을 요구하는 행위
2. 신용카드와 관련한 거래를 이유로 부당하게 보상금, 사례금 등 명칭 또는 방식 여하를 불문하고 대가(이하 "보상금등"이라 한다)를 요구하거나 받는 행위

[본조신설 2012. 3. 21.]

제19조【가맹점의 준수사항】 ⑥ 대형신용카드가맹점 및 그와 대통령령으로 정하는 특수한 관계에 있는 자(이하 "특수관계인"이라 한다)는 신용카드부가통신서비스 이용을 이유로 부가통신업자에게 부당하게 보상금등을 요구하거나 받아서는 아니 된다. <신설 2015. 1. 20., 2016. 3. 29.>

제24조의2【신용카드업자 등의 금지행위】 ③ 신용카드업자와 부가통신업자는 대형신용카드가맹점이 자기와 거래하도록 대형신용카드가맹점 및 특수관계인에게 부당하게 보상금등을 제공하여서는 아니 된다.
<신설 2015. 1. 20., 2016. 3. 29.>

*제18조의3은 2012년 우대수수료율이 법제화될 때 신설되었고, 제19조 제6항과 제24조의2 제3항은 2015년 VAN사업자가 법제화되면서 함께 규정되었는데, 서로 중복되는 면이 있다.

불필요한 업무를 줄이고 없애서 수수료를 절감하는 것은 바람직하지만, 통신서비스로서 보안 강화를 위한 신규 투자도 있어야 할

것이고, 기본적으로 각 가맹점을 사람이 관리해야 하는 업무 속성도 있기 때문에 카드수수료를 줄이기 위한 방편으로만 취급되어, 본질적인 기능의 약화를 초래해서는 안될 것이다.

VAN사업자의 역할은 카드를 지급수단으로 하는 경우에만 국한되는 것은 아니다. 새롭게 등장하는 지급수단들은 휴대폰에서 정보를 생성해서 바코드·QR이나 NFC 방식으로 단말기에 전달하거나 앱투앱으로 동작하기도 하는데, 이것들이 사용되려면 가맹점 유치도 해야 하고, 거기에 맞는 단말기 공급도 필요하고, 통신연결을 위한 개발도 필요하다. 이런 일들은 누가 하더라도 해야 하는데, 금융회사와 전자금융업자가 모든 판매자들을 대상으로 이러한 업무를 직접할 수 없으므로 기존의 카드VAN사업자들이 이러한 업무를 많이 담당하게 된다. VAN사업자의 구체적 업무들이 기술과 서비스 발전에 맞게 변화되는 것은 당연하겠지만, 지급수단제공자와 가맹점 사이에서 영업을 담당하고 통신을 중계하는 부가통신사업자로서의 본질적 역할은 변함없이 중요하므로, 이왕에 잘 구축된 자산과 노하우에 대해서는 4차산업혁명과 핀테크 발전에 잘 활용될 수 있도록 그 역할이 존중되어야 할 것이다.

✦ 비자(매입사)와 BC(프로세스 대행)의 차이

BC카드의 프로세스 대행은, 은행이 카드회원을 관리하면서 자기 이름으로 카드를 발급하되, BC에서 VAN망 연동, 가맹점 계약, 매입, 정산 등의 업무를 해주는 것이다.

해외브랜드인 비자, 마스터 같은 회사들이 하는 업무가 바로 이와 유사하게 카드발급사와 판매자를 연결해주는 것이다. 승인된 거래를 정산을 위해 확정하는 과정을 매입(acquiring)이라고 하는데, 이들은 자기 이름으로 판매자의 각 카드사에 대한 매출채권을 매입한다. 매입사가 따로 있으면, 카드 거래는 '카드회원', '카드발급사', '매입사', '가맹점(카드사가 아닌 매입사와 가맹점 관계에 있다)'의 4당사자 구조가 된다. 매입사의 역할에서는 가맹점 인프라를 구축하고 있는 것이 핵심이다.

이와 달리, 우리나라의 카드결제 프로세스는 VAN사업자를 통해서 각 카드사가 각 판매자와 직접 가맹점 계약을 체결하고 매출채권을 매입하는 3당사자 구조로 정착되었다. 이런 의미에서 보면, VAN수수료는 매입사수수료를 저렴하게 대체한 것이다.

VAN사를 통한다 하더라도, 겸영여신업자들은 가맹점 관련 업무를 직접 하는 것이 효율성이 떨어지기 때문에 다른 전업카드사에 업무를 위탁한다.

금융회사와 전자금융업자는 '금융기관의 업무위탁 등에 관한 규정'에 따라 그 허가받은 금융업의 본질적인 업무를 제외하고는 제3자에게 업무를 위탁할 수 있다. 동 규정에 따른 신용카드 관련 본질적인 업무는 회원 자격 심사 및 발급승인, 이용한도 부여 및 변경, 신용카드 이용 관련 대금결제, 거래승인(단, 전산장애, 해외거래 등 기술적으로 불가피한 경우 제외) 업무이다(별표 2). 여기서의 '대금결제 및 거래승인'은 회원의 한도를 관리하면서 분실, 도난카드 여부를 확인하여 거래를 승인하고, 카드대금의 연체·미납 리스크를 부담하는 것을 말한다. 그 외 카드 플레이트 제작, VAN 및 가맹점과의 연동, 정산 업무 등은 모두 위탁이 가능하다. 이러한 일체의 프로세싱을 위탁하면 자질구레한 업무를 하지 않고, VAN사업자 및 가맹점과 직접 계약할 필요도 없이 수탁 카드사의 VAN가맹점망을 통해 결제를 받을 수 있다.

BC카드는 태생적으로 은행들이 이러한 업무를 위해 공동 출자하여 설립된 회사이기 때문에 프로세싱 대행을 거의 전담하고 있는데, 최근에는 KB카드도 이 업무를 많이 하고 있다. 이들은 신용카드업자이만, 프로세싱 대행 업무를 함에 있어서는 위탁 카드사의 전자금융보조업자로서 전금법 제40조 외부주문에 해당된다.

전금법상 선불전자지급수단과 직불전자지급수단의 경우 '금융기관의 업무위탁등에 관한 규정'이 직접 적용되지는 않는다(동 규정 제2조의 적용대상에 '전자금융업자'는 없다). 그러나 동일한 업무위탁 법리에 따라서 프로세스 대행이 가능하다. 카카오페이나 토스에서 플라스틱 카드가 나오는 것은 이러한 서비스를 이용한 것이다.

금융기관의 업무위탁 규정에서는 직불카드와 선불카드의 본질적인 업무 범위에 대해서는 명시하고 있지 않은데, 여전법 시행령 제6조의5에 의하면 직불카드와 선불카드는 (신용리스크가 없기 때문에) 거래승인을 포함한 이용대금 결제업무에 대해서도 위탁이 가능하다.

여전법 제13조 【신용카드업자의 부대업무】 ① 신용카드업자는 대통령령으로 정하는 기준에 따라 다음 각 호에 따른 부대업무를 할 수 있다.

1. 신용카드회원에 대한 자금의 융통(融通)
2. 직불카드의 발행 및 대금의 결제
3. 선불카드의 발행·판매 및 대금의 결제

② 신용카드업자는 제1항에 따른 업무를 대통령령으로 정하는 바에 따라 제3자가 대행하도록 할 수 있다.

시행령 제6조의5 【부대업무의 경영기준 등】 ④ 법 제13조 제2항에 따라 신용카드업자는 다음 각 호의 업무를 제3자에게 대행하게 할 수 있다. <개정 2016. 9. 29.>

1. 직불카드 및 선불카드의 발행업무
2. 선불카드의 판매업무(환불업무를 포함한다)
3. 직불카드 및 선불카드 이용대금의 결제업무(거래의 승인업무를 포함한다)

✦ 실물카드 없는 모바일단독카드

여전법상 신용카드, 직불카드, 선불카드 정의는, '제시하고 가맹점에서 반복하여 결제할 수 있는 증표', '금융거래계좌에 이체하는 등의 방법으로 결제가 이루어질 수 있는 증표', '대금을 미리 받고 이에 해당하는 금액을 기록하여 발행한 증표'로 모두 '증표'로 끝난다. 전금법상 직불전자지급수단, 선불전자지급수단이 '증표 또는 그 증표에 관한 정보'라고 표현된 것과 구별된다. 이는 여전법 제정 당시에는 모바일카드 개념이 없었기 때문이다. 그러나 '증표'가 꼭 플라스틱 카드로 해석되어야 하는 것은 아니라서 모바일카드를 만드는데 지장은 없다.

처음에 카드사들은 실물카드가 배송되기 전에 먼저 사용할 수 있게 하려고 모바일카드를 발급하기 시작했는데, 실물카드를 받지 않는 대신 그 발급, 배송 및 관리 비용에 상응한 다른 혜택을 받는 것을 선호하는 사람도 있을 수 있기 때문에 아예 실물카드를 발급하지 않는 것에 대해 금융위에 허용을 요구하게 되었다. 실물카드는 발급을 비대면으로 신청하더라도 배송시점에 대면으로 본인을 확인하는 절차가 있지만, 모바일카드 단독 발급은 대면확인 접점이 전혀 없기 때문에 금융위는 명의도용 부정발급 위험이 상대적으로 높다고 판단하여 카드대출은 안되고 신청 후 24시간 경과 후에 발급되는 조건으로 2015년 4월 이를 허용하였다.

이 조건들은 2016년 3월 모바일카드 활성화 차원에서 업계의 건의가 받아들여져 폐지되었다. 그런데 현재에도 사람들이 워낙 실물카드에 익숙해져 있기 때문에 모바일카드 단독 발급 옵션을 많이 선택하는 상태는 아니라고 한다.

[쉬어가는 만화코너]

쿠룬타는 인도요가 600년 전통의 척추 교정 및 근육이완 도구로, 누워만 있어도 운동이 되지…는 않겠지만, 그래도 아무것도 안하는 것보다는 이거라도 하는 게 백배 나을 것이다.

여기까지 읽으시느라 수고하셨습니다. 스트레칭 한 번 하세요.

제 2 절

직불형 · 선불형 지급수단

직불은 계좌에서, 선불은 충전금에서 차감이 이루어지면서 지급이 승인된다. 이 점을 제외한 프로세스; 지급수단발행인, 판매자, VAN과 PG의 역할, 프로세싱 위탁 등은 제1절 신용카드에서 본 것과 동일하다.

직불카드와 직불전자지급수단, 선불카드와 선불전자지급수단은 그 개념은 동일하나, 각 여전법과 전금법상의 제도이므로 양 법의 규제 태도 차이에 따라 실제 서비스 구현이 달라지는 면이 있다. 전금법이 더 유연한 편이다. 여전법과 전금법, 어느 것을 적용할지는 발행기관이 어디인가에 따라서 달라진다.

제1항 여전법과 전금법

가. 양 법의 적용대상

여전법상 전업카드사와 겸영여신업자는 부대업무로 직불카드, 선불카드를 발행할 수 있다. 전금법에서는 직불전자금융업, 선불전자금융업을 따로 등록하도록 하는데, 금융회사는 등록의무가 면제된다. 그런데 전금법의 '금융회사' 정의에는 전업카드사와 겸영여신업자가 포함되어 있다. 즉, 직불카드와 선불카드를 발행할 수 있는 지위에 있다면 등록없이 직불전자지급수단과 선불전자지급수단도 발행할 수 있다는 것이다.

결과적으로 법적 지위로 보면, 다음과 같이 분류된다.

① 그룹 여전법상 신용카드업자: 신용·직불·선불카드를 발행할 수 있고, 동시에 전금법상 금융회사에도 해당되기 때문에 별도의 전자금융업 등록 없이 직불·선불전자지급수단 발행 가능

② 그룹 신용카드업자가 아닌 전금법상 금융회사: 별도의 전자금융업 등록 없이 직불·선불전자지급수단 발행 가능

③ 그룹 전자금융업자: 전금법에 따라 전자금융업자로 등록하고 선불·직불전자지급수단 발행 가능

① 그룹 전업카드사, 겸영여신업자	카드사, 은행, 농협은행, 수협은행, 한국산업은행, 중소기업은행, 한국수출입은행, 종합금융회사, 상호저축은행중앙회, 신용협동조합중앙회, 새마을금고연합회
② 그룹 전금법 금융회사	우체국, 새마을금고, 새마을금고중앙회, 상호저축은행, 신용협동조합, 여신전문금융회사, 산림조합 및 그 중앙회, 농업협동조합, 수산업협동조합
③ 그룹 전자금융업자	전자금융업 등록한 사업자들

대규모점포 및 유통업자는 여전법상으로는 '신용카드' 발행만 예외적으로 허용되어 있어서 직불·선불카드를 발행할 수 없지만, 전자금융업자로 등록하고 전자지급수단으로 발행하면 된다.

카카오뱅크와 K뱅크는 아직 신용카드업 허가를 받지 않았으므로, 이들 은행에서 발급하는 체크카드는 여전법이 적용되지 않는 전금법상 직불전자지급수단이다.

증권회사는 전금법상 금융회사에 포함되어 있지 않으므로, 직불전자금융업자로 등록하고 증권종합계좌나 CMA계좌를 기반으로 체크카드를 발행할 수 있다.

나. 여전법·전금법의 관계

카드사처럼 두 가지 모두 발행할 수 있는 지위에 있을 때는 여전법을 우선 지키고, 여전법에 없는 내용이 전금법에 있으면 전금법도 지키게 되어 있다(전금법 제3조).

여전법상 금융거래와 관련된 약관을 '금융약관'이라고 하는데, 여신전문금융협회에서 신용카드, 직불카드, 선불카드용 '표준약관'을 만들어 두고 있다. 금융약관과 표준약관을 제·개정할 때는 금감원(법에는 금융위로 되어 있는데, 시행령에서 금감원에 위탁)에 사전신고하는 것이 원칙이되, 소비자에게 불리하지 않은 개정이나 표준약관 또는 다른 회사에서 신고했던 약관을 그대로 사용하는 경우에는 사후에 보고한다. 여신전문협회가 만든 표준약관도 사실상 법규처럼 작용하기 때문에, 카드사는 이 표준약관을 따르다 보면 새로운 상품을 만드는 것이 매우 어렵다.

뿐만 아니라, 카드에서는 상세한 혜택이 기재되어 있는 상품안내장도 하나하나가 금융약관이다. 결국 카드 상품을 하나 만들 때마다 약관 신고 절차를 거쳐야 한다는 것이어서 신상품을 빨리 출시해야 하는 입장에서는 절차적으로 상당한 부담인데(승인을 받은 이후에 30일 공지를 거쳐야 효력이 발생한다), 2018. 12. 31.자 여전법 개정으로 2020. 1. 1.부터는 사후신고제로 전환되었다. 개정이유를 보면 "최근 금융업 성장에 따라 약관 심사 신청이 급증 추세인 반면에 인적 자원의 한계 등으로 심사가 지연되어 소비자에게 고도화된 금융서비스를 적시에 제공하지 못하는 문제가 있으며, 일단 사전심사를 통과한 후에는 금융회사의 책임을 묻는데 한계가 있었음. 이에 사전신고제를 원칙적으로 폐지하여 사후보고제로 전환하되, 소비자 권익에 중대한 영향을 미치는 경우 등에는 사전신고를 하도록 하여 금융산업의 경쟁력을 강화하는 동시에 소비자 권익을 보호하려는 것임."이라 하고 있다. 그렇지만 '금융이용자의 권리나 의무에 중대한 영향을 미칠 우려가 있는 경우로서 대통령령으로 정하는 경우'에는 여전히 사전신고하도록 되어 있어서, 뭔가 새로운 서비스는 여전히 사전신고 대상이 될 것으로 보인다.

여전법 시행령 제19조의22【약관의 개정 등】 ① 법 제54조의3 제1항 단서에서 "대통령령으로 정하는 경우"란 다음 각 호의 어느 하나에 해당하는 경우를 말한다.

1. 금융거래와 관련된 약관(이하 "금융약관"이라 한다)의 제정으로서 기존 금융서비스의 제공 내용·방식·형태 등과 차별성이 있는 내용을 포함하는 경우. 다만, 신용카드포인트 등 신용카드 이용 시 제공되는 경제적 이익과 관련된 내용을 포함하는 경우는 제외한다.
2. 금융이용자의 권리를 축소하거나 의무를 확대하기 위한 금융약관의 개정으로서 다음 각 목의 어느 하나에 해당하는 경우

가. 개정 전 금융약관을 적용받는 기존 금융이용자에게 개정된 금융약관을 적용하는 경우
나. 기존 금융서비스의 제공 내용·방식·형태 등과 차별성이 있는 내용을 포함하는 경우
3. 그 밖에 금융이용자 보호 등을 위하여 금융위원회가 정하여 고시하는 경우
[본조신설 2019. 12. 31.]

전금법에서도 전자금융거래 약관의 제·개정에 대한 금감원(여전법과 동일하게 시행령에서 금감원에 위탁) 보고는 동일하다. 그러나 선불전자지급수단은 카드처럼 개별 상품으로 구별되는 개념은 아니라서 충전 방법, 사용처, 환불 등에 대해 한번 약관을 신고해 두면 그 범위 내에서 가맹점을 추가하거나, 리워드 이벤트를 하는 것들은 따로 약관 개정이 필요 없기는 하다. 여기도 약관에 서비스 세부내용들을 구체적으로 담도록 하기 시작하면 과거 여전법과 마찬가지가 될 것이다. 기본적으로, 위 여전법 개정 취지에서도 밝혔듯이 약관의 제·개정은 사업의 영역이므로 법규의 범위 내에서 최대한 자율을 보장하는 것이 타당하다.

약관에서 한 가지 특이한 점은 공정거래위원회가 관여한다는 것이다. 여전법을 보면 금감원은 금융약관의 신고·보고를 받으면 공정위에 통보하고, 그 의견을 반영하도록 되어 있다. 약관의 변경을 명령할 때도 공정위와 사후 협의해야 한다. 은행법(제52조), 자본시장법(제56조)도 마찬가지이다. 보험업법과 전금법에는 그러한 내용이 없다. 그런데 공정위의 관여는 어차피 개별법에 근거가 없더라

도 가능한 것이, 현행 '약관규제에 관한 법률'에 따르면 다른 행정관청에서 심사한 약관이라도 불공정약관에 해당하는지 자체 심사해서 시정을 요청할 수 있게 되어 있다. 공정위가 약관규제법의 소관부처로서 동법 제6~14조의 불공정약관 해당 여부를 판단할 권한을 가지고 있다는데 기인한 것이다. 그 결과, 금융투자업에 대해서는 '금융투자 분야 약관심사 가이드라인'이 공정위 고시로, 은행 업무에 대해서는 '전자금융거래기본약관', '입출금이 자유로운 예금약관', '예금거래기본약관', 가계용과 기업용 '은행여신거래기본약관'이 존재한다. 그리고 '지류형 상품권 표준약관'과 별개로 '신유형 상품권 표준약관'이라는 것이 있다. '신유형 상품권'은 금액이나 물품 또는 용역의 수량이 전자적 방법으로 저장되어 있는 것은 전부 비정액으로 수시충전되는 경우까지 포함하므로 선불전자지급수단도 여기에 해당된다. 이러한 공정위 고시와 표준약관들은 각 협회가 표준약관을 만들거나 금감원이 약관심사를 할 때 기준이 된다.

그런데 약관규제법 제6~14조가 일반 원칙론적인 내용들임에도 불구하고, 어떤 표준약관은 개별법에서 정한 구체적인 규제를 넘어서는 내용을 포함하는 경우도 있다. 예를 들어, 전자금융거래법에서는 선불 충전금의 잔액을 사용하고 20% 이하의 잔액이 남았을 때 환급의무가 발생하는데, 신유형 상품권 표준약관에서는 그 비율을 40%로 하고 있다. 이렇게, 포괄적인 업무 범위를 가지고 있는 부처의 업무는 중복규제, 불확실성, 절차의 복잡함을 초래할 수밖에 없다. 개별 법규에 따라 소관 기관이 별도로 약관을 감독하고 있는 경우에는 그 부처 사람들도 약관규제법의 원칙 정도는 다 판단할 수 있고, 여기에 개별 법규의 규제와 서비스 특성까지 감안하여 보는 것이기 때문에 공정위의 관여는 최소화하는 것으로 그 업무 관계를 정비하는 것이 필요해 보인다.

약관규제에 관한 법률 제18조【관청 인가 약관 등】 ① 공정거래위원회는 행정관청이 작성한 약관이나 다른 법률에 따라 행정관청의 인가를 받은 약관이 제6조부터 제14조까지의 규정에 해당된다고 인정할 때에는 해당 행정관청에 그 사실을 통보하고 이를 시정하기 위하여 필요한 조치를 하도록 요청할 수 있다.

② 공정거래위원회는 「은행법」에 따른 은행의 약관이 제6조부터 제14조까지의 규정에 해당된다고 인정할 때에는 「금융위원회의 설치 등에 관한 법률」에 따라 설립된 금융감독원에 그 사실을 통보하고 이를 시정하기 위하여 필요한 조치를 권고할 수 있다. <개정 2010. 5. 17.>

③ 제1항에 따라 행정관청에 시정을 요청한 경우 공정거래위원회는 제17조의2 제1항 및 제2항에 따른 시정권고 또는 시정명령은 하지 아니한다.
[전문개정 2010. 3. 22.]

여전법 제54조의3【약관의 개정 등】 ① 여신전문금융회사 등은 금융이용자의 권익을 보호하여야 하며, 금융거래와 관련된 약관(이하 "금융약관"이라 한다)을 제정하거나 개정하려는 경우에는 미리 금융위원회에 신고하여야 한다. 다만, 다음 각 호의 어느 하나에 해당하는 경우에는 금융약관을 제정하거나 개정한 후 10일 안에 금융위원회에 보고하여야 한다.
<개정 2010. 3. 12., 2016. 3. 29.>

1. 금융약관의 내용 중 금융이용자의 권리·의무에 불리한 영향이 없는 사항을 개정하는 경우
2. 제3항에 따른 표준약관을 그대로 사용하는 경우
3. 제정하거나 개정하려는 금융약관의 내용이 다른 여신전문금융회사 등이 금융위원회에 신고한 금융약관의 내용과 같은 경우
4. 제7항의 변경명령에 따라 금융약관 또는 표준약관을 변경한 경우

5. 그 밖에 금융이용자 보호 및 건전한 거래질서를 해할 우려가 없는 경우로서 금융위원회가 정하는 경우

제54조의3 【약관의 개정 등】 ① 여신전문금융회사등은 금융이용자의 권익을 보호하여야 하며, 금융거래와 관련된 약관(이하 "금융약관"이라 한다)을 제정하거나 개정하는 경우에는 금융약관의 제정 또는 개정 후 10일 이내에 금융위원회에 보고하여야 한다. 다만, 금융이용자의 권리나 의무에 중대한 영향을 미칠 우려가 있는 경우로서 대통령령으로 정하는 경우에는 금융약관의 제정 또는 개정 전에 미리 금융위원회에 신고하여야 한다. <개정 2018. 12. 31.>

② 여신전문금융회사 등은 금융약관을 제정하거나 개정한 경우에는 인터넷 홈페이지 등을 이용하여 공시하여야 한다. <개정 2010. 3. 12.>
③ 여신전문금융업협회는 건전한 거래질서를 확립하고 불공정한 내용의 금융약관이 통용되는 것을 막기 위하여 여신전문금융업 금융거래와 관련하여 표준이 되는 약관(이하 "표준약관"이라 한다)을 제정하거나 개정할 수 있다. <개정 2016. 3. 29.>
④ 여신전문금융업협회는 표준약관을 제정하거나 개정하려는 경우에는 금융위원회에 미리 신고하여야 한다.
⑤ 제1항에 따라 금융약관의 신고 또는 보고를 받거나 제4항에 따라 표준약관을 신고받은 금융위원회는 그 금융약관 또는 표준약관의 내용을 공정거래위원회에 통보하여야 한다.
⑥ 공정거래위원회는 제5항에 따라 통보받은 금융약관 또는 표준약관의 내용이 「약관의 규제에 관한 법률」 제6조부터 제14조까지의 규정에 위반된다고 인정하면 금융위원회에 그 사실을 통보하고 그 시정에 필요한 조치를 하도록 요청할 수 있으며, 금융위원회는 특별한 사유가 없으면 이에 따라야 한다.
⑦ 금융위원회는 금융약관 또는 표준약관이 이 법 또는 금융 관련 법령에

위반되거나 그 밖에 금융이용자의 이익을 해칠 우려가 있다고 인정하면 여신전문금융회사 등 또는 여신전문금융업협회에 그 내용을 구체적으로 적은 서면으로 금융약관 또는 표준약관을 변경할 것을 명령할 수 있다. 금융위원회는 이 변경명령을 하기 전에 공정거래위원회와 협의하여야 한다. <개정 2010. 3. 12.>

⑧ 제1항부터 제4항까지의 규정에 따른 금융약관 및 표준약관의 제정 또는 개정에 대한 신고 및 보고의 시기·절차, 그 밖에 필요한 사항은 금융위원회가 정한다. <신설 2016. 3. 29.>

[본조신설 2009. 2. 6.]

전금법 제25조【약관의 제정 및 변경】 ① 금융회사 또는 전자금융업자가 전자금융거래에 관한 약관을 제정하거나 변경하고자 하는 경우에는 미리 금융위원회에 보고하여야 한다. 다만, 이용자의 권익이나 의무에 불리한 영향이 없는 경우로서 금융위원회가 정하는 경우에는 약관의 제정 또는 변경 후 10일 이내에 금융위원회에 보고할 수 있다. <개정 2008. 2. 29., 2013. 5. 22.>

② 금융위원회는 건전한 전자금융거래질서를 유지하기 위하여 필요한 경우에는 금융회사 또는 전자금융업자에 대하여 제1항의 규정에 따른 약관의 변경을 권고할 수 있다. <개정 2008. 2. 29., 2013. 5. 22.>

③ 금융위원회는 제1항의 규정에 따른 약관의 제정 또는 변경에 대한 보고의 시기·절차 그 밖에 필요한 사항을 정할 수 있다. <개정 2008. 2. 29.>

다. 체크카드의 후불교통기능

신용카드는 성년자에 한하여 신용 심사를 거쳐 발급해야 하는데, 교통카드 기능에 한하여 심사 없이 12세부터 받을 수 있다. 후불교통카드 발급 가능 연령은 18세였던 것이 시행령 개정으로 2020. 1. 1.부터 12세로 낮추어진 것이다(여전법 제14조, 시행령 제6조의7 제

2항). 발급절차가 완화되었다고 해도 그 성격은 신용 기능이다. 체크카드는 그 발행인이 '신용카드업자'인 경우와 '전자금융업자'인 경우로 나누어지므로, 이에 따라 후불교통기능을 제공하는 법적 근거가 달라진다. 신용카드업자는 자체적으로 자기 체크카드에 후불교통기능을 탑재하면 되지만, 전자금융업자는 카드사와 제휴해서 후불교통기능을 추가해야 한다. 이 경우 교통 외의 결제는 체크카드 발급사가 직접 서비스하고, 교통 결제는 따로 계산해서 신용카드사가 후불로 차감하게 된다('하이브리드카드'는 계좌 잔고 부족 시 후불로 넘어가는 것으로, 신용카드업자가 직불과 후불을 모두 제공하는 것이다).

이러한 제휴의 허용 여부는 법규의 해석 문제로 저축은행은 2014년 9월,[17] 우체국과 신협은 2015년 10월[18] 각 허용되었다.

반면 증권회사들이 2016년 1월, 같은 방식으로 제휴모델을 허용해달라고 건의한 것은 불수용된 사례가 있다. 앞서 허용된 금융회사들은 여수신 업무를 주된 사업으로 하기 때문에 서비스 편의성을 높여 계좌 개설을 유인할 필요가 있는 반면, 증권회사의 계좌는 목적이 달라서 허용할 필요가 높지 않다는 이유였다. 기본적으로 제휴를 예외적으로 허용하는 입장에서 주된 사업 목적에 따라 필요성을 판단한 것이다.

수신 계좌 개설 업무가 없는 전자금융업자에 대해서는 아직 판단 사례가 없는데, 선불·직불전자지급수단은 목적 자체가 결제이기 때문

---

17) 금융위 보도자료. 2014. 9. 17. 저축은행의 관계형 금융활성화 방안

18) 금융위 보도자료. 2015. 10. 5. 예금을 담보로 한 신용카드 발급 가능 및 후불교통카드기능이 결합된 체크카드 발급 금융회사 확대

에 다양한 결제처를 제공하는 것이 사업 목적 달성과 직접 관련된다는 점에서, 위 논리에 따른다면 허용하지 않을 이유가 없다고 본다.

최근에는 선불전자금융업자에게 직접 후불결제 기능을 제공할 수 있도록 하는 방안도 검토되고 있다.[19] 그렇게 되면 선불사업자가 신용카드업자와 제휴 없이 독사적으로 후불교통기능을 제공할 수 있을텐데, 대중교통과 택시의 NFC 단말기에서 사용되려면 교통 인프라를 운영하는 사업자와 제휴가 필요하다(제3장 제8절 교통결제).

제2항 직불카드와 직불전자지급수단

직불형 지급수단은 신용소비를 줄일 수 있다는 점, 신용카드에 비해 상대적으로 정산기간이 짧고 수수료가 낮아서 가맹점에 좋다는 점이 있어 정부도 소득공제 비율을 신용카드보다 높이면서 적극적이다.

직불형 지급수단은 결제요청이 있을 때 이용자의 계좌에서 실시간 자금을 이체해오는 것이기 때문에 금융기관의 실계좌와 연결하는 것이 필수적이다.

가. 체크카드

대표적인 직불형 지급수단인 체크카드는 사업자가 회원 계좌에서

---

19) 전금법 개정안에 전자금융업자 및 겸영전자금융업자의 겸영업무로 도입되어 있고, 임시로 혁신금융서비스 지정을 받으면 할 수 있다.

실시간 추심이체하여 거래를 승인하고, 가맹점에 정산 대금을 입금해주는 프로세스이다. 가맹점은 VAN망에 연결된 신용카드가맹점들이다(동일 판매자라도 신용, 직불, 선불가맹점 계약을 각각 해야 하기 때문에 범위나 한도에 약간의 차이는 있다). 체크라는 이름도 비자의 직불 서비스 브랜드명이 check였던 것에서 유래했다고 한다.

이미 신용카드 사업을 통해 확보한 가맹점과 결제인프라를 그대로 사용하기 때문에 뒤에서 설명할 은행식 직불카드 대신 빠른 속도로 정착되었다. 그 결과 은행이나 전자금융업자도 카드사에 프로세싱을 위탁하여 동일한 가맹점 인프라를 사용하게 되었으므로, 발급기관에 상관없이 직불형 카드를 모두 체크카드라 하고 있다.

체크카드 사업을 하기 위해서는 은행과 펌뱅킹 계약이 필요하다. 펌뱅킹(Firm Banking)은 기업체의 호스트 컴퓨터와 금융기관의 서버를 전용회선 또는 통신망으로 연결하여, 기업의 ERP(Enterprise Resource Planning)시스템을 통해 출금 및 입금 업무를 바로 할 수 있도록 한 것이다. 직불형 지급수단에서 중요한 펌뱅킹 업무는 결제를 승인할 때마다 회원 실계좌에서 직불사업자 법인계좌로 실시간 추심이체하는 출금펌이다.

은행이 겸영여신업자로서 직접 체크카드를 발급한 경우에는 이용자 계좌가 자기한테 있기 때문에 그 돈을 출금함에 있어 따로 비용이 들지 않는다. 반면, 전업카드사는 회원계좌에서 법인계좌로 출금해야 하므로 은행 수수료가 발생한다.

이때 은행 계열 카드사들은 그 한 개 은행에 체크카드 전용계좌를 개설하고 모금한다(신용카드 결제 계좌는 은행 제약이 없는데,

체크카드 연결 계좌는 계열사 은행으로 한정하는 경우가 많다. 어차피 은행에서 발급을 대행하기 때문에 다르게 할 이유도 없다). 반면 계열 은행이 없는 전업카드사는 회원들마다 사용하는 은행이 다르기 때문에 은행별로 모금계좌를 만들어두어야 한다(당행 간 이체가 타행 간 이체보다 수수료가 저렴하기 때문이다). 이들은 은행들과의 계좌 개설 계약 및 비용 협상에 상대적으로 어려움이 있었는데, 2011년 11월 금융위원회가 주요 시중 은행들로부터 (i) 전업카드사의 체크카드 발급 목적 계좌 개설을 받아주고, (ii) 건당 출금펌 비용을 계열 카드사에 제공하는 것과 동일한 수준인 0.2% 정률제로 해준다는 협의를 받아냄으로써 안정적인 사업기반을 마련할 수 있었다.

〈체크카드의 출금 및 정산 flow〉

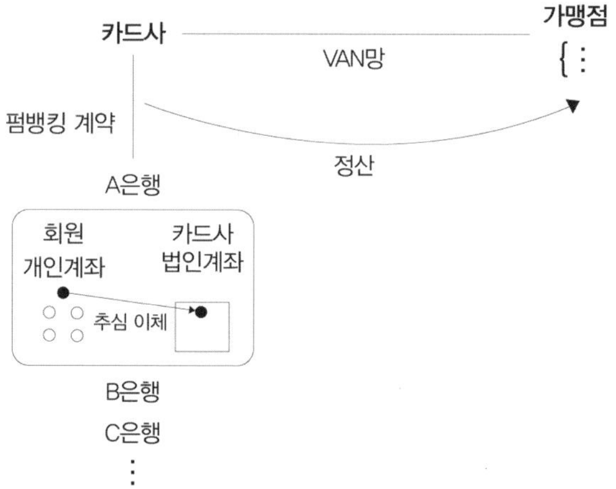

나. 은행식 직불카드의 실패

지금은 체크카드에 밀려서 거의 볼 수 없지만, 은행들은 일찍이 1996년에 카드사와 별개의 은행공동직불망을 구축하고 직불카드 서비스를 선보였었다.

은행들은 이용자쪽 출금은 직접 하면 되기 때문에 가맹점에 정산해 주는 자금이체만 하면 되는데, 이것을 직접 하지 않고 금융결제원을 이용하는 방식이었다.

이 프로세스를 이해하기 위해서 먼저 금융결제원의 차액 정산을 살펴볼 필요가 있다. 이모씨(A은행)가 예모씨(B은행)에게 100만 원을 지급해야 하는 상황을 생각해보자(당행 간 이체는 외부연계가 필요없으니 논외이다). 은행들은 실시간으로 자금을 주고 받는 대신, 한국은행에 각자 예치해 둔 지급준비금 계정을 통해 차액만 정산받고 있다.

〈금융결제원 차액 결제 flow〉

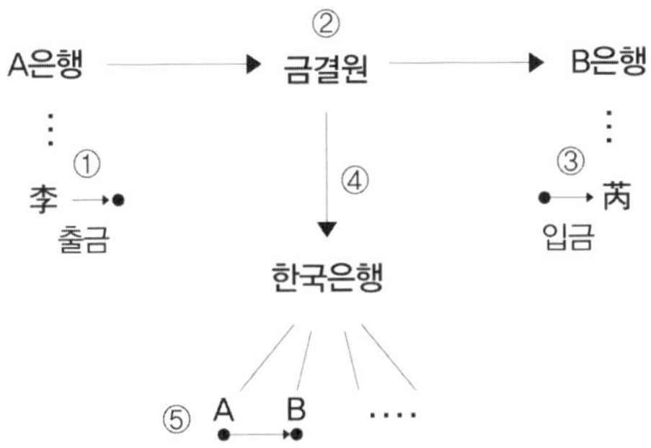

① 이모씨의 지급지시를 받은 A은행은 이모씨 계좌에서 예금을 차감하여 자기 별단계정에 옮겨두고,
② 금융결제원을 통해 B은행에 지급을 요청한다.
③ B은행은 (아직 돈을 받지는 않았지만) 자기 자금에서 예모씨 계좌로 입금한다. ①~③은 실시간으로 이루어진다.
④ 금융결제원은 자정을 기준으로 하루 동안 이런 식으로 이루어진 은행 간의 거래들을 상계하고, 최종적으로 어떤 은행이 어떤 은행에 얼마를 지급해야 하는지를 산출하여 한국은행에 통보한다.
⑤ 한국은행은 각 은행들이 예치해 둔 지급준비금 계정에서 자금을 이동시킨다.

자정까지의 거래를 계산하여 실제 지급준비금이 이동되는 것은 익일 오전이다. 위와 같은 실시간 거래에서는, B은행으로서는 당일 예모씨에게 입금하고 익일 지급준비금 계정으로 받는 것이므로, A은행으로부터 하루치 이자도 받는다.

은행직불공동망은 은행들이 금융결제원을 통해서 VAN망과 연결된 것이다. 결제의 요청과 승인이 (금결원을 통하기는 하지만) 실시간으로 가맹점과 통신된다는 점은 체크카드와 동일하다. 정산은 금융결제원 차액결제 시스템을 이용하므로, 하루 동안의 지급거래가 한국은행 지급준비금 계정에 반영되는 직후인 익일 오전에 전날 매상에 대한 입금이 이루어진다(이렇게 하면 은행 간 이자 계산은 필요 없게 된다).

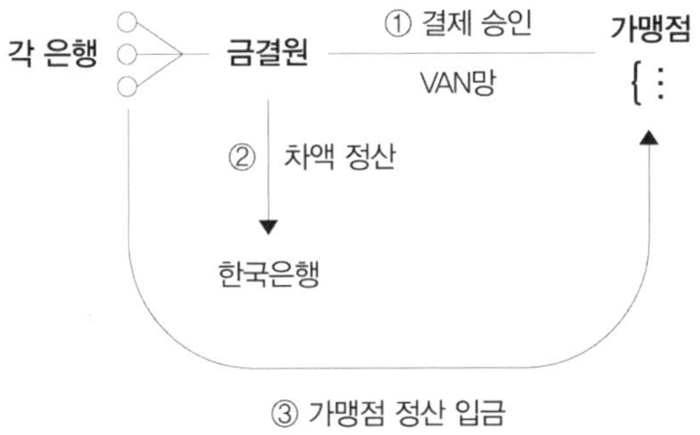

은행식 직불카드가 빠른 정산과 상대적으로 낮은 수수료라는 장점에도 불구하고 사라진 것은, VAN사업자와 VAN대리점들의 가맹점 유치 활동이 저조해서 사용처가 확보되지 못했기 때문이다. 은행식 직불카드의 VAN수수료는 처음부터 정률제로 책정되어서 VAN사업자 입장에서 수익성이 없었다(카드VAN수수료는 2018년 하반기까지는 정액제였다). 이용자 입장에서도 금결원 시스템의 마감업무가 이루어지는 밤 11시 30분~아침 8시 사이에 사용이 안된다는 불편함이 있고, 혜택도 신용카드나 체크카드에 비해서 없었기 때문에 점차 잊혀져 갔다.

다. 직불카드, 직불전자지급수단의 이용한도

여전법에서는 금융위원회가 직불카드의 '1회 또는 1일 이용한도'에 관한 기준을 정할 수 있다고 규정하고 있으나(여전법 제24조), 별도로 정한 것은 없다. 전금법상 직불전자지급수단의 경우, 실명증표확인을 통해 발급되면 1회 및 1일 한도 1억 원, 실명증표확인 외의 본인확인을 통해 발급되면 1회 및 1일 한도 200만 원이다(전자금융감독규정 별표 3).

실명증표는 주민등록증(또는 주민번호가 기재된 운전면허증, 여권)을 말한다. '금융실명거래 및 비밀보장에 관한 법률'에 따른 금융회사들은 금융거래를 위해 거래자의 실명증표를 통해 본인을 확인하고 주민번호도 수집한다(금융실명법 제3조). 비대면에서도 주민등록번호를 확인하는 절차가 있다. 따라서 은행, 카드사 등 금융기관에서 발급하는 직불형 지급수단의 1일 이용한도는 1억 원이다.

반면, 전자금융업자는 금융실명법상 금융회사가 아니기 때문에 주민번호를 취급할 수 없으므로, 전자금융업자가 발행하는 직불전자지급수단은 최대 한도가 200만 원이 된다.

제3항 선불카드와 선불전자지급수단

직불형 전자지급수단은 실계좌와 연계하여 실시간 추심이체하는 방식 밖에 없는 반면, 선불전자지급수단은 충전수단이 다양하고 송금에도 활용할 수 있다. 따라서 최근의 간편결제 및 간편송금 서비스들은, 서비스 제공자가 전문 핀테크사업자인 경우는 물론이고 기존 금융회사인 경우에도 선불전자금융업 라이선스를 기반으로 이루어지고 있다.

가. 여전법 선불카드

여전법상 선불카드는 은행 계열이 아닌 전문카드사들에서 얼마간 발행되고 있는데, 선불카드 표준약관에 의해서 내용이 정형화되어 있다. 충전은 고객이 3만 원, 5만 원, 10만 원 등 일정단위로 직접 (가상계좌에) 입금하는 방식으로 한다. 가상계좌도 건당 300원 정도의 비용이 들기는 하지만, 선불카드는 액면금액을 한꺼번에 충전하기 때문에 카드사는 수수료를 한 번만 내면 된다.

사용은 신용카드가맹점에서 한다. 잔액 환불은 발행 권면금액 또는 충전금액의 60%(1만 원권은 80%) 이상을 사용하고 나서(여전협회 선불카드 표준약관), ATM기에서 출금하거나 온라인으로 신청한다(보통 계좌로 입금되는데 시간이 걸린다).

직접 사용하는 용도보다 선물용으로 쓰이다 보니, 최초의 충전금이 소진되고 나면 플라스틱 카드가 버려지는 경우가 많아서 카드사 입장에서 비용이 많이 드는 애로가 있다고 한다.

나. 전금법 선불전자지급수단

(1) 선불전자지급수단의 정의

선불전자지급수단은 가치를 저장해 놓고 사용한다는 점만 보면 각종 포인트, 마일리지, 게임머니 등을 다 포함하기 때문에 범위가 한없이 넓어진다. 따라서 전금법에서는 '발행인 이외의 제3자에게 재화 또는 용역을 구매하면서 대가 지급을 위해 사용할 수 있는 것으로서, 구입할 수 있는 재화 또는 용역의 범위가 2개 업종(한국표준산업분류 중분류 기준) 이상인 것'을 선불전자지급수단으로 정의하고 있다(제2조 제14호).

발행인한테만 사용되는 것은, 발행인이 다수 업종의 상품을 취급하더라도 선불전자지급수단이 아니다. 발행인에게도 사용되고 제3자에게도 사용되는 경우라면, 발행인이 취급하는 상품은 고려하지 않고 제3자가 취급하는 상품만으로 2개 업종 이상이어야 한다.[20] 발행인 외의 제3자는 한 명이라도 족하다. 한 명의 제3자에게 사용되더라도 2개 업종 이상의 상품을 구매할 수 있다면, 선불전자지급수단에 해당한다.

(2) 선불전자금융업 등록이 필요 없는 선불전자지급수단

정의에서 약간 제한을 했다고 하나 여전히 범위가 매우 넓기 때문에 사용처와 발행금액이 미미한 경우에는 선불전자금융업 등록이 면제된다. 다음 중 어느 하나에 해당하면 선불전자금융업 등록이 필요 없다(제28조 제3항 제1호).

가. 가맹점의 위치가 특정 지역이나 1개 건축물 내로 한정되거나, 숫자가 10개 이하

나. 총발행잔액 30억 원 이하

다. 무상으로 충전된 경우로서 미상환잔액 전액에 대해서 금융회사의 지급보증을 받거나 상환보증보험에 가입

가. 가맹점의 수는 가맹계약을 맺은 법인 또는 자연인을 기준으

20) 금융위 유권해석 110237

로 판단한다. 여러 군데 매장에서 사용되는데 모두 본사 직영이면 1개 법인이지만, 프랜차이즈에서는 각각의 매장이 개인사업자이기 때문에 별도 가맹점으로 취급된다.[21] 따라서 스타벅스 충전금은 전금법상 선불전자지급수단이 아니다.

나. '총발행잔액' 30억 원은 '총발행금액'과는 구별되는 개념으로, 발행된 것 중에서 회원들이 아직 사용하지 않아서 남아있는 미상환잔액의 합계액을 말한다. 약정에 따라 유효기간이 경과한 것은 이미 미상환잔액이라고 보기 어려우므로 제외하면 될 것이다.[22] 무상으로 리워드를 지급하더라도 '제3자 및 2개 업종 이상' 조건에 해당되고 규모가 30억 원 이상이 되면, 지급보증을 받거나 상환보증보험에 가입하지 않는 한 선불전자금융업 등록이 필요하다. 과거 유권해석에는 "총발행잔액을 계산할 때 이용자가 미리 직접 대가를 지불하지 아니한 적립금은 포함되지 않는다"라고 한 것이 있는데, 유상선불과 무상선불이 동시에 존재하는 경우에 합산하지 말고 유상선불을 따로 계산하라는 취지에서 나온 얘기로 보인다.[23] 실제로 항공사들은 마일리지 사용처를 식당, 호텔 등으로 늘리면서 선불전자금융업자 등록을 한 바 있다.

다. 유상선불은 총발행잔액 30억 원을 초과하는 경우 무조건 등록해야 하고, 지급보증이나 보증보험 가입으로 선불전자금융업 등록이 면제될 수 있는 것은 무상선불 선불전에 한한다.

---

21) 금융위 유권해석 120211

22) 금융위 유권해석 140183

23) 금융위 유권해석 130231

다. 선불전자지급수단의 충전과 결제

선불전자지급수단은 계좌, 신용카드, 체크카드, 다른 포인트 등을 사용해서 충전할 수 있다. 선불카드로는 충전할 수 없다는 것이 유권해석이다. 개인 신용카드로는 월 100만 원 한도 내에서 선불카드 및 선불전자지급수단을 결제할 수 있다(여전법 시행령 제1조의2 제7호). 신용카드나 체크카드 충전은 선불사업자에게 카드수수료 부담이 발생하기 때문에 보통 결제용 정액 상품권에서만 허용한다.

전자식 선불전자지급수단의 계좌 충전은 선불사업자가 이용자의 금융기관에 추심지시를 하는 프로세스이어서, 선불사업자가 출금수수료를 부담한다. 추심이체 출금동의는 서면(전자서명한 전자문서 포함), 전화 녹음, ARS 중 어느 한 가지 방법으로 이루어져야 한다(전금법 제15조, 영 제10조, 감독규정 제6조). 선불 충전용으로 계좌를 등록할 때 ARS 인증이나 전자서명을 하는 것은, 단순한 본인확인이 아니라 앞으로의 출금에 대한 동의 의미인 것이다.

업체들 간 제휴를 통해서 다른 회사 포인트를 전환해서 사용하는 것도 있는데, 이러한 서비스는 흩어져 있는 포인트를 모아서 알뜰하게 썼다는 뿌듯함을 준다.

선불금의 충전은 사용을 위한 전 단계일 뿐, 선불전자지급수단의 본질은 신용카드나 체크카드와 마찬가지로 가맹점의 결제요청을 받고 결제된 금액을 정산해주는 것이다. 카드 업무에 정산 업무가 포함되어 있는 것처럼, 선불사업자도 정산을 위해서 따로 전자지급결제대행업 등록을 해야 하는 것이 아니다. 새로운 지급수단이 외부 가맹점을 모집하는 것은 온라인은 물론이고, 특히 오프라인에서는 단말기, 가맹점 POS기와의 연동, 소비자 습관 형성 등 진입장벽이 있어 상당한 노력이 필요하다.

라. 선불전자지급수단의 양도, 환급, 송금

선불전자지급수단은 양도와 환급이 가능하고, 이러한 특성을 활용하여 송금 서비스에도 활용되고 있다. 단, 신용카드는 자금융통에 사용될 수 없기 때문에 신용카드로 충전한 경우에는 양도와 환불이 제한된다.

환급의무는 가맹점의 사정이나 선불전자지급수단의 결함으로 재화나 용역의 구매라는 원래 목적에 사용하지 못하게 된 경우, 잔액이 약관상 정한 비율 이하가 된 때 발생한다. 그 비율은 20% 미만으로 정할 수 없다(공정위의 신유형 상품권 표준약관에서는 이를 다시 40%로 정하고 있다). 이러한 비율은 (권면금액이 특정된) 전자상품권 형태의 선불전자지급수단에서 의미가 있을 것이다. 수시로 충전하는 전자식 선불전자지급수단은 '잔액'의 기준을 잡기 어렵기 때문에 사실상 비율을 따지지 않고 전액환불을 허용하고 있다.

무상으로 지급된 리워드도 제휴처가 외부로 확장되면 선불전자지급수단이 될 수 있는데, 이 경우에도 이용자가 80%를 사용했다면 잔액에 대해 환급 의무가 있을까? 전금법 제19조(선불전자지급수단의 환급)는 유상과 무상을 구별하고 있지는 않다. 전금법 제정 당시에 무상으로 지급된 선불전자지급수단은 제19조에서 제외하는 논의가 있었으나, 결국 포함되는 것으로 결정되었다고 한다.[24] 2015년 금융위 유권해석 중 제19조가 무상으로 지급된 마일리지에는 적용되지 않는다고 한 것이 있으나,[25] 그 근거로 들고 있는 전금법 제28조 제4항은 '무상으로 발행되고 지급보증보험 가입으로 선불전자지급수단 등록 의무가 면제된 경우에 한하여' 적용되는 조항이라는 점에서, 그렇지 않은 경우에는 오히려 적용이 원칙으로 보인다.

실제로는 법문상 환급의무가 있는 것은 별론, 용도나 유효기간을 정하는 것이 금지되는 것은 아니기 때문에 무상 리워드는 환급할 수 없고 결제에만 사용할 수 있으며, 일정기간 경과 또는 회원탈퇴 시 소멸한다는 등의 조건을 달아서 지급하면 환급의 문제가 발생하지 않을 것이다.

> **전금법 제18조【전자화폐등의 양도성】** ① 선불전자지급수단보유자 또는 전자화폐보유자는 발행자와의 약정에 따라 선불전자지급수단 또는 전자화폐를 타인에게 양도하거나 담보로 제공할 수 있다.
> ② 제1항의 규정에 따라 선불전자지급수단 또는 전자화폐를 양도하거나 담보로 제공하는 경우에는 반드시 발행자의 중앙전산시스템을 경유하여야 한다. 다만, 실지명의가 확인되지 아니하는 선불전자지급수단 또는 제16조 제1항 단서의 규정에 따른 전자화폐의 경우에는 그러하지 아니하다.

---

24) 김시홍 박사논문, 전자지급수단의 법적 규제 방안, p.117

25) 금융위 유권해석. 전금법 제19조의 '선불전자지급수단'에 무상 증정한 선불전자지급수단이 포함되는지 여부(등록 2015. 8. 25. / 회신 2015. 9. 8.)

제19조 【선불전자지급수단의 환급】 ① 선불전자지급수단을 발행한 금융회사 또는 전자금융업자는 선불전자지급수단보유자가 선불전자지급수단에 기록된 잔액의 환급을 청구하는 경우에는 미리 약정한 바에 따라 환급하여야 한다. <개정 2013. 5. 22.>

② 금융회사 또는 전자금융업자는 제1항의 규정에 따른 환급과 관련된 약정을 약관에 기재하고, 다음 각 호의 어느 하나에 해당하는 경우에는 선불전자지급수단에 기록된 잔액의 전부를 지급한다는 내용을 약관에 포함시켜야 한다. <개정 2013. 5. 22.>

1. 천재지변 등의 사유로 가맹점이 재화 또는 용역을 제공하기 곤란하여 선불전자지급수단을 사용하지 못하게 된 경우
2. 선불전자지급수단의 결함으로 가맹점이 재화 또는 용역을 제공하지 못하는 경우
3. 선불전자지급수단에 기록된 잔액이 일정비율 이하인 경우. 이 경우 일정비율은 100분의 20 미만으로 정할 수 없다.

제28조 【전자금융업의 허가와 등록】 ② 다음 각 호의 업무를 행하고자 하는 자는 금융위원회에 등록하여야 한다. 다만, 「은행법」에 따른 은행 그 밖에 대통령령이 정하는 금융회사는 그러하지 아니하다.
<개정 2008. 2. 29., 2010. 5. 17., 2013. 5. 22.>

3. 선불전자지급수단의 발행 및 관리

③ 제2항의 규정에 불구하고 다음 각 호의 어느 하나에 해당하는 자는 금융위원회에 등록하지 아니하고 같은 항 각 호의 업무를 행할 수 있다.
<개정 2008. 2. 29.>

1. 다음 각 목의 어느 하나의 경우에 해당하는 선불전자지급수단을 발행하는 자
   가. 특정한 건물 안의 가맹점 등 대통령령이 정하는 기준에 해당하는 가맹점에서만 사용되는 경우
   나. 총발행잔액이 대통령령이 정하는 금액 이하인 경우

다. 이용자가 미리 직접 대가를 지불하지 아니한 선불전자지급수단으로서 이용자에게 저장된 금전적 가치에 대한 책임을 이행하기 위하여 대통령령이 정하는 방법에 따라 상환보증보험 등에 가입한 경우

④ 제3항 제1호 다목의 규정에 따라 등록이 면제된 선불전자지급수단을 발행하는 자에 대하여는 제4조, 제2장(제19조는 제외한다) 및 제3장(제21조 제4항, 제21조의2, 제21조의3, 제23조 및 제25조는 제외한다), 제37조, 제38조, 제39조 제1항·제6항, 제41조 제1항, 제43조 제2항·제3항, 제46조, 제46조의2 및 제47조의 전자금융업자에 관한 규정을 준용한다.
<개정 2013. 5. 22., 2014. 10. 15.>

마. 카드사의 선불카드+선불전자지급수단 융합상품

간편결제·송금을 같이 제공하는 핀테크 사업자들의 등장으로 카드사도 기존 선불카드와 다른 새로운 서비스를 제공할 필요가 생기자, 금융위에서는 2017년 9월 두 가지의 장점을 결합한 '결제와 송금, 인출까지 가능한 휴대폰 앱을 통해 이용할 수 있는 결제수단' 출시를 허용하였다. 결제에 쓰이는 데는 신용카드가맹점이 확보되어 있는 선불카드가 선불전자지급수단에 비해 나쁠 것이 없지만, 송금은 선불전자지급수단에만 있는 기능이다.

카드사는 원래 전금법상 선불전자지급수단도 발행할 수 있으므로 핀테크사업자들이 하는 간편송금 업무를 할 수 있는 것이 법리적으로는 당연하게 생각될 수 있다. 그러나 카드사는 여전법이 우선 적용되고 선불카드 표준약관을 따라야 해서 기존과 다른 상품을 만드는 것이 어려웠던 것이다.

〈결제와 송금·인출이 가능한 선불식카드 출시 허용〉[26]

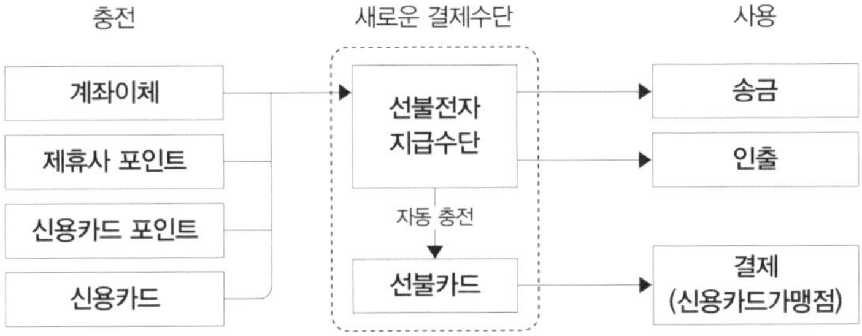

〈사례〉 대학생 A는 B카드사에서 새로 출시된 선불식카드를 발급받음. 종전에는 결제용 선불식카드와 송금 · 인출용 선불식카드를 각각 발급받아 별도로 사용해야 해서 많이 불편했으나, 새로운 선불식카드는 한 번에 발급을 받아 계좌이체 등으로 충전한 뒤 언제든 인출 · 송금할 수 있고, 신용카드가맹점 어디서나 결제 시에 사용할 수 있어 매우 편리해짐.
또한 A의 부모님은 본인의 신용카드나 포인트로 A의 선불식카드를 충전해 줄 수 있어 용돈을 편리하게 보낼 수 있게 됨. 다만, 신용카드로 선불식카드를 충전하는 것은 여전법령에 따라 월 100만 원 한도로 가능하며, 해당 충전액은 송금 · 인출이 제한되므로 불법적인 현금융통 우려도 없음.

위 설명을 보면 신규 결제 수단은 휴대폰 앱으로 구동되는데, 충전을 하면 우선 선불전자지급수단으로 적립되어 송금이나 양도가 가능하고, 결제 시에는 자동적으로 선불카드로 충전되어 선불카드가맹점에서 사용되는 방식이다. 단, 신용카드로 충전한 부분은 충전한 본인이라도 인출이 제한되고(카드론과 동일해지므로), 양수인도 인출이나 재양도는 할 수 없고 결제에만 사용할 수 있는 것으로 보인다. 신용카드는 금전채무 상환 및 자금융통 목적에 사용되는 것이 금지되는데, 위 설명에서 (A부모님)신용카드로 타인(A)의 선불식카

26) 금융위 보도자료. 2017. 9. 17. 카드사 신사업 진출 및 영업규제 합리화 과제 추진

드를 충전할 수 있다는 것은 결과적으로 신용카드로 충전한 선불전자지급수단의 1회 양도를 예외적으로 허용한 것이 된다.

여전법 제2조【정의】 이 법에서 사용하는 용어의 뜻은 다음과 같다. <개정 2010. 3. 12., 2012. 3. 21., 2015. 1. 20., 2015. 7. 31., 2016. 3. 29., 2018. 2. 21.>

3. "신용카드"란 이를 제시함으로써 반복하여 신용카드가맹점에서 다음 각 목을 제외한 사항을 결제할 수 있는 증표(證票)로서 신용카드업자(외국에서 신용카드업에 상당하는 영업을 영위하는 자를 포함한다)가 발행한 것을 말한다.
   가. 금전채무의 상환

제19조【가맹점의 준수사항】 ⑤ 신용카드가맹점은 다음 각 호의 어느 하나에 해당하는 행위를 하여서는 아니 된다. 다만, 결제대행업체의 경우에는 제1호·제4호 및 제5호를 적용하지 아니하고, 수납대행가맹점의 경우에는 제3호·제5호(제2조 제5호의2에 따라 대행하는 행위에 한한다)를 적용하지 아니한다. <개정 2010. 3. 12., 2015. 1. 20.>

1. 물품의 판매 또는 용역의 제공 등이 없이 신용카드로 거래한 것처럼 꾸미는 행위
2. 신용카드로 실제 매출금액 이상의 거래를 하는 행위
3. 다른 신용카드가맹점의 명의(名義)를 사용하여 신용카드로 거래하는 행위
4. 신용카드가맹점의 명의를 타인에게 빌려주는 행위
5. 신용카드에 의한 거래를 대행하는 행위

제70조【벌칙】 ③ 다음 각 호의 어느 하나에 해당하는 자는 3년 이하의 징역 또는 2천만 원 이하의 벌금에 처한다. <개정 2015. 1. 20.>

2. 다음 각 목의 어느 하나에 해당하는 행위를 통하여 자금을 융통하여

준 자 또는 이를 중개·알선한 자

가. 물품의 판매 또는 용역의 제공 등을 가장하거나 실제 매출금액을 넘겨 신용카드로 거래하거나 이를 대행하게 하는 행위

나. 신용카드회원으로 하여금 신용카드로 구매하도록 한 물품·용역 등을 할인하여 매입하는 행위

주의할 점은, 이렇게 선불전자지급수단으로 선불카드를 충전하는 것이 가능하다고 해서, 반대의 경우까지 허용되는 것은 아니라는 점이다.[27] 전자는 선불전자지급수단 방식으로 충전해서 선불카드 가맹점에서 사용하는 것이 목적이지만, 후자의 경우에는 (선불전자지급수단의 환급이 자유롭고, 선불전자지급수단에서 선불카드로 실시간 충전하는 것이 허용되는 상황에서) 선불카드의 환불 또는 선불카드 간 잔액이전 수단으로 사용될 수 있다는 것이 그 이유이다. 여전법 선불카드 표준약관이 발행 권면금액의 100분의 60을 사용한 경우에만 환불할 수 있게 하므로, 실질적으로 그 범위를 벗어나 환불하는 것처럼 될 수 있는 거래는 허용되지 않는다는 것이 금융당국의 입장이다.

2019년 이후에는 혁신금융서비스로 경조금, 월세, 노점상 등에서 신용카드 사용이 허용되고 있다. 샌드박스 제도는 예외적으로 규제적용을 예외처리하는 것으로 신청한 회사에만 효력이 있다(제4장 제6절 규제개혁 샌드박스).

---

27) 금융위 유권해석 180217. 선불카드로 선불전자지급수단(상품권업종) 사용 가능 여부(등록 2018. 6. 4. / 회신 2019. 2. 15.)

바. 핀테크사업자의 신용카드 P2P 결제·송금

신용카드로 일정 금액을 충전해서 축의금, 회비, 중고 거래 시 지급수단으로 사용하는 것이 가능할까? 페이팔 같은 서비스는 상대방의 이메일과 금액을 입력하고 신용카드나 계좌로 결제하면, 수취인이 이메일을 받아서 확인하고 현금으로 인출도 가능하다. 수수료가 비싸긴 하지만, 아무튼 신용카드로도 개인 간 결제와 송금이 가능한 것이다. 반면, 우리나라에서는 위에서 본 바와 같이 신용카드를 금전채무의 상환이나 자금 융통 목적에 사용하는 것이 금지되어 있어서 이러한 서비스는 원칙적으로 가능하지 않다.

2016년도에 휴대폰 앱을 통한 신용카드 송금(선불전자지급수단에 해당하는 모바일 선불카드를 신용카드로 충전, 양도·환급하는 방식)을 불허한 바 있다.[28] 이에 해당 업체에서는 양수인이 자기 신용카드 포인트로 전환하여 카드 이용대금에서 차감하는 것으로 사용처를 결제에 한정하여 재신청하였다. 이것도 (양도를 허용하는 자체가 두 사람 간에는 금전채무 상환 또는 자금 융통에 해당될 수 있어서) 그것도 안된다는 입장이었다가,[29] 2017년 9월 카드사에게 신용카드로 결제한 충전금의 양도를 허용한 것을 계기로 2019년 2월 유권해석에서야 허용하는 것으로 변경되었다.[30] 이 서비스는 신용카드 충전금의 양도를 위해서 선불전자지급수단을 활용한 것일 뿐,

---

28) 금융위 유권해석 160660. 모바일송금 서비스의 신용 결제 허용 여부 (등록 2016. 5. 11. / 회신 2016. 7. 8.)

29) 금융위 유권해석 170103. 비조치의견 요청(등록 2017. 3. 6. / 회신 2017. 9. 19.)

30) 금융위 유권해석 180356. 선불전자지급수단의 신용카드 활용 가능 여부에 대한 법령해석 요청(등록 2018. 9. 19. / 회신 2019. 2. 14.)

해당 사업자가 직접 가맹점까지 모집하는 구조는 아니기 때문에 B가 A로부터 받은 포인트를 결제에 쓰려면 자신의 카드 이용대금에서 차감하는 수밖에 없는 것이다.

2018년에는 고객이 보유한 제휴사 선불전자지급수단으로 신용카드 이용금액을 자동으로 선결제(신용카드 이용한도 복원)하는 모델도 불허한 바 있다. 잠자는 포인트를 연결해두면 자동으로 사용되니 소비자에게 괜찮을 수 있어 보이는 이 서비스가 여전법에 위반된다고 한 이유는 "신용카드사가 선결제로 신용위험이 줄어드는 부분을 카드수수료에 반영하지 않고 일률적으로 카드수수료를 부과하게 된다"는 것과 "소비자가 신용카드의 본질적인 기능인 대금결제 지연에 따른 신용공여 혜택을 받지 못하게 된다"는 것이었는데,[31] 이런 이유가 소비자의 선택을 막는 근거가 될 수 있는지 의문이다. 아무튼 이 정도로 여전법 쪽은 강하게 규제되는 영역이다. 이후에 각주 30번 유권해석으로 포인트의 결제사용이 허용되었고 카드사 허용 사례도 생겼으므로 이제는 혁신금융서비스로 신청하면 승인을 받을지도 모르지만, 그때 유권해석을 요청했던 업체가 아직 있을까?

사. 선불카드, 선불전자지급수단의 이용 한도

선불형 지급수단은 충전 개념이 있기 때문에 '발행권면 금액'을 기준으로 한도를 정하고 있다. 발행권면 금액 최고한도는, 선불카드는 무기명식 50만 원, 기명식 500만 원(여전법 제24조, 영 제7조의

31) 금융위 유권해석 170422. 제휴사의 선불전자지급수단을 신용카드 이용요금 결제수단으로 사용할 수 있는지 여부(등록 2017. 9. 28. / 회신 2018. 1. 5.)

2), 선불전자지급수단은 무기명식 50만 원, 기명식 200만 원으로 제한되어 있다(전자금융감독규정 별표 3).

전자식 선불지급수단은 계정을 만들어 두고 수시로 충전과 사용을 하기 때문에 발행권면 금액은 일단 충전금 잔액을 말한다. 그리고 즉시충전 기능에서는 충전과 사용이 동시에 이루어지기 때문에 잔액으로 쌓이는 게 보이지 않지만, 개념적으로는 '기존 충전금+즉시 충전금=거래 직전 순간 발행권면 금액'이 되기 때문에 결과적으로 1회 이용한도도 200만 원이 된다.

법문상 200만 원 이하의 금액으로 결제 또는 송금 거래를 연속해서 여러 차례 하는 것은 가능하다. 이 점은 이용한도를 '1회 및 1일 이용액' 기준으로 정하고 있는 직불카드·직불전자지급수단과 다른 점이다. 실무적으로는 1일 누적 이용한도를 결제와 송금을 분리해서 관리하며, 보통 결제한도는 200만 원으로 하고 송금은 더 높이기도 하는데 업체마다 차이가 있다.

선불전자지급수단에서 '기명식'이란 실지명의가 확인되거나 예금계좌와 연결되어 발행된 것을 말한다(전자금융감독규정 별표 3). '실지명의'는 주민등록표상의 명의를 말하는 것으로, 직불전자지급수단에서의 '실명증표에 의한 본인확인'과 동일한 의미이다. 주민번호를 직접 확인 및 수집하는 것은 앞에서 설명한 대로 금융실명법상 금융회사만 할 수 있기 때문에 금융회사가 아닌 전자금융업자가 발행한 선불전자지급수단이 실지명의 확인에 해당하는 경우는 없다.[32]

---

32) 금융위 유권해석 160823. 전금법상 선불전자지급수단의 발행권면 한도의 기준이

대신 기명식 선불전자지급수단의 개념이 '예금계좌와 연결되어 발행된 경우'까지 확장되어 있기 때문에 계좌에서 출금이 가능하도록 출금동의를 해 두면 200만 원까지 사용할 수 있어서,[33] 직불전자지급수단과 한도가 동일해진다.

〈전자금융감독규정 별표 3〉

선불전자지급수단 발행권면 최고한도

구분	발행권면 한도	
	무기명식*	기명식**
선불전자지급수단	50만 원	200만 원

* 실지명의 확인이 없거나 예금계좌와 연결되지 않고 발행된 전자화폐 내지 선불전자지급수단

** 실지명의가 확인되거나 예금계좌와 연결되어 발행된 전자화폐 내지 선불전자지급수단

직불전자지급수단 이용한도

구분	1회 이용한도	1일 이용한도
직불전자지급수단	1억 원	1억 원
실명증표확인 외의 본인확인수단을 이용하여 발급된 직불전자지급수단	200만 원	200만 원

되는 "실지명의"의 구체적 의미(등록 2016. 8. 18. / 회신 2018. 10. 29.)

33) 금융위 유권해석 170448. 기명식 선불전자지급수단 관련 법령 유권해석 요청 (등록 2017. 10. 20. / 회신 2018. 2. 2.)

✦ 선불전자지급수단과 전자화폐의 구별

전금법에는 선불전자지급수단과 별도로 '전자화폐'가 있고, 전자화폐업은 등록이 아닌 허가제 사업이다. 전자화폐는 그 정의 자체가 '선불전자지급수단에 해당하면서, 추가적으로 다음의 요건을 모두 갖춘 것'을 말한다(제2조 제15호).

가. 사용처가 2개 이상의 광역지방자치단체 및 500 이상의 가맹점
나. 구입할 수 있는 재화 또는 용역의 범위가 5개 업종 이상일 것
다. 현금 또는 예금과 동일한 가치로 교환되어 발행될 것
라. 발행자에 의해 현금 또는 예금으로 교환이 보장될 것

위 내용을 제외하면 전자지급수단으로서 선불전자지급수단과 기본적인 규율이 동일하고, 사업자에 대한 규제는 허가제 / 자본금 50억 원이라는 점(선불전자금융업은 등록제 / 자본금 20억 원), 겸업금지 의무가 존재하여 '전자금융업 및 이와 밀접하게 관련된 업무'만 가능하다는 점(선불전자금융업은 겸업 제한 없음)에서 차이가 있다.

당초 전자화폐와 선불전자지급수단을 구별해서 규정할 때는, 2개 지역 / 500개 가맹점 / 5개 업종 정도의 범용성 수준이 되면 전자화폐로서 강화된 진입요건으로 규제하려던 의도였을 것이다. 그런데 최근 간편결제사업자들이 선불전자지급수단의 가맹점을 확대하면서 가.와 나.에 해당하게 되고, 계좌 충전금은 환급을 특별히 제약하지 않기 때문에 다.와 라.의 특징도 가지게 되어 사실상으로 전자화폐처럼 보이는 경우가 생기게 되었다. 그렇다고 당장 전자화폐 허가를 요구할 경우 다른 사업 겸업, 계좌 외의 충전 방식, 무상 리워

드, 계좌송금 서비스 등을 설명할 수 없다. 전자화폐는 선불전자지급수단에 비해서 무거운 라이선스이지만, 선불전자지급수단이 하고 있는 모든 서비스 현상을 포괄하지 못하는 관계인 것이다.

어차피 인적·물적 설비 요건이 동일해서, 금융위에서도 가맹점 수 기준만으로 전자화폐가 된다고 보고 있지는 않다. 그리고 외부 가맹점에서 사용되는 지급수단은 all or nothing 경향이 있어서 아주 범용적이지 않으면 아예 소비자 선택을 받기 어려운데, 애초에 가맹점 수·지역·업종으로 선불전자지급수단을 정의한 것 자체가 이 업의 활성화를 전제했다고 보기에는 부적합한 면이 있다.

전자화폐 규정은 당장 실무적으로 문제되는 것은 아니지만, 전금법을 개정할 일이 있다면 선불전자지급수단과 통일하는 것으로 검토하면 될 것으로 보인다.

전금법 제2조【정의】 이 법에서 사용하는 용어의 정의는 다음과 같다.

14. "선불전자지급수단"이라 함은 이전 가능한 금전적 가치가 전자적 방법으로 저장되어 발행된 증표 또는 그 증표에 관한 정보로서 다음 각 목의 요건을 모두 갖춘 것을 말한다. 다만, 전자화폐를 제외한다.
   가. 발행인(대통령령이 정하는 특수관계인을 포함한다) 외의 제3자로부터 재화 또는 용역을 구입하고 그 대가를 지급하는데 사용될 것
   나. 구입할 수 있는 재화 또는 용역의 범위가 2개 업종(「통계법」 제22조 제1항의 규정에 따라 통계청장이 고시하는 한국표준산업분류의 중분류상의 업종을 말한다. 이하 이 조에서 같다) 이상일 것
15. "전자화폐"라 함은 이전 가능한 금전적 가치가 전자적 방법으로 저장되어 발행된 증표 또는 그 증표에 관한 정보로서 다음 각 목의 요건을 모두 갖춘 것을 말한다.

가. 대통령령이 정하는 기준 이상의 지역 및 가맹점에서 이용될 것
나. 제14호 가목의 요건을 충족할 것
다. 구입할 수 있는 재화 또는 용역의 범위가 5개 이상으로서 대통령령이 정하는 업종 수 이상일 것
라. 현금 또는 예금과 동일한 가치로 교환되어 발행될 것
마. 발행자에 의하여 현금 또는 예금으로 교환이 보장될 것

제35조 【겸업제한】 ① 제28조 제1항의 규정에 따라 허가를 받은 전자금융업자는 다음 각 호의 업무가 아닌 업무는 이를 겸영하지 못한다.
1. 제28조 제2항 각 호의 업무(등록한 경우에 한한다)
2. 제28조 제1항의 규정에 따라 허가를 받은 업무 및 제1호의 업무를 행하기 위하여 필요한 업무로서 대통령령이 정하는 업무
② 제1항의 규정에 불구하고 제28조 제1항의 규정에 따라 허가를 받은 전자금융업자는 전자화폐 미상환잔액 전부에 대하여 대통령령이 정하는 금융회사로부터 지급보증을 받거나 상환보증보험에 가입한 경우에는 제1항 각 호의 규정에서 정한 업무 아닌 업무를 행할 수 있다.
<개정 2013. 5. 22.>

시행령 제22조 【겸업가능 업무 등】 ① 법 제35조 제1항 제2호에서 "대통령령이 정하는 업무"라 함은 다음 각 호의 어느 하나에 해당하는 업무를 말한다. <개정 2008. 2. 29., 2013. 11. 22.>
1. 전자금융업과 관련된 정보처리시스템 및 소프트웨어의 개발·판매·대여
2. 금융회사 및 전자금융업자를 위한 전자금융업무의 일부 대행
3. 그 밖에 법 제28조 또는 법 제29조에 따른 허가를 받거나 등록을 한 업무를 수행하기 위하여 필요한 업무로서 금융위원회가 정하여 고시하는 업무

[쉬어가는 만화코너]

~~용용~~이가 배 아프다고 해서 병원에 갔는데, 급성맹장염이라고. 바로 입원하고 수술대에 올랐다. 애도, 나도 어리둥절. 잉 드라마에서 보던 그 맹장염!

무사히 끝나고 다음 날 아침. 병원 매점에 커피를 사러 갔다.

앞에 어떤 아저씨 환자가 계셨는데, 아저씨는 칫솔을 사면서 카드로 결제를 하고,

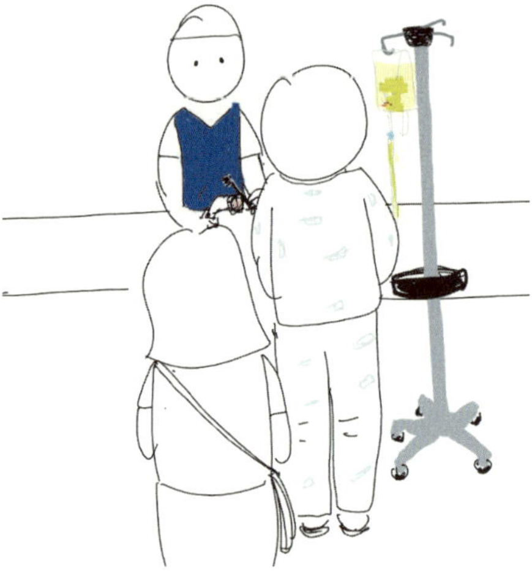

이거 만 원짜리,
오천 원이랑 천 원으로
좀 바꿔줘유.

죄송하지만, 저희도 주말에 잔돈을 바꿀
수가 없으니까, 잔돈이 없으면 계산을
할 수가 없는데, 그런 가능성을 배제하는
것은 바람직하지 않기 때문에~~

안 되겠는데요.

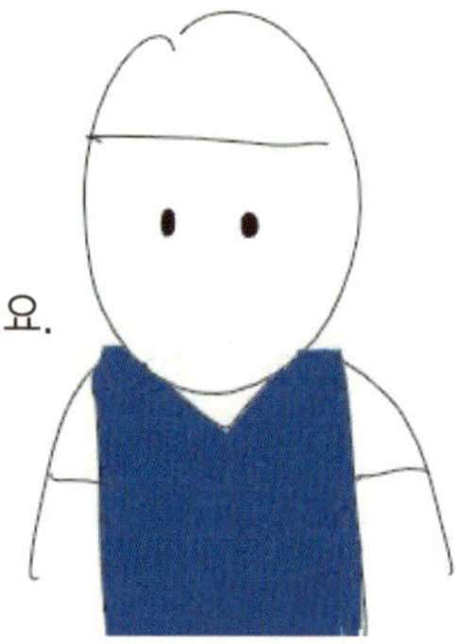

아저씨는 예상밖의 거절에 잠깐 당황한 것 같았다. 그러나 이내,

결국 그 직원은 카드결제를 취소하는 수고까지 벌게 됐다.

제3장

지급결제 실전편: 다양한 비즈니스 모델

제 **1** 절

원클릭결제

간편결제는 카드나 계좌 정보를 등록해 두고 이후에는 비밀번호·지문 등 본인인증으로 사용하는 원클릭 방식이다. 이것이 지금은 당연한 것 같지만, 2015년까지만 해도 전자금융거래 시 공인인증서 사용 의무 등 제약이 많아 제대로 구현되지 못하고 있었다. 매우 드라마틱하게도, 2014년 3월 대통령의 천송이 코트 발언을 계기로 ('별에서 온 그대'에서 천송이가 입었던 코트를 중국인들이 인터넷으로 구매하려고 하나 공인인증서 때문에 못한다고 하며, 공인인증서 제도 개편을 촉구하였다) 그해 5월, 30만 원 이상 카드결제에 공인인증서를 사용해야 했던 의무가 없어졌고, 여러 사업자들이 서비스를 시도하면서 차차 자리잡게 되었다.[34] 이때 외국인들의 국내 쇼핑몰 역직구 활성화에 대한 관심이 높아지면서, PG사업자가 거주자·비거주자 간의 결제대행 업무를 할 수 있는 근거가 외국환거래

34) 금융위 보도자료. 2014. 7. 28. 전자상거래 결제 간편화 방안, 2014. 8. 13. 「전자상거래 결제 간편화 방안」 후속조치 추진관련, 2014. 9. 23. 전자상거래 결제 간편화 및 Active-X 해결 방안

법 시행령에 신설되기도 하였다.

여기서는 먼저 원클릭결제의 장애였던 3가지 사항을 간단히 정리하였다.

가. 공인인증서

온라인에서 비대면으로 이루어지는 사무 처리, 전자상거래, 전자금융거래에서는 거래 상대방을 신뢰할 수 있는 수단이 필요한데, 이를 위해 정부가 만든 제도가 '공인인증서'이다.

공인인증서는 (공인인증서 등록대행기관인) 금융기관에서 대면으로 실명증표 확인한 것을 전제로, 이후 절차는 온라인으로 발급된다. 은행의 계좌 개설은 비대면으로도 할 수 있지만, 공인인증서를 발급받으려면 계좌번호, 계좌 비밀번호와 함께 일회성 비밀번호(보안카드 또는 OTP)를 입력해야 하는데(전자서명법 시행규칙 제13조의2), 일회성 비밀번호는 대면 확인 후에만 받을 수 있는 것이다.

1999년 7월 전자서명법 제정으로 도입되어 정부와 공공기관의 온라인 민원업무 처리에 적용되었고, 2000년 은행권을 시작으로 2002년 증권사에,[35] 2004. 1. 1.부터는 인터넷 쇼핑몰의 10만 원 이상 카드 국내거래에 적용되었다.[36] 2006. 12. 28. 전금법 제정에 따른

---

35) 금융위 보도자료. 2002. 8. 27. 공인인증서 도입 관련 증권전산협의회 개최 결과

36) 금융위 보도자료. 2003. 7. 1. 인터넷 쇼핑몰 등 전자상거래 지급결제에 대한 안전성 강화대책

전자금융감독규정 전면 개정 시 30만 원 이상 카드 결제에 대해서 적용하는 것으로 규정되었다가(감독규정 제7조, 동 시행세칙 제31조), 2014. 5. 20.자로 금액과 상관없이 카드 결제에 대해서는 공인인증서 사용 의무가 폐지되었으며,[37] 2015. 3. 18.자 감독규정 개정으로 전자자금이체에 대해서도 공인인증서 사용 의무가 없어졌다.

나. 액티브X

공인인증서를 이용할 때 설치되는 액티브X는 MS에서 만든 플러그인 프로그램이다. 플러그인이란 웹브라우저에서 제3자의 소프트웨어를 실행시키는 기술을 말한다. 공인인증서가 나올 당시 우리나라에서는 거의 인터넷익스플로어(I.E)만 사용하고 있었기 때문에, 공인인증서도 액티브X 기반으로 실행될 수 있게 개발되었다고 한다.

결제를 하려면 무조건 액티브X를 설치해야 하기 때문에 (30만 원 이하 카드 결제에서는 공인인증서 사용이 법적 의무는 아니었지만, 카드사에서는 이 사람이 최종적으로 얼마를 결제할지 알 수 없기 때문에 일단 액티브X를 설치하게 했다) 이용자들은 별다른 생각 없이 클릭클릭을 하게 되었고, 악성코드가 결제 타이밍을 노려 유통되는 일이 많았다. 공인인증서는 사용자의 PC 또는 휴대폰 내 저장 공간에 NPKI라는 이름의 폴더로 저장되기 때문에, 해킹으로 탈취의 타깃이 될 수도 있어 보안성이 좋은 것도 아니다. 더 근본적으로는, 액티브X가 I.E전용 플러그인이기 때문에 태블릿·모바일 이용

37) 금융위 보도자료. 2014. 5. 19. 온라인 카드결제 시 공인인증서 의무사용 폐지를 위한 전자금융감독규정 시행세칙 개정

이 증가하고 구글 크롬이나 애플 사파리 같은 다른 웹브라우저 사용 비중이 빠르게 높아지자, I.E가 아니면 공공 및 금융관련 업무를 할 수 없는 것에 불편을 호소하는 사람들이 많아지게 되었다.

이에 정부에서는 공인인증서를 실행파일(exe) 형태로 대체하여 액티브X를 설치하시 않고 다양한 환경에시 사용할 수 있게 한다는 대책을 내놓았지만, 여전히 윈도우 OS로 제한되고, 신나게 실행파일을 설치해야 하고, 보안성도 더 취약하여 애초에 공인인증서 사용을 강제하는 것이 더 근본적인 문제라는 지적을 받았다. 이런 과정을 거치면서 2017년, 공공 영역에서도 공인인증서 고수 정책을 폐기하겠다고 선언하기에 이른다.[38)]

현행 전자서명법에서는 '공인인증서', '사설인증서'를 모두 인정하면서도 공인인증서로 서명한 경우에만 (해당 문서에 본인이 서명했음에 대한) 부인방지 효력을 명시하는 조문을 두고 있고, 공공영역의 개별 법령에서 '공인인증서' 사용을 의무화한 경우가 많아, 공공기관들은 사실상 공인인증서만 사용하고 있다.

2018년 9월 과기부에서 발의한 전자서명법 개정안은 공인인증서의 우월적 지위를 삭제하고 기술중립성을 명문화하고 있다.[39)] 다만, 개별 법률에서 '공인인증서'를 사용하도록 하고 있는 부분을 전자서명법 부칙에서 '서명자의 실지명의를 확인할 수 있는 인증서'로 일괄 변경하고 있는데, '실지명의' 곧 주민번호 정보에 기반한 인증서

---

38) 2017. 3. 2. 공인인증서 없는 인터넷 환경, 2018. 1. 22. 공인인증서 제도 폐지

39) 전자서명법 전부개정안(의안번호 2015540). 정부안. 제안일자 2018. 9. 14. 심사진행상태－소관위 접수

는 공인인증서밖에 없기 때문에 사설인증서를 활성화하겠다는 목적달성의 실효성에 대한 한계가 있는 상태이다(제4장 제2절 본인인증).

전자서명법 제3조 【전자서명의 효력 등】 ① 다른 법령에서 문서 또는 서면에 서명, 서명날인 또는 기명날인을 요하는 경우 전자문서에 공인전자서명이 있는 때에는 이를 충족한 것으로 본다. <개정 2001. 12. 31.>
② 공인전자서명이 있는 경우에는 당해 전자서명이 서명자의 서명, 서명날인 또는 기명날인이고, 당해 전자문서가 전자서명된 후 그 내용이 변경되지 아니하였다고 추정한다. <개정 2001. 12. 31.>
③ 공인전자서명 외의 전자서명은 당사자 간의 약정에 따른 서명, 서명날인 또는 기명날인으로서의 효력을 가진다. <신설 2001. 12. 31.>
[제목개정 2001. 12. 31.]

다. 카드사 자율규제

2014. 5. 20.자로 카드결제에서의 공인인증서 사용 의무는 금액과 상관없이 없어졌지만, 카드사에서는 여신전문금융업 감독규정 제24조의6을 이유로 가맹점에게 공인인증서를 계속 요구하거나 SMS, ARS 같은 추가 인증을 요구하는 기조를 유지했다.

그보다 앞서, 인터넷서점 알라딘에서 국내 최초의 원클릭 결제를 도입했다가(최초 결제 시 카드번호와 유효기간, CVC 등 인증정보를 저장하고 있다가 이후부터는 원클릭 결제용 비밀번호로 본인을 확인하고 카드사에 결제 요청을 하는 방식이었다) 카드사가 같은 규정을 이유로 서비스에서 중도 이탈해버려 흐지부지 무산된 일도 있었다.

감독규정 제24조의6은 신용카드업자의 가맹점에 대한 관리의무 조항이다. 제1항은 가맹점이 신용카드(직불·선불카드는 대상이 아니다) 결제를 받을 때 본인확인을 잘 해야 한다는 것이고, 제3항은 가맹점이 카드와 그 거래에 관한 정보를 잘 관리(폐기를 포함하여) 해야 한다는 내용이다.

일단 당연해 보이는데, 상세한 내용이 신용카드가맹점 표준약관으로 정해진다. 간편결제서비스에 지급수단으로 신용카드를 넣게 되면 그 서비스가 외부가맹점을 대상으로 하든, 자기가 운영하는 온라인몰에 적용되는 것이든, 신용카드가맹점(결제대행업체) 계약을 해야 한다. 때문에 표준약관과 다른 독자적 서비스를 하기 어려운 것이다.

원클릭 결제서비스를 하기 위한 카드 관련 정보의 저장도 '신용카드회원 등의 제반 정보에 대한 제3자의 불법 접근 또는 제3자에게 유출되는 등의 위험에 대해 처분·소거 또는 폐기 등 기술적·물리적 보안대책을 수립하도록 하여야 한다'고 한 동 규정 제3항에 근거하여 표준약관에서 허용하고 있지 않았다.

2014년에는 천송이 코트를 계기로 전자상거래 결제 간소화 방안이 추진되었으므로 금융위는 2014. 12. 26.자로 감독규정을 개정하여 제1항의 본인확인 방법 예시를 삭제하고, 제3항에 PG사가 직접 고객의 동의를 받아 카드 관련 정보를 수집할 수 있다는 점을 추가하였다. 규정 개정의 실효성을 높이기 위해서 공인인증서 대체수단 제공 실적을 금융회사 경영실태평가에 반영하고, PG사가 카드회원의 정보를 직접 저장할 수 있다는 내용을 신용카드가맹점 표준약관

에 반영하도록 하기도 했다.40)

다만, 실무상으로는 카드정보를 그대로 저장하려면 그 요건이 무척 까다롭기 때문에 간편결제서비스에서는 카드를 등록하면서 카드사에서 제공하는 암호화된 값으로 대체하여 사용하고 있다.

변경 전 여전법 감독규정 제24조의6【가맹점 관리사항】 ① 법 제24조 제7호에 따라 신용카드업자는 신용카드가맹점과 계약 체결 등을 통하여 신용카드가맹점이 신용카드에 의한 거래를 할 때마다 다음 각 호의 사항을 준수하도록 하여야 한다. 다만, 전자상거래의 경우 신용카드업자는 가맹점이 전자인증, 비밀번호 등을 통해 본인확인을 할 수 있도록 하여야 한다. <개정 2007. 7. 26., 2010. 6. 14.>

1. 신용카드상의 서명과 매출전표상의 서명이 일치하는지를 확인할 것(다만, 비밀번호 입력 장치 등을 통해 비밀번호 등을 입력하여 본인확인을 할 수 있는 경우는 제외한다) <개정 2005. 12. 29.>
2. 사진이 부착된 신용카드의 경우 신용카드에 부착된 사진이 신용카드이용자와 일치하는지를 확인할 것
3. 신용카드에 의한 거래금액이 50만 원을 초과할 경우 신용카드회원의 신분증을 확인하는 방법으로 본인 여부를 확인할 것

[본조신설 2002. 7. 4.]

② 제1항 제1호 및 제2호의 규정에 불구하고 신용카드에 의한 거래금액이 5만 원 이하로서 신용카드업자가 신용카드의 부정사용에 따른 책임을 부담하기로 신용카드가맹점과 별도의 계약을 체결한 경우에는 본인확인을 하지 아니하게 할 수 있다. <신설 2007. 7. 26.>

③ 법 제24조 제7호에 따라 신용카드업자는 「신용정보의 이용 및 보호에

---

40) 금융위 보도자료. 2014. 7. 28. 전자상거래 결제 간편화 방안, 2014. 8. 13. 「전자상거래 결제 간편화 방안」 후속조치 추진관련, 2014. 9. 23. 전자상거래 결제 간편화 및 Active-X 해결 방안

관한 법률」 제20조 제1항에서 정하는 내부관리규정을 마련하고 신용카드 가맹점으로 하여금 신용카드등의 거래에 의해 얻은 신용카드회원 등의 제반 정보에 대한 제3자의 불법 접근 또는 제3자에게 유출되는 등의 위험에 대해 처분·소거 또는 폐기 등 기술적·물리적 보안대책을 수립하도록 하여야 한다. <신설 2008. 10. 10.> <개정 2010. 6. 14.>

현행 여전업 감독규정 제24조의6【가맹점 관리사항】 ① 법 제24조 제7호에 따라 신용카드업자는 신용카드가맹점과 계약 체결 등을 통하여 신용카드가맹점이 신용카드에 의한 거래를 할 때마다 신용카드상의 서명과 매출전표상의 서명이 일치하는지를 확인하는 방법, 비밀번호 입력장치 등을 통해 비밀번호 등을 입력하는 방법 또는 여신전문금융업협회장이 정하는 기준에 적합한 인증수단 등을 통해 신용카드 이용자의 생체정보를 확인하는 방법 등의 방법을 통해 본인확인을 하도록 하여야 한다. 다만, 전자상거래의 경우 신용카드업자는 가맹점이 전자인증, 비밀번호 등을 통해 본인확인을 할 수 있도록 하여야 한다.
<개정 2007. 7. 26., 2010. 6. 14., 2014. 12. 26., 2017. 6. 28.>

1. 삭 제 <2014. 12. 26.>
2. 삭 제 <2014. 12. 26.>
3. 삭 제

[본조신설 2002. 7. 4.] <2014. 12. 26.>

② 제1항에도 불구하고 신용카드에 의한 거래금액이 5만 원 이하로서 신용카드업자가 신용카드의 부정사용에 따른 책임을 부담하기로 신용카드가맹점에 통지한 경우에는 본인확인을 하지 아니하게 할 수 있다.
<신설 2007. 7. 26.> <개정 2016. 1. 28.>

③ 법 제24조 제7호에 따라 신용카드업자는「신용정보의 이용 및 보호에 관한 법률」 제20조 제1항에서 정하는 내부관리규정을 마련하고 신용카드가맹점으로 하여금 신용카드등의 거래에 의해 얻은 신용카드회원등의 제반 정보(결제대행업체가 신용카드회원등으로부터 직접 수집·저장한 신용

카드등에 관한 정보는 제외한다)가 업무 외의 목적에 사용되거나 외부에 유출되는 등의 위험에 대해 처분·소거 또는 폐기 등 기술적·물리적 보안대책을 수립하도록 하여야 한다.
<신설 2008. 10. 10.> <개정 2010. 6. 14., 2014. 12. 26.>

④ 결제대행업체가 카드회원 등으로부터 직접 수집·저장한 신용카드등에 관한 정보가 업무 외의 목적에 사용되거나 외부에 유출되는 등으로 인해 카드회원등이 손해를 입을 경우 결제대행업체는 해당 카드회원등에게 손해배상의 책임을 진다. <신설 2014. 12. 26.>

제 **2** 절

전문 간편결제 · 송금 사업자

먼저 카카오페이, 네이버페이, 토스, 페이코, 핀크 등 카드·계좌 기반의 원클릭 결제를 기반으로 온·오프라인 결제와 간편송금 서비스를 제공하는 핀테크 업체들을 살펴보고자 한다. 네이버페이는 자체와 외부의 온라인쇼핑몰 결제 비중이 압도적으로 크기 때문에, 그 점에서는 제3절에서 설명할 오픈마켓과도 유사한 부분이 많다.

사업자별로 송금에 더 비중을 두거나 결제에 더 비중을 두는 것처럼 보이기도 하고 제공하는 서비스에도 차이가 있지만, 궁극적으로는 송금과 결제를 바탕으로 모든 회원들에게 다양한 금융서비스를 제공하는 종합 금융플랫폼이 되기 위해 서비스를 확장해 가고 있다.

가. 온·오프라인 가맹점 결제

간편결제는 카드와 계좌를 모두 지원한다. 이용자는 여러 개의 카드 및 계좌를 등록하고 비밀번호·생체정보 인증을 설정하여 사용한다.

판매자(가맹점)에 대한 간편결제사업자의 법적 지위는, 카드의 경우 신용카드가맹점으로서 결제대행업무를 하는 것이고(오프라인에서는 판매자가 카드VAN망을 통해 직접 카드사의 신용카드가맹점으로 연결되어 있기 때문에 예외적인 경우가 아니면 자금 정산 업무는 하지 않고 정보 전달 역할만 하고 있다), 계좌의 경우 선불사업자가 된다. 따라서 전금법상 전자지급결제대행업과 선불전자금융업 라이선스가 모두 필요하다.

외부 결제를 제공하려면 가맹점 확보에 많은 노력을 해야 한다.

온라인에서는 대형판매자들과는 직접 연동하고, 작은 사업자들은 쇼핑몰 호스팅 업체를 통해 가맹점으로 포섭한다. 쇼핑몰 호스팅이란, 인터넷 쇼핑몰 사이트를 운영하려는 사업자에게 쇼핑몰 프로그램을 갖춘 웹서버를 임대해 주는 것이다. 유명한 업체로는 카페24, 고도몰, 메이크샵 같은 곳들이 있다. 이들은 쇼핑몰 사이트를 운영하는 주체도 아니고, 웹서버를 임대하는 것만으로는 전자금융거래와 직접 상관이 없기 때문에 전자금융업자나 전자금융보조업자도 아니다. 쇼핑몰 프로그램이라면 결제를 받을 수 있는 기능이 있어야 하므로 여러 결제 수단이 연동될 수 있도록 개발해 두는 것이 이들의 역할이다. 해당 웹서버를 임차하는 사업자들은 거기서 제공하는 결제수단들 중에서 선택하여 가맹점 계약을 체결하면 된다. 호스팅 업체는 결제수수료의 일부를 배분받는데, 그 수준은 1% 정도로 VAN 수수료와 비교했을 때 상당히 높은 편이다.

오프라인에서는 모바일 앱을 통해 NFC, 바코드·QR 같은 새로운 방법으로 통신할 수 있으려면 단말기, 결제시스템 연동 등 인프라 구축이 필요하고, 소비자의 행동 습관이 쉽게 변하지 않으므로 더욱 많은 비용과 노력이 필요하다. 비용과 범용성 면에서 장점이 있는 바코드·QR을 중심으로 보급이 시작되고 있는 단계이다(제3장 제7절 오프라인 모바일 결제).

현실적으로는 단기간에 가맹점을 확보하기 어렵기 때문에 플라스틱 카드를 발급하기도 한다. 카드사에 프로세싱을 위탁하면 전국 카드가맹점·카드단말기에서 쓸 수 있기 때문이다. 이렇게 하면 카드사에 지급하는 수수료가 발생해서 수익성은 떨어지지만, 일단 사용처를 넓혀서 회원을 확보해두기 위한 것이다. 카드사의 체크카드 인프라를 사용하기 때문에 체크카드 가맹점에서 사용할 수 있고, 체크카드 수수료율이 (우대수수료율까지 동일하게) 적용된다. 선불카드망이 아니라 직불카드망을 빌리는 이유는 카드사는 신용카드·체크카드·선불카드 구별에 따라 가맹점과 이용한도 및 수수료를 다르게 세팅해 놓고 있는데, 선불카드에 비해서 체크카드가 가맹점 범위가 살짝 넓기 때문이다. 그리고 신용카드사의 선불카드는 충전해놓고 쓰는 프로세스이기 때문에, 그 시스템을 쓰면 즉시충전이 안된다. 이 부분은 회원과의 지급수단 발행 관계는 아니지만, 감독당국에서 라이선스 이슈를 제기하는 것을 방지하기 위해서는 '직불전자금융업'을 등록하는 것이 좋다. 그러나 본질적으로는 충전금을 사용하는 개념이기 때문에(한 건의 결제에서 기 충전금과 즉시 충전금이 동시에 사용될 수 있기 때문에 선불과 직불을 구별하기도 어렵다), 금감원에 실적을 보고할 때는 선불전자지급수단 사용액으로 보고하고 있다.

나. 선불금 충전방식, 환불, 간편송금

선불금 충전은 기본적으로 계좌 추심이체 방식이면서, 거래를 할 때 부족하면 즉시 충전된다. 충전할 때마다 펌수수료가 발생하는 비용을 절감하기 위해 정기충전(일정 날짜에 충전), 자동충전(일정 금액 이하가 되면 충전) 등으로 잔액을 보유하도록 유도하고 있다.

카드충전은 카드수수료가 들기 때문에 기프트카드를 판매하는 경우에만 허용한다.

마케팅 수단으로 무상 리워드를 제공할 때는 (회원이 유상으로 충전한 선불전자지급수단과 구분되게 하여) 사용과 환불에 제한을 두는 것이 사업자 입장에서 필요한데, 제2절 오픈마켓 사업자들의 경우 그 개념이 강하고, 전문 간편결제·송금 사업자들은 아직 이러한 구별이 덜한 경향이 있다.

계좌에서 충전한 경우에는 환불에 제한을 두지 않고, 카카오톡ID, 네이버계정 같은 고유한 회원정보나 전화번호를 이용해서 선불전자지급수단 상태로 양도하거나 수취인 계좌로 바로 보내는, 두 가지 방식으로 송금 서비스를 제공한다. 특히 후자의 경우는 신규회원 유치 효과도 없고(전자의 방식에서는 양수인이 선불전자지급수단을 취득하기 위해 회원 가입을 해야 한다), 비용도 더 들기 때문에(충전을 위한 출금펌 수수료와 별개로, 법인계좌에서 수취인 계좌로 이체하기 위한 입금펌 수수료까지 발생) 무료제공 횟수에 제한을 두게 된다.

다. 펌수수료

〈선불전자지급수단의 자금 흐름〉

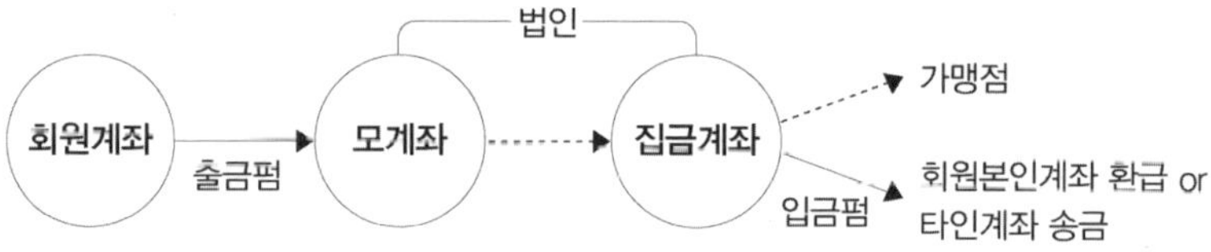

회원 계좌에서 추심이체로 충전 → 결제나 송금 지시가 있으면 충전금을 차감하고 거래 승인 → 거래내용에 맞게 외부로 이체한다.

출금펌 모계좌(충전용 법인계좌)는 금융기관마다 개설되어 있어서 고객계좌와 동일 은행의 모계좌로 출금된다.

외부로 보내는 자금은 하나로 관리하기 위해서, 각 은행 모계좌들에 입금된 돈을 하나의 집금계좌에 모아두고, 외부로의 자금이체는 집금계좌에서 내보낸다.

용어는 회원을 기준으로 하기 때문에 충전은 출금펌, 환급·송금은 입금펌이라고 한다.

각 이체 거래는 은행과의 펌뱅킹 계약에 따라 수수료가 발생한다. 펌뱅킹 수수료는 금액과 상관없이 '건당' 부과된다. 위 그림에서, 모계좌에서 집금계좌로 자금을 옮기거나 가맹점으로 정산대금을 입금하는 것은 점선으로 표시하였는데, 이러한 업무는 필요할 때마다 한꺼번에 돈을 이체하는 것이어서 발생빈도가 높지 않다. 반면, 실선으로 표시된 충전과 환급·계좌 송금은 그 거래를 할 때마다 실시간 개별적으로 처리되어야 하는 부분이므로 해당 서비스의 주요 원가가 된다. 이 중에서도 사업자가 추심이체할 때 쓰는 출금펌의 비용이 은행별로 몇십~몇백 원 수준으로, 입금펌보다 비싸다. 입금펌은 사업자가 자금을 외부로 이체하는 것이기 때문에 집금계좌에서 집행되는데, 은행들이 집금계좌 유치를 위해 가격경쟁을 하기 때문이다. 따라서 펌뱅킹 수수료 이슈라고 하면, 주로 충전펌을 이야기하는 것으로 보면 된다.

선불전자지급수단의 출금펌은 결제나 송금을 할 때가 아니라 충전을 할 때 발생하는 것이다. 만일 사람들이 한꺼번에 충전해두고 여러 번에 걸쳐 사용한다면 상대적으로 부담이 줄 것이다. 따라서 개념상으로는 결제를 할 때마다 출금이 필수적으로 수반되는 카드사 체크카드에서 더 문제될 것 같지만, 그렇지가 않다. 체크카드의 출금펌은 0.2%로 통일되어 있고 결제용으로만 쓰이기 때문에 결제수수료라는 매출 또한 정률로 발생한다. 반면, 선불전자지급수단은 편리성을 위해 즉시충전 기능을 제공하다 보니 출금펌이 직불만큼이나 빈번하고, 소액결제 위주의 가맹점들이 대부분이어서 결제수수료에서 차익이 크지도 않은데, 무엇보다도 매출이 전혀 발생하지 않는 송금 목적에 사용되는 비중이 높아서 문제가 되는 것이다. 참고로, 온라인쇼핑몰의 계좌간편결제도 결제 시마다 정액으로 출금펌이 발생하는 것은 동일하지만, 여기는 평균 결제단가가 높기 때문에 금액 대비 비율로 따지면 오히려 신용카드수수료보다 저렴한 결과가 된다.

선불사업에 있어서 은행 계좌로부터의 자금이체는 필수적인 인프라에 해당하기 때문에 마치 인터넷서비스들이 통신사의 인터넷망을 임차하여 서비스를 만드는 것과 유사하다. 적절한 비용으로 접근할 수 있는 기반이 조정되지 않으면 가맹점수수료 같은 서비스비용을 낮추는 것은 불가능하다. 지금은 각 은행과 선불사업자 간의 개별 계약으로 결정되므로 비용도 높고, 신규 핀테크업체는 펌계약을 하는 것 자체도 쉽지 않다. 이 부분을 금융결제원 은행공동망을 통해 해결하는 방안이 현재 추진되고 있는데, 이에 대해서는 4장 제4절 오픈뱅킹에서 자세히 살펴보기로 한다.

제 3 절

e커머스

가. 전자상거래와 통신판매의 개념

'전자상거래 등에서의 소비자 보호에 관한 법률'은 '전자상거래'와 '통신판매'에 관해 규정함으로써 소비자를 보호하는 것이 목적이다. 지급결제 자체에는 전자금융거래법이 적용되지만, 온라인서비스의 구매계약 관계에는 동법이 적용된다. 인터넷쇼핑은 두 가지 모두에 해당된다. 양자는 택일적인 관계가 아니라 서로 약간 다른 측면을 이야기하는 개념이다.

'전자상거래'의 정의는 '재화나 용역 거래의 전부 또는 일부가 전자문서로 이루어지는 거래'이다. 즉, 계약의 체결형식이 전자문서인 구매계약을 의미하므로, 전자상거래에 대해서는 계약의 완전성을 위한 전자문서 활용, 거래기록 보전, 조작 실수 방지 등의 내용이 규정되어 있다.

'통신판매'는 '우편·전기통신 또는 총리령으로 정하는 방법으로 재화 또는 용역의 판매에 관한 정보를 제공하고 청약을 받아 판매하는 것'이다. 상품에 대한 정보 취득과 구매 결정이 눈으로 확인하는 과정 없이 이루어지는 판매방식을 모두 포함한다. 아무래도 허위광고나 충동구매 위험이 오프라인 구매보다 높기 때문에 표시광고, 계약 전 고지, 청약의 확인과 배송, 구매안전서비스, 청약철회 등의 소비자 보호 장치가 마련되어 있다. 인터넷쇼핑 외에도 TV홈쇼핑과 카탈로그쇼핑까지 포함한다. TV홈쇼핑이나 카탈로그쇼핑은 매체를 통해 정보를 취득한 뒤 계약은 전화(상담원 또는 ARS)로 하기 때문에 전자상거래는 아니다. 요즘에는 TV홈쇼핑을 보면서 앱으로 결제하는 더 간편한 절차도 나왔는데, 이렇게 되면 전자문서 계약이기 때문에 당연히 전자상거래에도 해당될 것이다. 구매의 권유 자체가 전화로 이루어지는 '전화권유판매'에는 방문판매법이 별도로 적용되기 때문에 통신판매에서 제외된다.

통상의 온라인거래는 통신판매 규정을 준수하면서 전자상거래 형식도 준수해야 하지만, 만약 사람이 직접 설명하고 계약만 전자적으로 체결한다면 전자상거래 규정만 적용된다. 제4절의 O2O서비스는 본질적으로 오프라인 속성의 서비스에 온라인을 접목하여 예약과 결제를 편리하게 한 것이어서, 전자상거래에는 해당되겠지만 통신판매는 아닌 것으로 보아야 할 것이다. 예를 들면, 택시를 앱에서 호출하는 경우, 부동산 앱에서 관심상품을 예약하고 방문하는 경우, 앱에서 음료나 도서를 결제하고 매장에서 수령하는 것 등이다. 대리운전, 가사도우미 서비스를 앱으로 신청하는 경우도 마찬가지이다. 통신판매의 대상이 재화뿐 아니라 용역(일정한 시설을 이용하거나 용역을 제공받을 수 있는 권리를 포함한다)도 될 수 있기 때문에 대면에서 서비스를 이용한다고 해서 무조건 통신판매가 아니라고 할 수는 없다. 그러나 위의 예들은, 청약 전 또는 구매확정 전에 대면하여 결정할 수 있는 기회가 있다는 점에서 비대면 거래의 소비자를 보호하려는 통신판매 규제의 취지와 거리가 있다고 볼 수 있다. 그럼에도, 모호한 규정은 언제든지 적용대상을 확장할 수 있으므로 제외대상을 해설서 같은 것을 통해 좀 더 명확히 해 둘 필요가 있어 보인다.

전자상거래법 제2조【정의】 이 법에서 사용하는 용어의 뜻은 다음과 같다. <개정 2012. 6. 1.>

1. "전자상거래"란 전자거래(「전자문서 및 전자거래 기본법」 제2조 제5호에 따른 전자거래를 말한다. 이하 같다)의 방법으로 상행위(商行爲)를 하는 것을 말한다.
2. "통신판매"란 우편·전기통신, 그 밖에 총리령으로 정하는 방법으로 재화 또는 용역(일정한 시설을 이용하거나 용역을 제공받을 수 있는 권리를 포함한다. 이하 같다)의 판매에 관한 정보를 제공하고 소비자의 청약을 받아 재화 또는 용역(이하 "재화 등"이라 한다)을 판매하는 것을 말한다. 다만, 「방문판매 등에 관한 법률」 제2조 제3호에 따른 전화권유판매는 통신판매의 범위에서 제외한다.

시행규칙 제2조【통신판매에 관한 정보의 제공방법 등】「전자상거래 등에서의 소비자보호에 관한 법률」(이하 "법"이라 한다) 제2조 제2호 본문에서 "총리령으로 정하는 방법"이란 다음 각 호의 방법을 말한다.

1. 광고물·광고시설물·전단지·방송·신문 및 잡지 등을 이용하는 방법
2. 판매자와 직접 대면하지 아니하고 우편환·우편대체·지로 및 계좌이체 등을 이용하는 방법

전자거래 및 전자문서 기본법 제2조【정의】 이 법에서 사용하는 용어의 뜻은 다음과 같다.

1. "전자문서"란 정보처리시스템에 의하여 전자적 형태로 작성, 송신·수신 또는 저장된 정보를 말한다.
5. "전자거래"란 재화나 용역을 거래할 때 그 전부 또는 일부가 전자문서에 의하여 처리되는 거래를 말한다.

나. 통신판매업자와 통신판매중개자

통신판매는 구매자에 대해서 직접 판매자의 지위를 가지는지 여부에 따라 '통신판매업자'와 '통신판매중개자'로 구별된다. 통신판매업자는 공정거래위원회에 등록해야 한다. 통신판매중개자는 사이버몰 제공만 하는 것으로, 등록이 필요 없다.

그런데 현행 전상법이 통신판매업자와 통신판매중개자를 구별하는 것이 소비자 이익에 반한다고 하여 '전자상거래'를 하는 사업자를 '전자상거래 사업자'로 통칭하고, 거래에서의 역할·행위에 상응하는(?) 의무와 책임을 부과하는 개정안이 논의 중이다(의안번호 16485). 현재에도 통신판매중개자는 실제 판매자(통신판매중개의뢰자)를 정확히 표시해 주어야 하고, 그렇게 하지 않았을 경우 구매계약의 하자에 대해서 판매자와 연대책임을 지게 된다. 이 정도면 이미 충분하다. 오픈마켓을 이용하는 이유는 다양한 판매자의 상품을 비교하여 선택할 수 있기 때문이다. 상품에 문제가 있으면 온라인몰을 통해 교환·환불 등의 조치를 판매자에게 요구하는데, 판매자들은 거기서 계속 물건을 팔기 위해서 성실히 응할 수밖에 없다. 개정안에 따르면 통신판매중개자가 무조건 판매자로서 책임을 지게 되는데, 이는 오히려 역할에 상응하는 책임이라고 할 수 없다. 팔지도 않은 상품에서 발생하는 모든 책임을 져야 한다면, 판매자를 까다롭게 선별하거나 리스크가 증가되는 만큼 전체적으로 수수료를 할증해야 할 것이다.

이미 해외직구도 많이 하는 시대이다. 소비자 입장에서, 이런 규제가 적용되지 않는 해외 플랫폼과 비교했을 때 수수료도 높고 상품도 적지만, 그래도 플랫폼 사업자가 만일의 경우 손해배상을 해주기 때문에 좋아서 이용하겠다고 할 것인지 의문이다. 사업자의 대고객 관계는 각 사업자의 책임이며 동시에 경쟁력이다(온라인몰에서는 실구매자들의 리뷰를 다 볼 수 있다). 모든 피해가능성을 법을 통해서 차단해야 한다는 과도한 '규제의 사각지대' 논리는 비즈니스 현실과 맞지 않아 수수료의 왜곡을 초래하고, 산업의 건전한 발전에 도움이 되지 않기 때문에 경쟁력을 약화시켜 결국 국민들에게 피해가 돌아올 것이다.

전자상거래법 제2조 【정의】 이 법에서 사용하는 용어의 뜻은 다음과 같다. <개정 2012. 6. 1.>

3. "통신판매업자"란 통신판매를 업(業)으로 하는 자 또는 그와의 약정에 따라 통신판매업무를 수행하는 자를 말한다.
4. "통신판매중개"란 사이버몰(컴퓨터 등과 정보통신설비를 이용하여 재화등을 거래할 수 있도록 설정된 가상의 영장을 말한다. 이하 같다)의 이용을 허락하거나 그 밖에 총리령으로 정하는 방법으로 거래 당사자 간의 통신판매를 알선하는 행위를 말한다.

제20조 【통신판매중개자의 의무와 책임】 ① 통신판매중개를 하는 자(이하 "통신판매중개자"라 한다)는 자신이 통신판매의 당사자가 아니라는 사실을 소비자가 쉽게 알 수 있도록 총리령으로 정하는 방법으로 미리 고지하여야 한다. <개정 2016. 3. 29.>

② 통신판매중개를 업으로 하는 자(이하 "통신판매중개업자"라 한다)는 통신판매중개를 의뢰한 자(이하 "통신판매중개의뢰자"라 한다)가 사업자인 경우에는 그 성명(사업자가 법인인 경우에는 그 명칭과 대표자의 성명)·주소·전화번호 등 대통령령으로 정하는 사항을 확인하여 청약이 이루어지기 전까지 소비자에게 제공하여야 하고, 통신판매중개의뢰자가 사업자가 아닌 경우에는 그 성명·전화번호 등 대통령령으로 정하는 사항을 확인하여 거래의 당사자들에게 상대방에 관한 정보를 열람할 수 있는 방법을 제공하여야 한다. <개정 2016. 3. 29.>

③ 통신판매중개자는 사이버몰 등을 이용함으로써 발생하는 불만이나 분쟁의 해결을 위하여 그 원인 및 피해의 파악 등 필요한 조치를 신속히 시행하여야 한다. 이 경우 필요한 조치의 구체적인 내용과 방법 등은 대통령령으로 정한다.

[전문개정 2012. 2. 17.]

[제목개정 2016. 3. 29.]

제20조의2 【통신판매중개자 및 통신판매중개의뢰자의 책임】 ① 통신판매중개자는 제20조 제1항의 고지를 하지 아니한 경우 통신판매중개의뢰자의 고의 또는 과실로 소비자에게 발생한 재산상 손해에 대하여 통신판매중개의뢰자와 연대하여 배상할 책임을 진다.

② 통신판매중개자는 제20조 제2항에 따라 소비자에게 정보 또는 정보를 열람할 수 있는 방법을 제공하지 아니하거나 제공한 정보가 사실과 달라 소비자에게 발생한 재산상 손해에 대하여 통신판매중개의뢰자와 연대하여 배상할 책임을 진다. 다만, 소비자에게 피해가 가지 아니하도록 상당한 주의를 기울인 경우에는 그러하지 아니하다.

③ 제20조 제1항에 따른 고지에도 불구하고 통신판매업자인 통신판매중개자는 제12조부터 제15조까지, 제17조 및 제18조에 따른 통신판매업자의 책임을 면하지 못한다. 다만, 통신판매업자의 의뢰를 받아 통신판매를 중개하는 경우 통신판매중개의뢰자가 책임을 지는 것으로 약정하여 소비자에게 고지한 부분에 대하여는 통신판매중개의뢰자가 책임을 진다.
④ 통신판매중개의뢰자(사업자의 경우에 한정한다)는 통신판매중개자의 고의 또는 과실로 소비자에게 발생한 재산상 손해에 대하여 통신판매중개자의 행위라는 이유로 면책되지 아니한다. 다만, 소비자에게 피해가 가지 아니하도록 상당한 주의를 기울인 경우에는 그러하지 아니하다.
[본조신설 2012. 2. 17.]

제20조의3 【통신판매의 중요한 일부 업무를 수행하는 통신판매중개업자의 책임】 통신판매에 관한 거래과정에서 다음 각 호의 업무를 수행하는 통신판매중개업자는 통신판매업자가 해당 각 호의 각 목에 따른 의무를 이행하지 아니하는 경우에는 이를 대신하여 이행하여야 한다. 이 경우 제7조 및 제8조의 "사업자"와 제13조 제2항 제5호 및 제14조 제1항의 "통신판매업자"는 "통신판매중개업자"로 본다.
1. 통신판매중개업자가 청약의 접수를 받는 경우
  가. 제13조 제2항 제5호에 따른 정보의 제공
  나. 제14조 제1항에 따른 청약의 확인
  다. 그 밖에 소비자피해를 방지하기 위하여 필요한 사항으로서 대통령령으로 정하는 사항
2. 통신판매중개업자가 재화등의 대금을 지급받는 경우
  가. 제7조에 따른 조작 실수 등의 방지
  나. 제8조에 따른 전자적 대금지급의 신뢰 확보
  다. 그 밖에 소비자피해를 방지하기 위하여 필요한 사항으로서 대통령령으로 정하는 사항
[본조신설 2016. 3. 29.]

시행규칙 제3조 【통신판매 거래의 알선 방법】 법 제2조 제4호에서 "총리령으로 정하는 방법"이란 자신의 명의로 통신판매를 위한 광고수단을 제공하거나 그 광고수단에 자신의 이름을 표시하여 통신판매에 관한 정보의 제공이나 청약의 접수 등 통신판매의 일부를 수행하는 것을 말한다. [전문개정 2012. 8. 17.]

통신판매업자등의 준수의무 관련 설명자료 – 공정거래위원회

1. 전자상거래를 하는 사업자	2. 통신판매업자	3. 통신판매중개자
① 완결된 온라인 서비스 제공 (제5조) ② 거래기록 보존(제6조) ③ 소비자의 조작실수 등 방지 (제7조) ④ 전자적 대금지급의 신뢰확보 (제8조) ⑤ 배송사업자 등의 협력의무 (제9조) ⑥ 전자게시판서비스 제공자 책임 (제9조의2) ⑦ 사이버몰 운용자의 표시의무 (제10조) ⑧ 공정한 소비자정보 수집 및 이용(제11조)	① 신고의무(제12조) ② 표시광고에 신원정보 포함 (제13조 제1항) ③ 거래조건 등 계약 전 고지 및 서면교부(제13조 제2항) ④ 미성년자와 계약 시 고지의무 (제13조 제3항) ⑤ 신의성실의무(제13조 제5항) ⑥ 청약확인 의무(제14조) ⑦ 재화 등의 공급 등(제15조) ⑧ 구매안전서비스 제공(제24조) ⑨ 휴업기간 청약철회 업무처리 (제22조 제1항) ⑩ 거래기록 보존(제6조) ⑪ 공정한 소비자정보 수집 및 이용(제11조)	① 통신판매중개(업)자 의무와 책임 - 사전고지 의무(제20조 제1항) 및 위반 시 연대배상책임 (제20조의2 제1항) - 정보제공 의무(제20조 제2항) 및 위반 시 연대배상책임 (제20조의2 제2항) - 분쟁해결 위한 조치 (제20조 제3항) ② 통신판매업자인 경우 - 책임 관련 특칙 (제20조의2 제2, 3항) ③ 통신판매의 중요한 일부 업무를 수행하는 통신판매중개업자의 책임(법 제20조의3) ④ 거래기록 보존(제6조)

다. 오픈마켓, 종합쇼핑몰, 소셜커머스

온라인쇼핑의 플랫폼사업자들은 그 태생과 통신판매업자·통신판매중개자인지에 따라 다음과 같이 분류해 볼 수 있다.

G마켓, 옥션, 11번가, 인터파크 같은 통신판매중개 사이트는 '오

픈마켓'이라고 한다. 여기서는 판매자들이 직접 상품을 등록한다. 네이버는 네이버쇼핑을 운영하면서, 포털사업자로서 다른 사이트로 연결해주고 수수료를 받는 비즈니스도 같이 하고 있다.

반면 롯데, 신세계, 이마트 같은 유통업자가 하는 온라인몰은 오프라인 매장과 마찬가지로 구매담당직원이 상품을 직접 선정·구매하여 등록하는 MD(merchandising) 방식이기 때문에 통신판매업에 해당된다. 이들은 '종합몰', '종합쇼핑몰'이라고 한다. '대규모유통업에서의 거래 공정화에 관한 법률'에 따른 '대형유통업자'에 해당하기 때문에(매장면적 3천제곱미터 이상 또는 연 매출액 1천억 원 이상) 동법의 규제도 받고 있다.

'소셜커머스'는 쿠팡, 위메프, 티몬 같이 SNS를 이용한 마켓팅으로 시작한 업체들을 말한다. 비수기 상품이나 홍보가 덜된 상품을 잘 골라서 한정된 시간 동안 할인하는 '딜'을 통해 구매자를 모으고, 대신 대량구매로 저가에 상품을 조달하여 차액을 남기는 것이다. 일종의 통신판매업자에 해당하면서 상품 큐레이션에 특색이 있다고 보면 된다. 이들도 점점 규모가 커지면서, 상품 구색을 많이 갖추고 있어야 방문자를 더 유치하고 규모의 경제가 달성될 수 있으므로 오픈마켓 모델을 도입하고 있다. 쿠팡은 2017년 통신판매중개자로 전환했고, 위메프와 티몬에는 2019년에 통신판매중개 모델이 추가되었다.

통신판매중개자 형태이든, 통신판매업자 형태이든, 생산자 입장에서는 판매를 위한 플랫폼을 제공하고 결제 및 배송 같은 업무를 처리해주는 대가로 수수료를 받는 것이다. 플랫폼수수료는 각각 다르지만 대략 상품종류별로 5~12% 수준에서 형성되어 있다. 플랫폼사업자가 생산자에게 대금을 정산하는 관계는, 통신판매업인 경우 도매상과 소매상의 상거래이어서 PG등록이 필요 없으나, 통신판매중개인 경우 판매자를 위한 결제업무 처리여서 PG등록이 필요하다. 이들은 소비자들의 결제과정을 간편하게 하고, 결제수수료 비용을 절감하면서, 소비를 유도할 수 있는 쿠폰, 기프트카드, 마일리지 같은 프로그램을 직접 운영하기 위해 자체 브랜드명을 붙인 ○○페이 업무를 하고 있다.

라. 선불전자금융업의 등록

온라인쇼핑몰 사이트에서는 기프트카드 판매도 하고, 미리 충전을 유도하기도 하므로 선불전자지급수단이 발행된다. 앞에서 살펴본 바와 같이, 무상인지 여부는 선불전자지급수단 판단에 영향이 없으므로 리워드로 지급하는 포인트도 발행잔액 30억 원 이상이면 선불전자지급수단에 해당할 수 있다. 선불전자지급수단 요건 중 '제3자에게 사용'이 문제인데, 자체 몰에서만 사용하더라도 통신판매중개에서는 판매자가 따로 있기 때문에 이에 해당한다. 통신판매업은 개념상으로는 발행인과 사용처가 일치해서 일단 선불전자지급수단이 아니라고 볼 수 있지만, 판매의 실질에 따라 달라질 수 있다. 플랫폼사업자는 사전에 구매해서 재고를 쌓아두는 것이 아니라 구매요청과 함께 대금까지 받고 나서 생산자에게 주문하는 경우가 많은데, 이렇게 자기 명의·타인 계산으로 물건을 구입 또는 판매하고 보수를 받는 것을 '위탁매매'라 하고, 위탁매매에서 사용되는 포인트는 선불전자금융업에 해당한다는 것이 금융위 입장이다.[41] 좀 오래된 유권해석이기는 하지만 전자지급결제대행업 해당 여부를 판단할 때도 동일한 논리를 적용하기 때문에 여전히 유효하다고 볼 것이다.

온라인몰에서 선불전자지급수단을 운영하는 방식은 사업자마다 다르나 일반적으로 다음과 같다.

- 무상리워드: 결제만 가능하고, 환불이 제한된다. 직판 상품 구입이나 배송 같은 특정 목적에만 사용하는 것은 선불전자지급수단에 해당하지 않을 수 있다.
- 유상 머니 충전: 일시 충전에 대해서 혜택을 제공해서 충전을 일부러 유도하기도 하지만, 그렇지 않더라도 구매가 취소되었을 때 환불을 선불전자지급수단으로 하거나, 오프라인 매장에서 잔돈을 선불전자지급수단으로 적립시켜줌으로써 자연스럽게 적립금이 쌓일 수 있도록 한다. 유상 머니는 환불이나 양도 조건을 까다롭지 않게 운영하는 편이다.
- 기프트카드, 전자상품권: 충전금과 별도 운영하는 온라인 기프트카드도 선불전자지급수단에 해당한다. 양수인은 기프트카드의 고유번호를 입력하고 결제용 포인트로 전환 후 사용하면 된다. 기프트카드는 카드 결제도 가능하다. 카드로 결제한 기프트카드를 사용하나, 결제 자체를 카드로 하나, 온라인몰 입장에서는 카드수수료를 한번 내면 되기 때문이다.

---

41) 금융위 유권해석 120214

마. 전자지급결제대행업의 등록

온라인쇼핑몰 사업자들은 플랫폼을 제공하면서 결제대금을 직접 받고, 여기에서 플랫폼수수료를 제하고 판매자들에게 정산해준다. 결제대금이 직접 판매자에게 지급된다면, 온라인쇼핑몰 사업자들은 플랫폼수수료를 사후적으로 청구하거나 미리 예치금을 받아두거나 해야 할 텐데, 전자는 미수 우려가 있고 후자는 판매자에게 자금부담이어서 사업구조상 어려울 수밖에 없다. 이러한 플랫폼사업자로서의 정산업무를 어디까지 전자지급결제대행업으로 보고 있는지 살펴보자.

2007년 전금법 제정으로 전자지급결제대행업이 생긴 이후에도, 애초에는 전문 PG를 염두에 둔 것이기 때문에 온라인쇼핑몰 사업자들은 전자지급결제대행업 등록을 하지 않고 있었다. 그러나 정의 규정 자체로 보면, 여전법 '신용카드가맹점(결제대행업체)'이 카드사와 직접 계약한 경우에 한하는 것과 달리, 전금법은 중간에서 자금정산에 관여한 모든 사업자를 포함하는 포괄적인 개념이다. 결국 2012년 무렵부터 오픈마켓들도 전자지급결제대행업자로 등록하기 시작해서 지금은 당연한 것이 되었다. 오픈마켓과 소셜커머스가 PG 등록을 해야 하는지에 관한 각 유권해석을 비교해 보면,[42] '오픈마켓이 외부 PG사로부터 받은 결제대금을 판매자에게 정산하는 것이 PG업무인지'에 대해서 'PG업무 맞다'고 하였고, '고객 → 신용카드사 → PG사 → 소셜커머스로 연결되는 구조로 대금정산을 받고 있는 것에 PG등록이 필요한지'에 대해서 '정보처리에만 관여하는 것은

42) 금융위 유권해석 120216, 130216

PG등록이 필요없다'고 하였다. 후자의 경우, 소셜커머스의 PG등록 여부가 문제되는 지점은 카드사로부터 대금을 받는 업무가 아니라 그 돈을 다시 판매자들에게 배분하는 업무라는 점에서 질문이 정확하지 않은 면은 있다. 그러나 답변상 등록하라는 말이 없고, 실제 소셜커머스 업체들도 등록을 하지 않았던 것을 보면, 기본적으로는 통신판매중개업(오픈마켓)과 통신판매업(소셜커머스)이라는 판매형태를 가지고 구별했음을 알 수 있다. 단, 선불전자금융업자에 대한 각주 41)의 유권해석과 같은 맥락으로, 감독당국은 통신판매 중에서도 위탁판매 관계는 PG등록이 필요하다고 본다. 2019년 5월 (금융위 유권해석은 아니지만) 금감원의 비조치의견으로 '통신판매업자가 자기 명의로 판매하고 위탁자에게 정산대금을 지급하는 것'에 대해서 "전자지급결제대행업은 판매형태(위탁판매, 판매중개 등)를 구분하지 않고 있기 때문에 대가의 정산을 대행하면 등록이 필요하다."고 한 바 있다.[43]

결과적으로 봤을 때, 이마트 같은 종합몰에도 위탁판매 부분이 있고, 어차피 상품권도 팔아야 하고, 그룹차원의 간편결제 하나로 다른 계열사 사이트에서도 같이 사용되어야 하기 때문에 쇼핑몰사업자들은 선불전자금융업, 전자지급결제대행업 등록이 필요하고, 전자금융거래법 규제를 모두 받고 있다.

쿠팡이 오픈마켓 모델로 전환한 것을 시작으로 다른 소셜커머스들도 오픈마켓 모델을 고려는 하고 있었으나, 2019년 초까지도 실

---

43) 금감원 비조치의견서 190014. 자기 명의로 위탁판매를 하는 수탁자(통신판매업자)의 PG 해당 여부(등록 2019. 3. 21. / 회신 2019. 5. 16.)

제로 도입은 하지 않고 있었다. 그런데 2019년 1월부터 온라인 PG에 대해서 우대수수료율이 적용되면서 새로운 국면이 발생했다. 신용카드가맹점에만 적용되던 우대수수료가 온라인 PG를 이용하는 하위판매자들에게도 확대되었는데, '금융위에 등록한 전자지급결제대행업자'의 하위판매자여야 한다(감독규정 제25조의4 제3항). 그러니 전상법상 통신판매중개자냐 통신판매업자냐의 문제를 떠나서, PG등록이 된 플랫폼은 우대수수료를 적용받고, PG등록이 안된 플랫폼은 일반수수료를 적용받게 된 것이다. 이것은 플랫폼의 비용측면에서 중요한 차이이다. 2019년 중에 위메프, 티몬이 오픈마켓모델을 도입하게 된 것에는 우대수수료가 하나의 이유였던 것으로 추측되고 있다.

바. e커머스의 다양한 결제 모델

쇼핑몰사업자들은 카드나 계좌의 원클릭 결제를 기본으로 상품권, 포인트 등의 다양한 서비스들을 자체 ○○페이 브랜드로 제공하는 한편, 제3자의 간편결제서비스나 일반 카드결제(카드 정보를 미리 등록하지 않고 1회성으로 하는 결제), 계좌이체 등 다양한 결제수단을 붙여놓고 있다.

(1) 외부 PG사를 이용하는 경우

일반 결제를 할 때를 생각해보면, 이니시스, KCP 등에서 제공하는 입력창이 생성되어 카드번호를 입력하게 한다. 이들이 전통적인 신용카드가맹점(결제대행업체)에 해당하는 카드PG들로 카드사와 판매자 사이에서 결제대행업무를 하고 있다. 계좌 출금 업무도 마찬가지이다. 계좌를 등록시켜 놓고 원클릭 결제를 하는 것은 추심이체에 해당되는데, 은행들과 사업자들이 각각 계약하기 어렵기 때문에 세틀뱅크, KSnet 같은 펌뱅킹대행사가 중간에서 일단 자기 계좌로 출금을 해서 전달하는 역할을 하고 있다. 출금대행서비스는 자금을 직접 취급하기 때문에 전금법상 전자지급결제대행업 등록이 필요하다.

위메프(원더페이), 티몬(티몬페이)은 자체 브랜드로 간편결제서비스를 제공하면서도 외부 PG를 이용하는 예이다. 여기에 카드나 계좌를 등록할 때는 카드PG사 및 펌뱅킹대행사 이름으로 된 전자금융거래 약관이 제공된다. 온라인쇼핑몰 사업자는 카드사 및 은행과 계약할 필요 없이, 고객의 인증정보(비밀번호·생체정보)만 관리하면서 결제 요청 정보를 PG사로 전송하면 된다. 외부 PG사는 등록된 카드와 계좌 정보(추심이체 출금동의 포함)를 이용해서 결제 요청을 처리하고, 카드사에서 정산받거나 은행에서 출금한 대금을 온라인쇼핑몰 사업자에게 전달해준다. 온라인쇼핑몰 사업자가 그 돈을 다시 판매자에게 지급하는 행위는 통신판매중개자의 지위에서 한다면 전자지급결제대행업의 등록이 필요하다. PG가 여러 개 있을 때 카드·은행과 직접 연결된 쪽을 1차PG, 재정산 업무를 하는 쪽을 2차PG라고 하므로 쇼핑몰은 2차PG가 된다. 2차PG가 하는 전자금융거래 업무는 판매자에 대한 대금정산이고, 금융회사와 결제업무를 처리하는 것은 1차PG이지만, 2차PG도 이용자에게 PG약관을 제공해야 한다.[44)]

---

44) 금감원 비조치의견서. 전자금융감독규정 제40조 관련 정산대행 시 전자금융거래약관 동의 여부(등록 2017. 9. 18. / 회신 2017. 12. 1.)

(2) 직접 카드사·은행과 연동하는 경우

쇼핑몰사업자들은 판매자들에게 결제 수수료를 따로 받는 것이 아니라, 플랫폼수수료 받은 것을 가지고 여러 가지 비용을 지출하는 것이기 때문에 결제 수수료를 절감하면 결과적으로 남는 수익이 커질 수 있다. 외부 PG를 사용하면 그만큼 수수료를 지급해야 하므로, 오픈마켓과 종합몰의 자체 페이 대다수가 직접 카드사·은행과 신용카드가맹점·펌뱅킹 계약을 체결하고 대금을 직접 받는다.

(3) 실시간 추심이체와 펌뱅킹대행서비스

앞의 내용을 다시 정리하면, 계좌 간편결제는 사전 계좌 등록(추심이체 출금동의)에 근거해서 판매대금을 출금하는 행위이다. 이런 출금행위는 은행과 직접 펌뱅킹 계약을 하거나 펌뱅킹대행사를 통해서 할 수 있다. 그리고 그 성격이 전자자금이체서비스 이용이기 때문에 선불·직불전자지급수단의 한도 제약을 받지 않는다. 통신판매와 통신판매중개의 차이는 소비자에 대한 출금행위의 성격에는 영향을 주지 않고, 판매자에 대한 정산 업무가 상거래인지 PG인지와 관련되는 문제이다. 물론 충전금을 적립하거나 상품권을 구매하는 것은 선불전자지급수단이다. 선불전자지급수단은 계좌결제와 복합적으로 사용할 수 있다. 즉, 구매대금에서 포인트나 상품권을 차감하고 남은 금액이 계좌결제로 이루어진다. 전문간편결제사업자의 경우에도, 충전금이 부족하면 부족 금액만큼 계좌에서 출금하여 결제를 시켜주는 프로세스는 유사하나, 출금의 법적 성격이 선불전자지급수단 발행이기 때문에 이용한도의 차이가 발생하는 것이다.

그렇다면 전문간편결제사업자들도 외부가맹점에 대해서 추심이체 출금대행 서비스를 제공하는 것이라고 하면서 이용한도의 제약을 피할 수 있을까? 사업의 성격이 전혀 달라서 그렇게는 될 수 없다. 선불전자금융업은 회원에게 지급수단을 발행하고, 가맹점에서 사용되었을 때 정산해주는 양면거래 사업이다. 충전을 위해서 펌계약을 하는 것일 뿐 회원 모집, 충전 정책, 가맹점 정책 등 비즈니스에 은행이 관여하지 않는다. 그러나 펌뱅킹대행서비스는 은행의 펌뱅킹을 재판매하는 것이기 때문에 자기 회원 개념이 없고, 이용업체와 이용내역을 은행에서도 관리하게 되어 있다.[45] 따라서 외부에 결제를 제공할 때는 선불전자금융업으로 할 수밖에 없어서 한도 제약이 불가피한 것이다.

(4) 무통장입금, 실시간 추심이체와 실시간 계좌이체

전자자금이체에는 위에서 나온 추심이체 방법이 아닌 지급인이 계좌이체하는 방식도 존재한다. 무통장입금과 실시간 계좌이체이다. 무통장입금은 이용자를 쉽게 구별하기 위해서 가상계좌번호를 이용하는데, 건당 300원 정도의 비용이 발생된다. 실시간 계좌이체는 일반 카드결제를 할 때처럼 PG창에 계좌번호를 입력하고 진행하는 것이다. 여기서 PG의 역할은 지급인의 지급지시를 은행에 전달하고, 계좌이체로 입금을 받아서 판매자에게 정산하는 것이다. 카드PG와 지급수단만 다르고 역할이 동일하기 때문에 계좌이체PG라고 한다. 계좌이체PG는 지급지시로 결제를 하게 해주는 정률제 서비스

---

45) 금융위 보도자료. 2014. 6. 19. 펌뱅킹 대행사에 대한 은행의 관리 강화

이고, 앞에 나왔던 펌뱅킹대행은 추심이체 업무를 대행하는 정액제 서비스라는 점에서 구별된다.

계좌이체PG 중에서도 계좌번호를 매번 입력하는 대신 등록해 놓고 비밀번호로 사용할 수 있는 금융결제원(뱅크페이), LGU+(페이나우), KG이니시스(I페이) 같은 서비스가 나와 있다. 그런데 실시간 계좌이체의 수수료는 1%를 상회하므로(최저수수료 150원), 결제 단가 평균이 높은 온라인판매자로서는 펌뱅킹 계약을 이용하는 추심이체 결제방식이 비용면에서 유리하다. 추심이체는 고객의 결제정보를 사업자에게 등록하기 때문에 고객 관리에도 좋음은 물론이다.

✦ 계좌기반 결제에 대한 리워드의 여전법 위반 논란

2017년 G마켓이 계좌결제서비스에 대해서 결제금액의 2%를 마일리지로 적립해 주는 프로그램을 계획하였다가, 여전법 제19조 위반이라는 유권해석[46]을 받고 포기했다는 것이 기사화된 바 있었다. 2019년 2월에도 쿠팡의 로켓페이가 계좌 결제에 대해서만 포인트를 지급하자 여신전문협회에서 여전법 제19조 위반 문제를 지적했다는 기사가 있었다. 쇼핑몰에서는 앞에서 설명한 바와 같이 추심이체 출금 결제의 건당 펌뱅킹 수수료(정액)가 카드결제보다 비용이 적게 드는 방식이기 때문에, 그 이익의 일부를 고객에게 돌려 해당 방식으로 유도하려고 한 것이다.

여전법 제19조는 '신용카드가맹점은 신용카드로 결제한다는 이유

---

46) 금융위 유권해석 160983. 비조치의견 요청(등록 2016. 11. 3. / 회신 2017. 8. 11.)

로 신용카드회원을 불리하게 대우하지 못한다'는 규정이다. 신용카드가 처음 생겼을 때 현금 가격을 우대해서 현금결제를 유도하고 매출신고를 누락하는 것을 방지하기 위해서 둔 것으로, 위반 시에는 1년 이하의 징역 또는 1천만 원 이하의 벌금도 가능하다. 동 규정이 문제되는 이유는 통신판매중개자나 통신판매업자는 신용카드 결제를 받음에 있어 신용카드가맹점의 지위를 가지기 때문이다. 이 상태에서 계좌 결제 고객에게 신용카드 결제에 없는 포인트 적립, 할인 혜택을 제공하면, 거래내역이 파악되고 현금영수증이 발행되어 매출누락의 우려가 없음에도, 문언상으로는 동법에 위반될 수 있는 것이다.

신용카드 결제를 하면 여러 가지 혜택이 생기는 것은 되고, 왜 이것은 안되는지 의문이 생길 수 있는데, 여전법 제19조의 수범자는 '신용카드가맹점'이지 '신용카드업자'가 아니기 때문에 원래 카드에 붙어 있는 혜택은 문제되지 않는다. 전금법 제37조에도 유사하게 '가맹점은 선불·직불전자지급수단에 의한 거래를 이유로…이용자를 불리하게 대우하여서는 아니된다.'는 규정이 있다. 그런데 이렇게 지급수단발행인이 제공하는 혜택만 가능하다고 보면 항상 신용카드의 혜택이 많을 수밖에 없고, '전자자금이체'는 지급수단발행인 자체가 없기 때문에 고객에게 혜택을 줄 수 없다는 결론이 된다. 가맹점이야말로 지급수단에 대해서 직접적인 이해관계를 가지고 있는 또다른 당사자이기 때문에, 자기에게 유리한 지급수단의 사용을 유도하는 것은 정당한 마케팅 활동이라 할 것이다. 특히 자체적으로 간편결제서비스를 제공하는 지위까지 가지고 있는 마당에, 단지 신용카드 결제를 받는 측면에서 신용카드가맹점에도 해당한다고 해서 일률적으로 규제하는 것은 현실과 괴리가 있다.

게다가 동 조항을 엄격하게 해석하면 제2장의 전문간편결제사업자도 문제될 수 있다. 이들의 간편결제서비스는 카드와 계좌를 모두 제공한다. 비즈니스면에서 당연히, 신용카드가맹점(결제대행업체)으로서 제공하는 카드 간편결제보다 선불전자금융업자로서 발행인의 지위를 가지는 계좌 간편결제를 활성화시켜야 하는데, 후자에 프로모션을 할 수 없다면 (카드에는 이미 카드사 프로모션이 걸려있으니) 역차별이 될 것이다. 다행히 아직 이 부분을 금지한 바는 없었다.

과거 사례를 보더라도, 2011년 금융위가 발표한 직불형 카드 활성화 방편 중에는 오히려 '가맹점은 고객에게 직불형 카드 결제를 적극 권고하고 인센티브도 제공'하라는 내용도 있다.[47] 따라서 여전법 제19조는 판매자가 현금을 우대하는 경우에만 적용하는 것이 제정 취지에 맞을 것으로 보인다.

> **여전법 제19조【가맹점의 준수사항】** ① 신용카드가맹점은 신용카드로 거래한다는 이유로 신용카드 결제를 거절하거나 신용카드회원을 불리하게 대우하지 못한다.
>
> **전금법 제37조【가맹점의 준수사항 등】** ① 가맹점은 직불전자지급수단이나 선불전자지급수단 또는 전자화폐(이하 "전자화폐 등"이라 한다)에 의한 거래를 이유로 재화 또는 용역의 제공 등을 거절하거나 이용자를 불리하게 대우하여서는 아니된다.

---

47) 금융위 보도자료. 2011. 12. 26. 신용카드시장 구조개선 종합대책, 발표자료 20면

✦ 선불 충전금에 대한 리워드의 유사수신행위규제법 위반 논란

이용자들이 선불전자지급수단을 한꺼번에 충전해둔다면 펌비용도 절감되고, lock－in 효과가 있어서 이후 사용도 기대할 수 있다. 따라서 선불사업자들은 충전을 해두면 포인트를 지급하는 마케팅을 하게 된다. 이때 포인트만 받고 바로 환급해버리게 되면 의도와 달리 손해가 발생하게 되므로 충전금을 일정기간 동안 보유할 것을 조건으로 할 수 있는데, 이것이 은행 이자와 비슷하게 보여서 '유사수신행위'에 해당하는지 문제되는 것이다.

'유사수신행위 규제에 관한 법률'에서는 법령상 인허가, 등록, 신고 등의 근거 없이 자금을 모집하는 행위를 '유사수신'으로 규정하고, 일체 금지한다.

유사수신행위규제법 제2조【정의】 이 법에서 "유사수신행위"란 다른 법령에 따른 인가·허가를 받지 아니하거나 등록·신고 등을 하지 아니하고 불특정 다수인으로부터 자금을 조달하는 것을 업(業)으로 하는 행위로서 다음 각 호의 어느 하나에 해당하는 행위를 말한다.

1. 장래에 출자금의 전액 또는 이를 초과하는 금액을 지급할 것을 약정하고 출자금을 받는 행위
2. 장래에 원금의 전액 또는 이를 초과하는 금액을 지급할 것을 약정하고 예금·적금·부금·예탁금 등의 명목으로 금전을 받는 행위
3. 장래에 발행가액(發行價額) 또는 매출가액 이상으로 재매입(再買入)할 것을 약정하고 사채(社債)를 발행하거나 매출하는 행위
4. 장래의 경제적 손실을 금전이나 유가증권으로 보전(補塡)하여 줄 것을 약정하고 회비 등의 명목으로 금전을 받는 행위

[전문개정 2010. 2. 4.]

유사수신행위는 많은 경우 형법상 사기죄에 해당되는 행태일 텐데, 피해가 발생하면 이미 늦기 때문에 자금을 모집하는 단계에서 바로 형사처벌을 할 수 있게 한 것이 동법의 취지이다. 따라서 이자를 주든 안주든, 모든 수신행위는 '다른 법령에 따른 인·허가, 등록·신고'가 없는 이상 '유사수신행위'에 해당한다.

이를 다시 말하면, 자금 모집 행위(이를 유도하기 위한 이자 지급을 포함하여)가 있을 때 무조건 유사수신행위가 되는 것이 아니라 그 사업자가 자금 모집을 할 수 있는 라이선스를 보유하고 있는지, 해당 행위가 그 라이선스 사업의 영위와 밀접하게 관련된 행위인지에 따라 허용 또는 금지 여부가 판단되어야 하는 것이다.

선불전자금융업자의 리워드에 대한 유권해석은 2개가 존재한다.

2016년 '충전한 유상 포인트에 보유기간에 따라 이자를 지급'하는 것에 대해 "전금법에서 이자 지급을 금지하지 않았으므로 은행업 인가를 받을 필요 없이 선불전자금융업자가 할 수 있는 행위"라고 하였고,[48] 2018년 '간편결제업체(전자금융업자)가 서비스 이용고객의 선불충전 자금을 수납받아 적금 운용 후 고객에게 추가 포인트 적립·할인쿠폰 등의 부가서비스를 제공하는 것이 유사수신행위에 해당하는지 여부'에 대해서는 "이러한 부가서비스 제공행위는 유사수신에 해당될 가능성이 있다. 다만, (질문만으로는 자세한 내용을 알 수 없어 확정적으로 답변할 수 없으며) 유사수신행위 규제에

48) 금융위 유권해석 160760. 선불전자지급수단에 대한 이자지급 가능 여부 (등록 2016. 6. 27. / 회신 2016. 7. 28.)

관한 법률 위반 여부는 수사기관 등이 당해 행위에 대한 구체적 사실관계를 확정한 후 최종적으로는 법원 등 사법당국이 동 행위의 영업성, 행위의 목적, 규모, 회수 기간, 태양 등 여러 사정을 종합적으로 고려하여 사회통념에 따라 판단하여야 할 사항"이라고 하였다.[49]

결론만 보면 다른 것 같지만, 둘 다 사안에 따라 판단되어야 한다는 원칙을 밝힌 것이다. 후자의 질의내용을 보면 자금운용 자체가 목적으로 부각되어 보인다.

이러한 논리에 따르면 선불사업자로서는 충전을 유도하는 것이 사업적으로 중요한 미션이고, 이용자들은 이득이 없는 행위를 굳이 하지 않으니, 리워드 지급은 선불전자금융업의 영위와 밀접한 관련이 있다고 볼 수 있다. 단, 이렇게 해서 다른 사업자금을 마련하려고 하는 것은 취지에서 벗어나기 때문에, 현금성 자산으로 유지하고 결제와 송금 처리에만 사용하도록 감독이 필요할 것이다.

아무튼 2019년 현재 금융위의 입장은, 선불전자금융업자의 잔액 보유고가 증가하고 있어 이에 대한 규제를 검토하기 시작한 점(이용자 1인당 충전금이 증가했다기보다는 이용자 수 자체가 늘어서이기는 하지만), 유사수신행위규제법 위반 여부는 금융관련 법규이기는 하나 과태료나 과징금이 아닌 형사처벌 제재로 다스려지기 때문에 바로 검찰이나 법원의 판단으로 넘어갈 수 있다는 점 등을 고려

49) 금융위 유권해석 170344. 간편결제(핀테크) 업체 전용 적금 상품 개발 (등록 2017. 8. 4. / 회신 2018. 12. 26.)

하여, 잔액의 일정기간 보유를 조건으로 리워드를 지급하는 방식에 대해서는 부정적인 상태이다.

충전 시점에 보유를 조건으로 하지 않고 무조건 지급하거나, 서비스 이용을 조건으로 지급하는 것은 무방하다.

제 **4** 절

O2O, O4O서비스

O2O(online to offline)는 온라인과 오프라인이 결합되는 현상으로, 온라인에서 예약·결제하고 오프라인에서 이용하는 서비스 프로세스이다. 배달앱, 숙박앱, 청소앱 등 이미 일상에서 많이 사용되고 있다. 카카오택시, 타다, 쏘카 같은 운송 관련 앱도 대표적인 O2O이다. 차량이나 공간 등을 시간별로 나누어서 대여하는 서비스와 결합되기 때문에 공유경제와도 밀접한 관련이 있다.

특히 차량의 경우, 우리나라는 택시에만 유상운송을 허용하는 규제가 있어서 안되고 있지만(여객자동차 운수사업법 제81조 제1항),[50] 해외에서는 우버 같은 서비스들이 일반화되고 있고, 이것이 나날이 발전하는 전기차, 자율주행 기술과 결합하면 플랫폼을 통해서 자동차 제조업과 운송업의 판도가 바뀌는 교통생활의 혁신을 가져오기 때문에 Taas(Transport as a Service) 3.0이라고 하면서 세계 유수의 기업들이 눈에 불을 켜고 있는 영역이다.

---

50) '타다'는 11~15인승 승합차는 렌트해서 유상운송을 제공할 수 있다는 규정을 이용한 서비스이다(동법 제34조 제2항, 시행령 제18조 제1호 바목).

O4O(online for offiline)는 (역시 온라인과 오프라인이 결합된 현상인데) 그 단어로 보면 온라인 기술을 이용해서 오프라인 쇼핑 겸 업을 좋게 하는 것을 말한다. 이렇게 말하면 식당에서 무인결제기 키오스크로 주문하거나 카페 테이블에서 앱으로 주문하는 것, 앱에서 주문하고 매장에서 음료를 받을 수 있는 스타벅스 사이렌 오더 같은 것들이 생각나는데, 이런 사례들은 기존 오프라인 매장들에서 주문·결제 방식을 편리하게 만들기 위해 온라인을 접목한 것이어서 그냥 O2O의 범주에 넣는다.

O2O가 온라인과 오프라인의 결합 양상을 표현하기 위해 나온 용어라면, O4O는 온라인 또는 O2O서비스 기업이 그 기술과 축적한 데이터를 활용해서 오프라인으로 비즈니스를 확대하는 현상을 말한다. 대표적인 사례로 언급되는 것이 아마존고와 중국의 알리바바 그룹에서 하는 허마셴셩이다. 아마존고는 앱을 켜고 입장한 뒤 물건을 카트에 담으면, 선택한 상품들이 앱에서 확인되고 등록한 카드로 자동결제가 된다. 허마셴셩은 해산물·신선식품 전문 마트인데, QR로 제품 정보를 확인하고 선택하기만 하면 나갈 때 얼굴로 결제(본인확인) 되어 바로 집으로 배달된다. 그곳은 고객이 고른 상품을 직원이 바로 바구니에 담아서 옮기느라, 장바구니가 천장의 줄을 타고 날아다닌다고 한다. 아마존와 알리바바 그룹은 대표적인 온라인 기업인데, 플랫폼과 간편결제서비스를 기반으로 특화된 오프라인 서비스를 제공하게 된 것이다. 국내에서는 야놀자에서 숙박중개사이트를 운영하다가 코텔이라는 숙박브랜드를 직접 운영하기 시작한 것을 O4O 사례로 언급하는 경우도 있다. 아무튼 O4O라는 용어는,

온·오프라인 결합으로 산업 간의 경계가 없어지고 있어서 사업자로서는 내 경쟁자가 누군인지, 옆에 있는 가게가 아니라 온라인에서 별로 관계 없어 보이는 서비스를 하는 자가 어느 날 무서운 경쟁자가 될 수 있는 상황을 보여준다.

다시 본론으로 돌아와서, 이러한 O2O와 O4O에서는 결제와 본인인증도 그 서비스에 맞게 최적화되어야 함은 당연할 것이다.

가. 자동결제

O2O·O4O 자동결제는 오프라인에서 이용을 완료하고 요금이 확정되면 미리 등록된 카드 또는 계좌에서 결제가 되는 것이다. 대리운전 서비스가 종료되었을 때, 주차장에서 나갈 때, 공유차량을 반납할 때 자동결제가 이루어진다. 이러한 기능은 단말기를 가지고 다니기 어렵거나 아예 사람과의 접점이 없는 결제에서 꼭 필요한 것이고, 택시처럼 따로 결제가 가능한 경우에도 단순히 동작을 한 번 줄여주는 것을 넘어서는 기능(내 앱에서 내 카드로 남을 위해 택시 불러주기)을 제공해 줄 수 있다.

여신전문금융업 감독규정 제24조의6 제1항에 따르면 신용카드가맹점은 '신용카드에 의한 거래를 할 때마다' 본인확인을 해야 하므로, 자동결제 프로세스가 이를 충족하는지 문제된다. 만약 이러한 앱에서 서비스를 호출할 때 본인확인 절차를 두고 있다면, 그것으로 '거래를 할 때' (꼭 결제 직전이어야 하는 것은 아니므로) 본인확인을 한 것으로 볼 수 있다.

결제 단가가 5만 원이 넘지 않는 서비스에서는 어차피 무서명 거래이기 때문에 본인확인을 생략할 수 있다. 문제는 5만 원이 넘는 경우인데, 결제의 일부만 5만 원이 넘는 서비스라면 편의성을 생각하지 않을 수 없다. 자동결제가 되려면, 앱에 미리 신용카드를 등록한 상태에서 실제로 대면서비스를 이용해야 한다. 그리고 남의 카드를 쓰려고 한다면 환금성 있는 재화를 구매하거나 출금을 할 것이기 때문에 도용의 위험이 높지 않다. 감독규정 제24조의6 제1항 후문에 따르면, 온라인 결제에서는 가맹점이 본인확인의 방법을 결정하고 책임을 지면 되기 때문에 서비스 성격에 맞게 플랫폼사업자가 프로세스를 정하면 될 것이다.

계좌결제에는 여전법이 적용되지 않으므로 이러한 규제가 없다.

여신전문금융업 감독규정 제24조의6【가맹점 관리사항】 ① 법 제24조 제7호에 따라 신용카드업자는 신용카드가맹점과 계약 체결 등을 통하여 신용카드가맹점이 신용카드에 의한 거래를 할 때마다 신용카드상의 서명과 매출전표상의 서명이 일치하는지를 확인하는 방법, 비밀번호 입력장치 등을 통해 비밀번호 등을 입력하는 방법 또는 여신전문금융업협회장이 정하는 기준에 적합한 인증수단 등을 통해 신용카드 이용자의 생체정보를 확인하는 방법 등의 방법을 통해 본인확인을 하도록 하여야 한다. 다만, 전자상거래의 경우 신용카드업자는 가맹점이 전자인증, 비밀번호 등을 통해 본인확인을 할 수 있도록 하여야 한다.
<개정 2007. 7. 26., 2010. 6. 14., 2014. 12. 26., 2017. 6. 28.>
② 제1항에도 불구하고 신용카드에 의한 거래금액이 5만 원 이하로서 신용카드업자가 신용카드의 부정사용에 따른 책임을 부담하기로 신용카드

가맹점에 통지한 경우에는 본인확인을 하지 아니하게 할 수 있다. <신설 2007. 7. 26.> <개정 2016. 1. 28.>

나. 가결제

자동결제는 서비스를 이용한 후에 결제되는 것이어서 계좌나 카드에 잔고부족, 한도초과 등의 사정이 발생하면 결과적으로 결제가 실패될 위험이 있다. 이것은 서비스 이용 종료 시점에 바로 결제가 되는 것이어서 신용결제가 아니고, 음식을 먹고 나가려는데 지갑이 없는 상황과 마찬가지이다. 카운터에 사람이 있는 오프라인 매장에서는 이러한 상황이 극히 예외적으로 발생하겠지만, 대면 접점이 없는 O2O 자동결제 서비스에서는 이 점을 악용하는 경우도 있고, 고의가 아닌 사정이 발생할 수도 있기 때문에(서비스를 이용하는 사이 다른 자동이체 출금으로 잔고 변동) 서비스가 매끄럽게 이루어질 수 있도록 하면서도 미수금 리스크를 줄이기 위한 장치가 필요하다.

그 방법 중 하나로, 대략의 서비스 요금을 예상해서 결제를 먼저 진행하는 것을 '가결제'라고 한다. 실제로 서비스를 이용한 뒤 요금이 확정되면 먼저 했던 결제는 취소하고 확정된 금액으로 다시 결제를 한다. 서비스를 신청할 때 카드·계좌의 유효성을 확인하는 것만으로는, 그 시점부터 결제가 될 때까지 사이에 발생한 사정에 대비할 수 없기 때문이다.

가결제가 실패하면 서비스를 이용할 수 없으므로, 체크카드에서 예외적으로 이루어지는 '가승인'과는 구별된다. 체크카드 가승인은 고객 계좌에서 자금을 출금하지 않은 상태에서 지급결제 요청을 일단 승인하고 후에 추심을 진행하는 것이어서 신용공여 상태가 된다. 이러한 업무 처리는 전산장애와 같이 제한적인 상황에서 고객의 체크카드 사용에 불편을 주지 않기 위해 허용되고 있다.[51)]

51) 금융위 유권해석. 전산장애를 대비한 체크카드 승인편의 서비스가 여전법상 '직불카드' 정의 조항에 위배되는지 여부(등록 2015. 9. 10. / 회신 2015. 10. 21.)

[쉬어가는 만화코너]

너무 아까워 하지 마세요.

신입직원과 점심을 먹었다. 요즘에는 대학교 때 휴학을 많이 한다고 했다.

인도에 가서 코딩 배우는 프로그램에 참여해서 앱을 만들려고 한 적도 있다고 했다.

와, 재밌어요.
생각난 김에 개발자 찾아볼까?
…
이미 있다.
심지어 최근에 개발됐다니
아흑~
전 괜찮아요~.

여차저차~~
이런 기구한 일이…

도매니저

너무 아까워 하지 마세요.

생각으로만 치면…
언니보다 먼저 생각한 사람도
있을 거예요.

제 5 절

웹·앱 콘텐츠 서비스

만화, 음악, 게임, eBook 같은 콘텐츠는 구매부터 소비까지 온라인에서 이루어지는 전형적인 통신판매로, 해당 사이트가 직접 제작 또는 판권을 취득하여 판매자가 되는 경우에는 통신판매업자, 플랫폼으로서 거래만 중개하는 경우 통신판매중개자가 된다.

통신판매중개일 경우에는 정산 업무까지 같이 하기 위해 전자지급결제대행업자로 등록하는 경우가 많다. 서비스 성격에 따라서 월정액 정기결제를 받기도 하고, 일회성 결제는 코인이나 포인트를 충전해서 사용하게 한다. 이러한 충전금이 해당 사이트에서만 사용되는 경우에는 선불전자지급수단이 아니다.

가. 유료앱 결제

유료앱을 다운받는 앱스토어는 개념상 통신판매중개이지만, 해외업체이기 때문에 딱히 전자상거래법에 따라 규제를 받지는 않는다. 유료앱은 먼저 결제를 하고 다운받게 되는데, 애플·구글의 자체 결제 모듈을 사용한다. 이용자는 국내 간편결제서비스를 이용할 때와 마찬가지로 카드를 등록해 두고 비밀번호를 통해 결제를 진행하고, 애플과 구글에서는 카드사로부터 그 대금을 받아서 앱 개발자들에게 정산하게 된다. PG수수료 개념이 따로 있는 것이 아니라, 플랫폼수수료로 결제 금액의 무려 30%를 받는다.

나. 인앱 결제(IAP=In-App Purchase)

앱 자체를 유료구매하는 것 말고, 다운받은 앱 내에서 개별 콘텐츠나 서비스를 구매하는 것을 인앱 결제라고 한다. 게임 같은 것들은 내려받을 때 유료인 것도 있지만, 무료로 다운받고 게임아이템을 유료로 결제하게 하는 경우가 많다.

많은 사업자들이 앱스토어에서 검색되는 광고효과, 한번 설치해두면 접근이 쉬운 점, 모바일 화면에서 최적화된 view를 제공할 수 있다는 앱의 장점 때문에 모바일 웹사이트를 통해서 서비스를 하는 것과는 별개로 앱을 같이 운영하고 있다. 이렇게 앱을 운영하는 장점이 있는 대신, 앱 내에서 결제가 이루어지면 인앱 결제가 적용된다. 인앱이 적용된다는 것은 애플·구글 시스템을 통해서 결제 및 정산을 해야 하고 수수료 30%를 지불한다는 것이다.

기본적으로 인앱의 적용범위는 디지털 콘텐츠이다. 쇼핑몰앱으로 물건을 구매할 때는 인앱이 적용되지 않는다. 카카오톡 선물하기에서 실물 상품의 교환권에 불과한 쿠폰을 구매하는 경우에는 인앱이 적용되지 않지만, 이모티콘을 살 때는 인앱이 적용된다. 애플과 구글의 앱마켓 자체가 하나의 콘텐츠 유통플랫폼이고, 양사는 각각

itunes, 유투브 red같은 콘텐츠 유통 사업도 하고 있으므로 디지털콘텐츠 유통 앱에 대해서는 외부결제를 제한하는 정책을 취하고 있는 것이다.

다. 애플·구글의 인앱 정책 차이

애플은 2009년 결제 모듈을 출시했을 때부터 절대적으로 앱 내 결제에 인앱을 적용했다. 다른 외부결제를 붙이면 앱스토어에서 퇴출당한다. 2011년도 경 엠넷, 소리바다, 벅스가 앱 내 결제에 휴대폰결제를 붙였다는 이유로 앱스토어에서 삭제당하고, 인앱 결제를 붙여서 다시 올린 적도 있다.

구글은 후발주자로서 애플보다는 덜 폐쇄적인 입장을 취하고 있다. 안드로이드 OS를 공개하고 한동안은 외부결제를 허용하다가 2012년부터 인앱 적용을 확대했는데, 앱 내에서 다운을 받더라도 앱 외부에서 이용할 수 있는 콘텐츠에 대해서는 예외적으로 외부결제를 허용한다. 그 대표적인 것이 다른 음악 플레이어에서 재생할 수 있는 음원 콘텐츠로, 이러한 애플·구글의 정책 차이로 인해 동일한 앱이라도 아이폰에서는 인앱으로 결제되고, 안드로이드에서는 외부결제로 진행된다. 당연히 아이폰 구매가가 안드로이드폰 구매가보다 더 비싸게 책정되어 있다. 물론 아이폰에서도 앱이 아니라 웹으로 들어가면 외부결제로 진행된다. 앱 내 결제 시 인앱을 강제하는 것이지, 웹 결제는 간섭의 영역이 아니다.

기술적으로는 앱에서 '결제하기' 버튼을 클릭했을 때 웹으로 빠지도록 해서 인앱 결제를 피할 수 있지만, 이러한 행위는 금지대상이다. 그래서 eBook의 구매는 웹에서만 되고, 앱은 구매기능이 없는 뷰어로만 활용하는 것이다.

인앱 결제의 수수료는 해외 기업들에게도 문제이어서, 넷플릭스 같이 앱에서는 결제기능을 아예 빼버리는 경우도 생기고 있다. 구글도 예외가 조금 더 있다는 것 뿐이지 인앱 결제의 원칙은 동일하기 때문에, 아이폰이든 안드로이드폰이든 사업자는 이왕이면 웹 결제를 유도하는 것이 유리하다.

라. 애플·구글의 인앱 결제방식 차이

구글과 애플은 인앱 결제에서 지급수단을 제공하는 방식에도 차이가 있다. 일단, 앱마켓 자체는 해외 온라인몰이다. 여기에 가격을 어떤 통화로 표시할지, 프로세스를 국내결제 또는 해외결제로 할지는 별개의 문제이다. 원래는 양사 모두 달러표시/해외결제였지만, 현재는 원화표시/국내결제로 전환된 상태이다.

해외결제로 진행하면 비자, 마스터 등의 국제브랜드가 붙어 있는 카드만 사용할 수 있고, 결제금액도 기본적으로는 판매자 현지통화로 표시된다. 청구 프로세스도 해외에 나가서 오프라인 결제를 할 때와 동일해서, 달러로 책정된 서비스 요금에 국제브랜드사가 1% 수준의 자기 수수료를 붙여 국내 카드사에 청구하면, 국내 카드사는 여기에 해외이용수수료(0.18~0.3%)를 추가한 후 그 합산액을 원화로 환산하여 카드결제 대금으로 청구하게 된다. 달러로 금액이 표시되면, 수수료는 별론으로 정확한 액수를 결제시점에 알 수 없는 점이 불편하다.

구글은 2016년 국내결제 프로세스로 전환하면서 가격을 원화로 하기 시작했다. 구글은 구글페이먼트코리아가 결제대행업무를 수행한다. 일반적인 PG업무를 하는 것은 아니고, 2013. 12. 23. 전자금융감독규정 제50조 제2항이 신설되어 '해외계열사가 운영하는 사이버몰 전용 PG'로 등록한 것이다(이때는 PG사업자의 외국환업무가 일반적으로 허용되기 전이었다). 구글페이먼트코리아는 안드로이드 마켓에서 일어나는 결제에 대해서 국내 카드사에 원화로 결제를 요청하고 대금을 원화로 지급받으며, PG사업자로서 국내 권리자들에게 직접 정산한다(나머지 돈을 해외로 가져가서 해외에서 정산할 텐데, 이 부분은 국내법인 전자금융거래법의 영역이 아니다). 구글페이먼트코리아가 국내 PG로서 신용카드가맹점이 되는 국내결제 절차이기 때문에, 해외브랜드가 붙은 카드일 필요가 없고 해외결제 수수료도 없다. 청구되는 카드이용금액도 표시된 금액과 일치하게 된다.

안드로이드 마켓에서는 페이코, 카카오페이 같은 국내 선불전자지급수단과도 가맹점 계약을 맺고 결제를 받고 있으며, 그 외에도 휴대폰 소액결제, 구글 기프트카드 결제가 가능하다. 휴대폰 소액결제는 통신사의 통신과금서비스를 이용한 것인데, 통신사로부터 대금을 받아서 국내 판매자에게 전달하는 부분을 담당하기 위해서 구글페이먼트코리아 자체도 통신과금서비스 등록을 한 상태이다. 구글은 선불전자금융업자 등록도 되어 있기 때문에 구글 기프트카드는 외부가맹점 제휴도 가능하다.

전자금융감독규정 제50조【인력 및 물적 시설 세부요건】 ② 국외에서 주로 영업하는 국외 사이버몰("국외 사이버몰"이란 컴퓨터 등과 정보통신설비를 이용하여 재화 등을 거래할 수 있도록 설정된 가상의 영업장으로서 운용자의 사무소가 국외에 있는 경우를 말한다. 이하 같다)에서의 상거래에 수반한 전자지급결제대행업을 영위할 목적으로 전자금융업을 등록하고자 하는 자는 제50조 제1항의 규정에도 불구하고 다음 각 호의 요건을 모두 충족한 경우 등록할 수 있다. <신설 2013. 12. 3.>

1. 국외에 소재한 계열사(「금융회사의 정보처리 및 전산설비 위탁에 관한 규정」 제2조 제3항의 "계열사"를 말한다. 이하 같다)와 이용계약을 체결하였고, 계열사의 인력 및 물적 시설이 제50조 제1항 각 호의 세부요건을 충족할 것
2. 제1호의 규정에도 불구하고 전자금융업을 등록하고자 하는 자는 신청당시 법령 준수업무와 이용자 민원처리업무를 담당할 3명 이상의 임직원(전산업무 종사 경력이 2년 이상인 임직원 1명을 포함하여야 한다)은 직접 확보하고 있거나 등록시점에 확보 가능할 것
3. 신청 당시 계열사의 인력 또는 물적 시설을 통해 5개국 이상의 국가에서 전자지급결제대행업무가 수행되고 있을 것

③ 제2항에 따라 등록을 하려는 자가 계열사의 인력 또는 물적 시설의 이용계약을 체결하는 경우에는 「금융회사의 정보처리 및 전산설비 위탁에 관한 규정」을 적용한다. 다만, 동 규정의 제7조는 적용하지 아니한다.
<신설 2013. 12. 3.> <개정 2016. 6. 30.>

제50조의2【국외 사이버몰을 위한 전자지급결제대행업】 ② 제50조 제2항에 따라 등록을 한 자는 국외에서 주로 영업하는 국외 사이버몰을 통한 상거래에 대해서만 전자지급결제대행업을 영위하여야 한다.
[본조신설 2013. 12. 3.]

아이폰은 국내 전자금융업 등록 없이 아일랜드 소재 자회사인 애플디스트리뷰션을 통해, 2019년까지는 앞에서 설명한 해외결제 프로세스로 결제를 진행했다. 이 상태에서 2018년 국제브랜드사의 DCC (Dynamic Currency Conversion)서비스를 이용해서 먼저 가격표시를 원화로 변경하였다.

DCC는 카드 발행국의 통화로 결제금액을 보여주는 것이다. 결제 시 보여지는 금액은 현지통화에 DCC수수료(3~10%)를 가산하여 원화로 환산한 금액이다. 이 상태만으로도 현지통화를 원화로 단순 환산한 금액보다 커진 상태인데, 카드대금이 청구(체크카드 이체 포함)될 때는 이 원화금액을 국제브랜드사에서 다시 달러로 환산하고, (처음부터 달러 결제를 하는 것과 동일한 절차로) 브랜드수수료를 붙여서 국내카드사에 청구, 국내카드사에서 이 달러 금액을 원화로 환산 및 해외이용수수료를 가산한 금액이 된다. 결제 시 보여지는 금액이 실제 카드대금으로 청구되는 금액이 아니기 때문에 원화로 보는 것이 별로 의미가 없고, 비싼 결제만 하게 된다. 가맹점도 DCC수수료의 일부를 나누어 받기 때문에 원화결제 할꺼냐고 물어보면서 DCC결제를 유도하기도 하므로 "No!"라고 해야 한다. 글로벌 숙박사이트 같이 한국어로 된 사이트들은 기본값이 원화결제로 되어 있으므로 '현지통화 결제'로 설정을 변경해 주어야 한다. 아니면, 카드사 앱으로 들어가서 아예 카드 자체의 DCC결제를 차단할 수 있다.

애플의 경우 원화결제로 정책을 통일했기 때문에 카드의 DCC결제를 차단하면 결제가 안되었다. 애플이 이미 플랫폼수수료를 받고 있는 상황에서 DCC서비스를 수수료를 더 받겠다고 적용하지는 않았을 것이다. 국내 PG등록 없이 빠르게 원화표시를 도입하기 위한 선택이었던 것으로 보이고, 이후 2019년에는 카카오페이 같은 선불전자지급수단도 붙이고, 카드결제 프로세스도 국내결제 프로세스로 변경하였다.

애플이 국내 PG라이선스가 없지만 국내 지급수단을 받을 수 있는 원리는 다음과 같다. 먼저, 선불전자지급수단 결제의 경우 애플 앱스토어가 선불사업자의 가맹점이 되는 것이다. 애플 앱스토어는 해외사업자이기 때문에 선불사업자는 기재부에 (국내 선불전자지급수단의 해외 사용에 대하여) 기타전문외국환업 등록을 해야 한다. 카드 결제의 경우에도 국내 PG사업자가 (해외 하위가맹점인 애플 앱스토어를 위한 결제대행업무에 대하여) 기타전문외국환업을 등록하면, 해당 PG사는 신용카드가맹점으로서 정산을 받은 것을 애플 앱스토어에 전달할 수 있다. 이렇게 하면, 해외브랜드사나 DCC와는 전혀 상관이 없게 된다. 사실 원화표시 가격 그대로 결제가 이루어진다는 것은 환전과정 없이 애플이 국내 계좌로 돈을 받는 것이어서 이것이 굳이 외국환업무인지도 의문이다(기타전문외국환업을 만들 때는 해외로 송금하거나 해외에서 송금되는 정산을 염두에 두었을 것이다). 어쨌든 외국환거래법 위반은 형사처벌 규정도 있고, 다행이 등록이 어렵지는 않기 때문에 그냥 하면 될 것이다.

다만, 애플은 국내 PG라이선스가 없기 때문에 선불사업자나 PG사업자로부터 정산대금을 받는 것은 별론으로, 그 수익을 국내 권리자들에게 배분하는 업무는 직접 할 수 없다. 따라서 법인계좌를 국내 PG사업자 앞으로 신탁해 놓고, 국내 정산 업무를 위탁하고 있다는 점이 구글과 차이점이다.

〈안드로이드앱·iOS앱·웹 결제 비교〉

카카오 이모티콘은 앱 내 디지털 콘텐츠이기 때문에, 구글 기준으로도 인앱 결제 대상이다.

이모티콘 1종 가격은 카카오톡 앱에서 구입하면 안드로이드앱, 아이폰앱 모두 2,500원이다. 웹 결제는(PC 또는 모바일의 e.kakao.com) 카카오페이로 결제되고, 이는 앱 마켓사업자에게 플랫폼수수료를 지급하지 않아도 된다는 것이므로, 명목가격은 동일하지만 그때그때 할인으로 더 싼 가격을 제공한다.

웹 결제

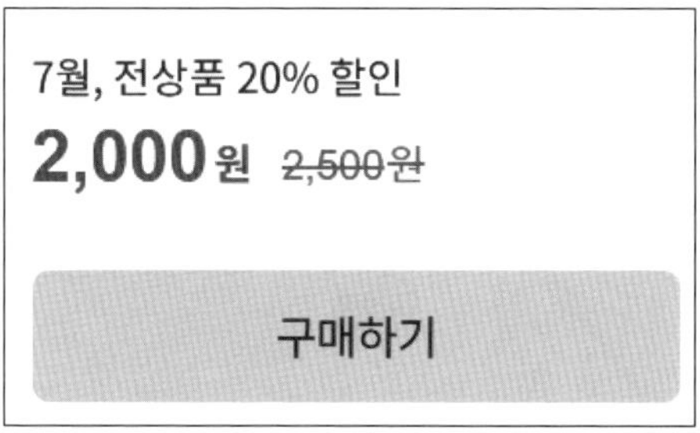

네이버웹툰은 1회 대여에 쿠키 2개가 필요하다. 웹과 안드로이드 앱에서는 네이버페이로 결제되고 1쿠키당 100원이다(구글에서 게임 콘텐츠에 대해서만 인앱 결제를 강제하고 있다). 네이버페이 포인트도 받을 수 있다. 반면, 아이폰 앱에서는 인앱 결제로 진행되므로 1쿠키가 120원이다. 가격은 더 비싸지만, 네이버는 오히려 수익이 더 적을 것이다. 아이폰에서는 웹에서 구입한 쿠키는 앱에서 쓰지도 못하게 했는데, 그나마 지금은 사용은 가능하다.

안드로이드앱

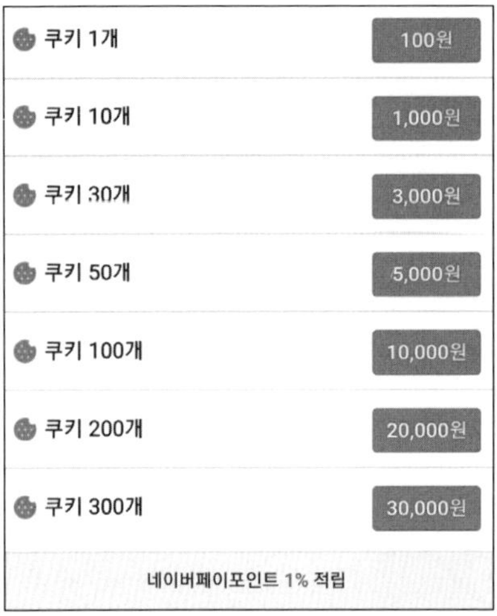

iOS앱

22020년 9월 구글은 게임 외의 모바일 콘텐츠에 대해서도 인앱 결제를 확대하고 30%의 수수료를 부과하겠다고 발표했다. 이 정책은 1년의 유예기간을 두고 2021년 9월부터 전 세계에 동시 적용될 예정이었으나, 미국에서도 강한 반발을 가져와 워싱턴 DC와 36개 주가 반독점 소송을 제기하였고, 구글은 일단 2022. 3. 31.로 시행을 연기했다. 우리나라에서도 2020년 8월 현재 전기통신사업법에 '앱 마켓사업자의 특정 결제방식 강제 금지'를 담은 개정안이 국회에서 논의되고 있다(임시번호[DD10541] 전기통신사업법 일부개정법률안).

애플은 처음부터 이 정책이었고, 구글은 후발주자로서 좀더 개방적으로 시작했다가 변경하면서 논란이 촉발되는 계기가 되었다. 그러나 어차피 휴대폰 OS는 2개가 양분하는 시장이고, 그 규모가 갈수록 커지기 때문에 인앱 규제는 양사에 동일하게 논의되는 것이다.

제 6 절

해외결제

가. 국제브랜드

당연한 것이지만, 해외결제를 하려면 비자, 마스터, 아멕스, JCB, 은련(UnionPay) 같은 국제브랜드 로고가 있는 카드이어야 한다. 국내 카드사들이 각국에 가맹점을 직접 가지고 있는 것이 아니기 때문이다. 국제브랜드사의 역할은 가맹점으로부터 승인거래를 매입해서 카드발행사에 청구하고 대금을 정산해 주는 것이다(국내 거래에서는 카드사가 직접 매입의 주체가 되지만, 해외 거래에서는 '매입사'라는 당사자가 추가되는 형태이다). 이 중에서 비자나 마스터는 오래된 만큼 대부분의 지역과 가맹점에서 사용할 수 있다는 범용성이 있고, JCB와 UnionPay는 일본과 중국 브랜드가 국제브랜드로 성장한 후발주자인 만큼 수수료를 상대적으로 저렴하게 하여 차별성을 두고 있다.

따라서 해외결제를 했을 때는 해당 브랜드사에서 부과하는 수수료가 결제대금에 추가되어 청구되는 것은 당연한 일이다. 국제브랜드 수수료는 비자·마스터의 경우 1% 수준이고, 국내 카드사도 해외결제에 대해서는 0.18~0.3% 수준에서 별도의 수수료를 부과한다.

그런데 이런 국제브랜드가 붙은 해외겸용카드는 놀랍게도 국내결제를 할 때에도 해당 브랜드사에서 수수료가 지급된다. 특히 가장 많이 사용되고 있는 비자·마스터는 결제금액의 0.04%의 수수료를 받는다. 이 부분은 카드사들이 부담한다. 소비자들은 자기 부담이 아니라 상관이 없기 때문에 일단 해외겸용카드를 발급받게 되는 결과, 카드사들이 해외 브랜드사에 지급한 수수료에서 해외결제 수수료보다 이 국내결제 수수료가 더 많은 비중을 차지하고 있다. 이 부분이 몇 번 국정감사에서도 지적되고 문제가 제기되기 시작하여 2013년 금융위에서 국내결제 수수료 부과가 부당하다는 입장을 내기도 했지만,[52] 비자·마스터의 입장은 확고했기 때문에(오히려 한미 FTA 위반이라고 금융위를 방문하기도 했다) 결국 방법은 국내전용카드를 발급하도록 유도하거나 수수료가 없는 중소 국제브랜드사와 제휴를 다각화하는 수밖에 없다. 그래도 2015년 무렵 체크카드에 대해서는 국내결제 수수료 0.04%를 면제하였다(계약관계에 기한 것이기 때문에 영구적으로 확정되었다고 볼 수는 없다).[53]

그리고 해외겸용카드는 국외거래에 대해서는 무조건 국제브랜드사의 프로세싱을 이용해야 한다는 계약 조항 때문에 국내 카드사들이 독자적인 네트워크를 개척해서 저비용의 원화결제를 지원하는 것도 어렵다.

---

52) 2013. 10. 14. 매일경제, 내 지갑 속 비자·마스터 카드 '안내도 될' 수수료 1천억 원 샌다(이덕주, 김경태 기자)

53) 2015. 2. 11. KB지식비타민 국제브랜드 신용카드사의 중요 현안과 전망

소비자들에게 이 수수료를 부담시킨다면 금방 국내결제용으로는 국내전용카드를 쓰는 것으로 바뀔 수 있겠지만, 그런 것은 전혀 고려되지 않는 것 같다. 일부 해외겸용카드는 연회비가 몇천 원 비싸기는 하지만, 그게 의사결정에 영향을 미칠 정도가 아니기 때문에 카드사에게 '연회비 차이 설명 의무 강화' 등 규제를 한다고 해결되기는 어려워 보임에도, 오히려 카드사에게 비용을 전가시키는 방향으로 정책이 이루어지는 경향이 있다.

2016년 10월에 비자 카드가 해외결제수수료를 1%에서 1.1%로 0.1% 인상하여 당시 JBC, UnionPay가 있는 일본과 중국을 빼고 우리나라만 인상했다는 논란과 함께 카드사들이 공정위에 제소까지 한 일이 있었다. 이 사건은 사업자 간 계약관계이고, 상대가 외국회사이다보니 공정위에서 2018년 무혐의 결정이 되었는데, 문제는 그 후 카드사들이 비자 브랜드의 해외결제수수료를 0.1% 인상하는 약관 개정안을 신고하자 (그 사이에 카드사에서 차액을 부담한 것은 물론이다) 금감원에서 이를 허용해주지 않은 것이다.

금감원은 "소비자가 수수료 인상 사유 등을 구체적으로 알기 어렵고, 카드사들은 국제브랜드사로부터 해외겸용카드 발급에 따라 마케팅 지원 등 다양한 인센티브를 지원받는 것으로 알려져 있으므로 수수료 인상분을 국내 소비자에게 일방적으로 전가하는 것은 불합리하다"고 이유를 밝혔다.[54] 그러나 2018년 6월 UnionPay에서도 수수료를 0.6%에서 0.8%로 인상하여 카드사 부담이 더욱 커지게 되자, 금융위에서는 2019. 4. 9. 약관변경을 승인하되 '신규발급되는

54) 금융감독원 보도자료. 2018. 9. 4. 머니투데이 9. 4.자「당국 해외결제수수료 엇박 … 속 긁는 카드업계」제하의 기사 관련

카드에 한하여' 인상된 수수료를 적용하는 것으로 방향을 발표하여 6월 현재 약관 심사가 진행 중이다.[55]

그런데 소비자에게 비자카드 해외수수료가 0.1% 인상되었다고 알려주는 것이 어려운 일도 아니고, 비자나 마스터가 발급대행수수료 명목으로 카드사에 마케팅 비용을 지출한다고 해서 그 비용이 애초에 카드사가 내는 수수료보다 많을 리는 없다. 그리고 카드사는 비용들을 어떤 식으로든 소비자에게 녹일 수밖에 없다는 점에서 당장 눈에 보이는 수수료 0.1%를 아끼는 방편으로는 별로 권익(내야 될 돈을 안내는 것도 권익이라고 할 수 있다면)이 보호되지 못할 것이다. 잘 모르고 그냥 비자 브랜드 카드를 쓰면서 이런저런 비용이 반영된 결제수수료를 내는 것보다는 오히려 비자에 0.1% 수수료가 추가로 지급되는 것을 알고, 다른 선택지를 찾을 수 있게 되는 것이 권익에 가까울 것이다.

결론적으로 해외겸용·국내전용카드의 선택을 하는 것은 결국 소비자이므로 국제브랜드 수수료를 정확히 설명하고 되도록 수익자 부담 원칙에 따라 부담시켜, 각자 필요에 맞는 카드를 선택하게 하는 것이 바람직한 방향이 아닐까 한다. 당장의 소비자 불만이 나오지 않게 하는 것만을 목표로 하고, 자연스럽게 수수료가 조정되어야 하는 것까지 인위적으로 막는다면 계속 해외겸용카드 위주로 발급되어 상황이 개선되기 어려울 것이다.

---

55) 금융위 보도자료. 2019. 4. 9. 카드사 CEO 간담회 개최-카드산업「경쟁력 강화 및 고비용 마케팅 개선 방안」논의(별첨 4면), 2019. 5. 21. 뉴데일리경제. 카드사, 6월 중 비자·유니온페이 인상된 해외결제수수료 반영(김문탁 기자)

나. PG사업자의 외국환업무 등록

'해외PG'는 전금법상 전자지급결제대행업자로서 국내지급수단과 해외판매자, 해외지급수단과 국내판매자 간의 결제를 처리하고 정산대금을 전달하는 업무를 하는 것이다. 2015년까지는 PG사들이 해외직구·역직구에 대해서 이러한 역할을 할 수 없었다. '대한민국과 외국 간의 거래 또는 지급·수령'은 외국환업무에 해당하고, 외국환업무로서 비금융회사에 허용된 것은 환전업자가 유일했다(2013. 12. 23. 전자금융감독규정 제50조로 해외계열사 사이버몰 전용PG를 만든 것도 당시에는 PG사가 일반적으로 외국환업무를 할 수 있는 근거가 없었기 때문이다).

국제브랜드 카드를 이용하면 결제가 가능하기는 하지만 외국 사람들이 많이 쓰는 페이팔, 알리페이, 위챗페이 등 간편결제를 가능하게 하려다보니(특히 2015년에는 국내 인터넷 쇼핑몰에서 중국인들의 구매를 활성화하는데 관심이 높았다) 해외 지급수단과 국내 판매자들을 연결해 주는 PG의 필요성이 부각되었다. 중소 인터넷 쇼핑몰 사업자들이 해외 전자지갑 사업자들과 직접 가맹점 계약을 체결하는 업무를 하기 어렵고, 직접 제휴계약을 할 수 있다 하더라도 해외에서 대금을 받아서 판매자에게 정산해주는 것은 외국환업무에 해당하기 때문이다.

그리하여 2015. 6. 30.자(시행 2015. 7. 1.) 외국환거래법 시행령 개정을 통해 '전자지급결제대행업자'가 외국환업무를 할 수 있는 '금융회사등'에 포함됨으로써 신용카드 외의 해외 지급수단이 국내

쇼핑몰 결제에 연결되는 것이 가능해졌다.[56] 처음에는 시행령 제7조에 근거를 두었고, 일부 요건(반기별 거래내역 보고를 위한 한국은행 전산망 연결, 교육이수자 2명 확보)을 면제하였다.

외국환거래법 제8조 【외국환업무의 등록 등】 ① 외국환업무를 업으로 하려는 자는 대통령령으로 정하는 바에 따라 외국환업무를 하는 데에 충분한 자본·시설 및 전문인력을 갖추어 미리 기획재정부장관에게 등록하여야 한다. 다만, 기획재정부장관이 업무의 내용을 고려하여 등록이 필요하지 아니하다고 인정하여 대통령령으로 정하는 금융회사등은 그러하지 아니하다. <개정 2011. 4. 30.>
② 외국환업무는 금융회사등만 할 수 있으며, 외국환업무를 하는 금융회사등은 대통령령으로 정하는 바에 따라 그 금융회사등의 업무와 직접 관련되는 범위에서 외국환업무를 할 수 있다. <개정 2011. 4. 30.>

시행령 제7조 【금융회사등】 법 제3조 제1항 제17호에서 "대통령령으로 정하는 자"란 다음 각 호의 자를 말한다.
<개정 2009. 5. 29., 2013. 3. 23., 2015. 6. 30.>
5. 「전금법」에 따른 전자금융업자로서 같은 법 제28조 제2항 제4호에 따른 전자지급결제대행에 관한 업무를 하는 자
[제목개정 2011. 7. 25.]

제13조 【외국환업무의 등록】 ① 법 제8조 제1항 본문에 따라 외국환업무를 업으로 하려는 자는 다음 각 호의 사항을 적은 신청서에 대차대조표·손익계산서 등 기획재정부장관이 정하여 고시하는 서류를 첨부하여 기획재정부장관에게 등록을 신청하여야 한다.
1. 명칭

---

56) 기획재정부 보도자료. 2015. 6. 25., 2015년 7월 1일 개정 외국환거래법 시행령 시행

2. 본점 및 국내영업소의 소재지
3. 외국환업무의 취급 범위
4. 자본·시설 및 전문인력에 관한 사항

② 제1항에 따라 등록을 하려는 자는 다음 각 호의 요건을 갖추어야 한다. 다만, 제7조 제5호에 해당하는 자의 경우에는 제2호 및 제4호의 요건을 갖추지 아니할 수 있다. <개정 2011. 7. 25., 2015. 6. 30.>

1. 금융위원회가 정하는 해당 금융회사등에 적용되는 재무건전성 기준에 비추어 자본 규모와 재무구조가 적정할 것
2. 법 제25조 제2항에 따라 외국환거래, 지급 또는 수령에 관한 자료를 중계·집중·교환하는 기관으로 지정된 기관(이하 "외환정보집중기관"이라 한다)과 전산망이 연결되어 있을 것
3. 외국환업무 및 그에 따른 사후관리를 원활하게 수행할 수 있는 전산설비를 갖출 것
4. 외국환업무에 2년 이상 종사한 경력이 있는 자 또는 기획재정부장관이 정하는 교육을 이수한 자를 영업소별로 2명 이상 확보할 것

2017. 1. 17.(시행 2017. 7. 18.)자로 소액해외송금업무를 신설하면서(법 제8조 제3항 제2호) 해외PG업무는 '기타전문외국환업무'라고 하여 시행령 제15조의5로 변경되었다. 최초 등록 시에 면제되어 있던 두 가지 요건은 2017. 12. 31.까지 보완하도록 하였다.

제8조 【외국환업무의 등록 등】 ③ 제1항 및 제2항에도 불구하고 금융회사등이 아닌 자가 다음 각 호의 어느 하나에 해당하는 외국환업무를 업으로 하려는 경우에는 대통령령으로 정하는 바에 따라 해당 업무에 필요한 자본·시설 및 전문인력 등 대통령령으로 정하는 요건을 갖추어 미리 기획재정부장관에게 등록하여야 한다. 이 경우 제1호 및 제2호의 외국환업무의 규모, 방식 등 구체적인 범위 및 안전성 확보를 위한 기준은 대통령령으

로 정한다. <개정 2017. 1. 17.>

1. 외국통화의 매입 또는 매도, 외국에서 발행한 여행자수표의 매입
2. 대한민국과 외국 간의 지급 및 수령과 이에 수반되는 외국통화의 매입 또는 매도
3. 그 밖에 외국환거래의 편의 증진을 위하여 필요하다고 인정하여 대통령령으로 정하는 외국환업무

시행령 제15조의5【기타전문외국환업무의 등록】 ③ 기타전문외국환업무를 등록하려는 자의 등록 요건 및 절차에 관하여는 제13조(제4항 제1호는 제외한다)를 준용한다. 이 경우 제13조 제1항 본문에서 "법 제8조 제1항 본문에 따라 외국환업무"는 "기타전문외국환업무"로, 같은 조 제2항 제1호에서 "해당 금융회사등"은 "「전금법」에 따른 전자지급결제대행에 관한 업무를 등록한 자"로 본다.

부　칙 <대통령령 제28145호, 2017. 6. 27.>

제1조【시행일】 이 영은 2017년 7월 18일부터 시행한다.

제6조【기타전문외국환업무의 등록에 관한 경과조치】「전금법」에 따른 전자지급결제대행에 관한 업무를 등록한 자로서 이 영 시행 당시 종전의 제13조 제1항에 따라 외국환업무를 등록한 경우에는 제15조의5 제3항의 개정규정에 따라 기타전문외국환업무를 등록한 것으로 본다. 다만, 2017년 12월 31일까지 제15조의5 제3항의 개정규정에 따른 등록 요건을 갖추어야 한다.

해외 직구의 경우에도, 해외사이트에 국내 PG사가 제휴되어 있으면 국내카드사들이 그 PG사를 자기 가맹점으로 인식해서 결제를 처리할 수 있기 때문에 국제브랜드사의 프로세싱을 거칠 필요가 없고, 국내전용카드도 사용 가능할 것이다. 제6절에서 설명한 구글과 애플 앱스토어에서 원화표시로 카드결제, 선불전자지급수단 결제를

받는 것도 같은 원리이다. 그러나 실제로는 해외 쇼핑몰이나 특히 해외 오프라인 매장에서 국내 카드사가 국제브랜드를 거치지 않고 결제를 처리하기는 매우 어렵다. 국제브랜드사가 로컬 카드사들과 계약할 때 국가 간 거래는 자기 네트워크를 통해서만 승인·매입하도록 하는 조건을 걸고 있기 때문이다. 즉, 비자 로고가 있는 카드는 국외의 비자가맹점에서 사용할 때는 무조건 비자망을 이용해야 한다. 국내 카드사가 직가맹 계약을 하거나 다른 제휴사와 계약하여 네트워크를 만든다고 하더라도 국내전용카드에만 적용할 수 있으므로 해외겸용카드의 발급이 훨씬 많은 현실에서 사업을 진행하기 어렵다. 오히려 애플이나 구글 앱스토어는 가맹점 힘이 쎄기 때문에 예외처리로 허용된 사례에 해당된다.

다. 선불전자지급수단의 해외사용

역직구의 경우 해외지급수단이 신용카드든, 선불이든, 직불이든 관계 없이 국내 쇼핑몰에서 사용할 수 있게 제휴해 두고, 그 지급수단발행사업자로부터 대금을 받아서 판매자에게 전달하는 업무이므로 PG에 해당한다. 따라서 PG로서 '기타전문외국환업자' 등록을 갖추면 된다. 직구에서도 지급수단이 카드면 카드PG로서 역할이 동일하다.

그런데 직구에서 계좌기반 결제를 제공하려면 개념상 선불전자지급수단을 발행하는 것이 된다. 이때에는 PG로서 외국환업무를 등록한 것으로 안되고, 이러한 지급수단 자체가 해외에서 사용될 수 있는 법적 근거가 별도로 필요하다.

외국환거래규정의 체계상 대외지급수단이 되려면, 일단 지급수단이어야 한다. 동 규정에서는 '지급수단'을 '정부지폐·은행권·주화·수표·우편환·신용장과 환어음·약속어음·여행자카드·상품권·기타 지급받을 수 있는 내용이 표시된 우편 또는 전신에 의한 지급지시 등'으로 정의하고 있었는데, 외국환 관련 법규들은 예시규정이 아니라 열거규정, 즉 명확하게 법문에 기재되어 있는 것만 할 수 있다고 본다. 이에 따라 2019. 1. 1.자로 지급수단의 정의에 '전금법상 전자화폐, 선불전자지급수단 등 전자적 방법에 따른 지급수단 등'을 추가하였다.[57)]

이러한 규정의 개정만으로도 외국환업무가 이미 허용되어 있는 은행, 카드사는 선불·직불전자지급수단을 이용한 해외결제 서비스를 할 수 있게 되었다.

외국환거래법 제3조【정의】 ① 이 법에서 사용하는 용어의 뜻은 다음과 같다. <개정 2011. 4. 30., 2012. 3. 21.>

4. "대외지급수단"이란 외국통화, 외국통화로 표시된 지급수단, 그 밖에 표시통화에 관계없이 외국에서 사용할 수 있는 지급수단을 말한다.

외국환거래규정 제1-2조【용어의 정의】 34. "지급수단"이라 함은 법 제3조 제1항 제3호에서 규정하는 정부지폐·은행권·주화·수표·우편환·신용장과 환어음·약속어음·여행자카드·상품권·기타 지급받을 수 있는 내용이 표시된 우편 또는 전신에 의한 지급지시 및 전자금융거래법상 전자화폐, 선불전자지급수단 등 전자적 방법에 따른 지급수단 등을 말한다.

---

57) 기재부 보도자료. 2018. 9. 27. 혁신성장과 수요자 중심 외환제도·감독체계 개선방안 추진, 2018. 12. 27., 2019. 1. 1. 개정 외국환거래규정 시행

다만, 액면가격을 초과하여 매매되는 금화 등은 주화에서 제외한다. <기획재정부고시 제2018-28호, 2018. 12. 24. 개정>

핀테크업체들에 대해서는 선불지급수단이 허용된 것과 별개로 '선불전자금융업자'가 외국환업무를 할 수 있는 근거를 신설하는 것이 추가로 필요했다. '기타전문외국환업'으로는 '전자지급결제대행업'만 등록이 가능한 것으로 명시된 상태였기 때문이다.

선불사업자들이 수행하게 되는 외국환업무는, 국내이용자들의 돈을 받아 해외가맹점에 정산하는 것이므로 PG사업자의 역직구업무와 사실상 동일하다. 따라서 원래 있던 기타전문외국환업무에 '전자화폐 발행 및 관리업자, 선불전자지급수단의 발행 및 관리업자가 그 업무와 관련하여 하는 외국환업무'를 추가하는 것으로 2019. 5. 28.(당일 시행) 시행령이 개정되었다.

이때 몇 가지 조건이 추가되었다. 선불전자지급수단은 양도가 가능하다. A가 해외에 있으면서 B로부터 선불전자지급수단을 받는 것이 소액해외송금과 유사해질 것을 우려하여 전자적 방법에 따른 대외지급수단은 '결제에만 사용할 수 있다'는 점을 명시하고, '실지명의로 발행되거나 예금계좌와 연결되어 발행된 것만 보유할 수 있다'는 규정을 두었다. 한마디로 해외 체류 중의 충전은 자기 계좌에서만 할 수 있고, 타인으로부터 받을 수는 없는 것이다(국내에 있을 때 양도받았던 것을 해외에서 사용하는 것은 가능하다). 송금을 하는 입장에서는 수취인이 해외에 있는지 모를 수 있기 때문에 사업자가 USIM에 저장된 MCC(mobile country code), MNC(mobile network code) 정보와 IP를 통해서 양수인의 위치를 파악하고, 해외(결제가능한 가맹점이 있는 외국) 소재로 파악되면 선불전자지급수단을 받는 것을 차단하게 된다. 어차피 선불전자지급수단은 환급이 국내 계좌로밖에 안되기 때문에 소액해외송금과는 명확히 구별되는데, 이럴 필요가 뭔가 싶다. 해외계좌로 자금을 받거나, 현지 은행 또는 편의점 같은 곳에서 현금으로 찾을 수 있는 것이 소액해외송금이다.

외국환거래법 시행령 제15조의5【기타전문외국환업무의 등록】 ① 법 제8조 제3항 제3호에서 "대통령령으로 정하는 외국환업무"란 「전금법」에 따른 전자화폐의 발행·관리업무, 선불전자지급수단의 발행·관리업무 또는 전자지급결제대행에 관한 업무와 직접 관련된 외국환업무로서 기획재정부장관이 정하여 고시하는 업무(이하 "기타전문외국환업무"라 한다)를 말한다. <개정 2019. 5. 28.>
② 법 제8조 제3항 각 호 외의 부분 전단에 따라 기타전문외국환업무를 등록할 수 있는 자는 「전금법」 제28조에 따라 전자화폐의 발행·관리업무를 허가받은 자, 선불전자지급수단의 발행·관리업무를 등록한 자 또는 전자지급결제대행에 관한 업무를 등록한 자로 한정한다. <개정 2019. 5. 28.>
③ 기타전문외국환업무를 등록하려는 자의 등록 요건 및 절차에 관하여는 제13조(제4항 제1호는 제외한다)를 준용한다. 이 경우 제13조 제1항 본문에서 "법 제8조 제1항 본문에 따라 외국환업무"는 "기타전문외국환업무"로, 같은 조 제2항 제1호에서 "해당 금융회사 등"은 "「전금법」에 따라 전자화폐의 발행·관리업무를 허가받은 자, 선불전자지급수단의 발행·관리업무를 등록한 자 또는 전자지급결제대행에 관한 업무를 등록한 자"로 본다. <개정 2019. 5. 28.>
[본조신설 2017. 6. 27.]

외국환거래규정 제2-7조의2【대외지급수단의 발행】 외국환은행이 발행하는 전금법상 전자화폐, 선불전자지급수단 등 전자적 방법에 따른 대외지급수단은 다른 전자지급수단이나 주식·채권·파생상품 등 자산 등이 아닌 재화 및 용역 구입에 사용되는 것으로 한정하며, 「금융실명거래 및 비밀보장에 관한 법률」 제2조 제4호에 따른 실지명의로 발행되거나 예금계좌와 연결되어 발행된 것만 보유할 수 있으며, 타인으로부터 양도받는 것은 보유할 수 없다.
<기획재정부고시 제2018－28호> [본조신설 2018. 12. 24.]

국내 선불전자지급수단을 해외에서 사용하게 되면, 이용자는 저렴한 수수료로 금액이 확정된 원화표시 결제를 할 수 있다. 다양한 해외간편결제사업자와 제휴하여 가맹점을 모집하는 경우 비자·마스터 같은 우월적 지위에 있는 사업자와 비교할 때 좋은 조건의 계약을 할 수 있기 때문이다. 이것은 국가의 산업적 측면에서 봤을 때도 국제브랜드사 일변도의 해외결제에 다른 대안이 추가됨으로써 그들의 일방적인 수수료 인상에 대한 방어책이 될 수 있다는 중요한 의미가 있다.

외국환거래규정 개정 후 네이버페이와 카카오페이가 각 라인페이, 알리페이와 제휴하여 일본, 중국에 모바일QR로 오프라인 결제를 제공한다고 발표는 했지만, 아직 가맹점이 적고 코로나19로 해외여행 제한 상태여서 앞으로 지켜보아야 할 것이다.

제 7 절

오프라인 모바일 결제

제1항 오프라인 결제에 사용되는 기술

오프라인 매장에서는 플라스틱 카드를 단말기에서 (원래 긁다가 최근 꽂는 식으로) 인식하는 결제방식이 보편적이다. 모바일 결제인 삼성·LG페이를 사용하면 카드를 소지할 필요가 없다. 최근에는 앱을 통한 모바일 결제가 보급되는 중인데, 이때는 바코드·QR이 사용된다. 이런 것들은 전자지급수단을 사용하기 위해 결제정보를 통신하는 기술들이다. 대표적인 것으로 자기장, NFC, 바코드·QR을 간단히 살펴보자.

가. 자기장 방식

카드 뒷면의 마그네틱에 정보를 기록하고, 단말기에 긁으면서 전기신호로 변환하여 읽어들이는 방식을 MS(magnetic strip)라고 한다.

삼성페이는 앱에서 지문·홍채 인식을 하면 일회용 가상 카드 정보가 생성되고, 이를 휴대폰의 MST(Magnetic Secure Transmission) 모듈에서 자기장 신호로 변환해서 송출함으로써 휴대폰을 MS단말기의 카드 긁는 부분 가까이에 대면 마치 직접 카드를 긁은 것과 같은 효과를 낸다.

이 방식은 기존 카드 단말기를 그대로 사용하면 되기 때문에 새로운 인프라 구축이 필요 없고, 이용자로서도 카드를 한 번 등록하기만 하면 들고 다닐 필요가 없어지기 때문에 삼성페이는 2015년 3월 출시 이래로 오프라인 간편결제 점유율 1위를 차지하며 널리 사용되고 있다. 앱 설치와 별개로 MST 모듈이 탑재된 휴대폰이어야 하므로, 갤럭시S6 이후 모델만 가능하다. 2017년 6월 출시된 LG페이도 유사한 방식이다.

나. IC카드로의 전환과 MST의 관계

플라스틱 카드 결제 방식은 2015년부터 MS 대신 카드를 단말기에 꽂아 IC칩을 인식하는 방식(접촉식)으로 변경되었지만, 신규 단말기에도 MS기능은 여전히 존재하기 때문에 모바일을 통한 MST는 계속 사용이 가능하다.

마그네틱 카드는 정보 저장방식이 단순해서 카드를 통해 정보가 탈취될 수 있다는 것도 문제였지만 더 심각한 것은 MS단말기에 카드 거래 정보들이 그대로 저장된다는 점으로, 실제로 단말기를 통해 대량의 카드정보를 빼돌려 온·오프라인에서 거래를 일으키는 사고들이 발생한 바 있다.

IC카드는 정보가 암호화되어 칩에 저장되어 있고, 단말기에도 카드정보가 그대로 저장되지 않기 때문에 보안성이 좋다. 그런데 MST는 MS단말기가 인식할 수 있도록 자기장 형태로 신호를 전송하는 것일 뿐 일회용 카드번호를 사용하기 때문에 애초에 단말기의 정보저장 risk가 없다. 따라서 MS방식은 안되지만, 모바일 MST는 허용되는 것이다.

우리나라에서는 2002년 금융IC카드가 시범으로 도입되었고, 2013년 ATM에서 먼저 의무화된 뒤 2015년 여전법 개정으로 신규 보급되는 결제 단말기에 IC칩을 인식할 수 있는 기능의 도입이 의무화되었다.

2015. 1. 20. 여전법 개정에서는(2015. 7. 21. 시행) VAN사업자를 명문화하면서 신규 보급하는 단말기를 금융위에 등록하도록 하고 기술기준을 여전협회에 위탁하였는데, 그 기술기준이란 IC카드의 접촉식(카드삽입) 결제방법을 말하는 것이다. 결제용 IC카드 단말기는 EMV(유로페이, 마스터, 비자 3대 카드사가 공동 제정하고 다른 국제브랜드사에서도 따르고 있는) 규격이 국제표준으로 사용되고 있어서, 단말기가 이 규격에 따라서 제작되었으므로 국제브랜드가 붙은 카드는 해외에서 발급된 것이라도 국내 단말기에서 다 받을 수 있다.

이미 사용 중인 마그네틱 카드를 계속 지원해야 하고 단말기 교체에 비용과 시간이 소요되는 점을 감안하여 부칙에서 3년의 유예기간을 주어 종전에 보급된 단말기는 2018. 7. 21.까지 교체하도록 하였다.

그리고 IC카드·단말기로 교체되었다 하더라도 마그네틱 방식이 아예 없어진 것이 아니다. 신규카드에도 여전히 마그네틱 정보가 있고(단말기 교체가 100%가 아니기 때문이라고 한다), 신규 단말기에도 여전히 MS기능이 있기 때문에 처음부터 MS방식을 시도하면 승인이 되지 않지만, IC방식으로 시도했다가 작동되지 않아서 MS 방식으로 시도하면 결제가 될 수도 있다. 어쨌거나 과거에 비하면 단말기에 카드정보가 대량 저장되는 위험 요소는 줄어든 셈이다.

여전법 제27조의4【신용카드 단말기의 등록】 ① 부가통신업자는 자신이 전기통신서비스를 제공하는 신용카드 단말기를 금융위원회에 등록하여야 한다. 다만, 부가통신업자가 전기통신서비스를 제공하지 아니하는 신용카드 단말기의 경우에는 신용카드가맹점이 금융위원회에 등록하여야 한다.
② 등록하려는 신용카드 단말기는 신용카드회원의 정보보호를 위하여 금융위원회가 정하는 기술기준에 적합하여야 한다.
③ 신용카드 단말기의 등록요건 및 등록절차 등에 필요한 사항은 대통령령으로 정한다.
④ 금융위원회는 제1항 및 제2항에 따른 신용카드 단말기의 등록 및 기술기준에 관한 업무를 여신전문금융업협회장에게 위탁한다.
[본조신설 2015. 1. 20.]

부 칙 <법률 제13068호, 2015. 1. 20.>
제1조【시행일】 이 법은 공포 후 6개월이 경과한 날부터 시행한다.
제4조【신용카드 단말기의 등록에 관한 경과조치】 이 법 시행 당시 신용카드 거래와 관련하여 전기통신서비스를 제공하는 신용카드 단말기는 제27조의4의 개정규정에 따른 등록을 한 것으로 본다. 다만, 이 법 시행 후 3년 이내에 제27조의4의 개정규정에 따라 금융위원회에 등록하여야 한다.

다. 모바일 NFC(Near Field Communication)

NFC는 모바일에서 카드정보를 근거리 무선통신 방식으로 송출하여 단말기에 가까이 하면 비접촉 상태로 결제가 이루어지는 방식이다. MST는 실물카드를 긁었을 때와 같은 정보를 만들어내기 때문에 기존 카드 단말기에서 그 정보를 처리할 수 있다. 반면 NFC는 그 정보를 수신할 수 있는 새로운 단말기를 설치하고, 가맹점 POS 기와 지급결제제공자의 NFC규격을 연동시키는 인프라 구축작업이 필요하기 때문에 보급에 어려움이 있다.

NFC 결제는 카드정보가 저장된 위치에 따라 휴대폰 USIM에 직접 저장하는 SE(Secure Element), 외부 클라우드 서버에 저장된 정보를 앱으로 호출하는 HCE(Host Card Emulation) 방식이 있다. USIM에서는 통신사와의 제휴가 필수적이기 때문에 2015년 무렵 카드사들이 해외에 개발되어 있던 HCE기술을 도입하였다.

〈USIM과 HCE 방식의 차이〉

USIM	HCE
• 유심에 카드정보 저장 • 국내에서 제조된 (삼성이나 LG)기기에 통신사와 제휴해서 USIM 작업이 되어야 함. - 이용자를 일시에 늘리기 어려움. • 앱 실행 불필요, 휴대폰 전원 꺼진 상태라도(배터리만 있으면) 가능	• 외부 서버에 카드정보 저장 • 앱만 만들면 서비스 가능 - 앱 설치하면 이용 가능 (외산폰이어도 무방하나, 아이폰은 안되고 구글 안드로이드 폰이어야 함) • 휴대폰 전원+화면을 켜야 함.

NFC 결제는 아이폰에서는 사용할 수 없다. USIM이든 HCE든 결국 휴대폰 OS에서 제공하는 NFC기능을 사용해야 하는데, 아이폰에서는 애플페이가 아닌 다른 결제 서비스에는 NFC기능을 차단했기 때문이다.

라. 비접촉식 카드 결제

플라스틱 카드의 비접촉식 결제도 신호를 읽을 수 있는 별도 단말기가 필요한 점 때문에 교통 영역 외에서는 찾아보기 어렵다. 플라스틱 카드의 비접촉식 결제에는 RFID라는 기술이 사용된다. RFID는 카드 내에 카드번호가 저장된 IC칩과 일종의 안테나 역할을 하는 회로가 같이 내장되어 있어서, 판독기(단말기)로 정보를 전달해 준다.

선불교통카드뿐 아니라 신용카드와 체크카드의 후불교통카드 기능도 겉에 노출된 금융IC칩이 아니라 카드 내에 들어 있는 RFID장치로 동작하는 것이다. 여기서 보내는 신호를 교통단말기에서 받아 결제가 처리되는데, 그러기 위해서는 카드번호와 별개로 교통인프라 사업자가 부여한 교통카드번호가 필요하다.

최근에는 NFC신호를 읽을 수 있는 소프트웨어를 휴대폰에 깔아서 단말기 대신 휴대폰으로 카드결제를 받을 수 있는 서비스가 출시되었다. 이에 대해서는 제2항 오프라인 모바일 결제 사례에서 살펴보기로 한다.

〈RFIC 카드 내부〉

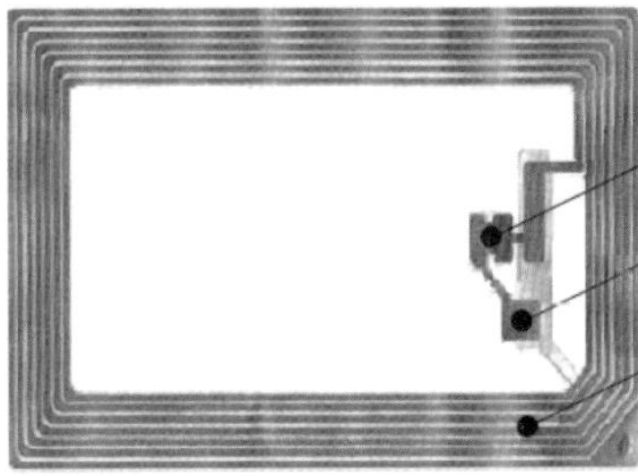

마. 바코드·QR, C-QR, M-QR

바코드와 QR은 이미지에 정보가 저장되어 있어서 스캔하는 것이다. QR은 바코드보다 많은 정보를 저장할 수 있고, 두 가지 방식으로 결제가 가능하다.

먼저 구매자가 앱에서 생성한 바코드·QR을 단말기로 인식하는 방식으로 CPM(Customer Presentation Method) 또는 C-QR이라고 한다. 기존의 바코드 리더기로도 인식이 가능하고, 별도 스캐너도 카메라 기능만 있으면 되기 때문에 단말기 설치 비용 부담이 적어 새로운 결제 방식으로 도입되고 있다. 고객은 앱을 켜서 바코드·QR을 띄우면 되기 때문에 NFC에 비해서는 번거롭지만 IC단말기에 카드를 꽂는 것과 비교했을 때는 나쁘지 않은 절차이다. QR이 대중적인 중국에서, 결제를 빨리 처리해야 하는 대부분의 오프라인에서의 매장 결제는 C-QR 방식으로 이루어진다.

다른 하나는 판매자가 디스플레이한 QR을 구매자가 앱으로 스캔하는 것으로 MPM(Merchant Presentation Method) 또는 M-QR이라고 한다. M-QR에는 가격정보까지 들어있는 경우도 있고, 가맹점 정보만 있어서 고객이 QR을 스캔한 후 금액을 직접 입력해야 하는 경우도 있다.

전자식 QR은 보안성을 높이기 위해서 자동으로 변경되기 때문에 다이내믹 QR이라고도 한다.

✦ 앱투앱, VANless

C-QR 프로세스는 구매자의 정보를 판매자가 바코드 리더기·QR 스캐너로 읽으면, 결제요청 정보가 구매자의 POS기와 연결된 VAN 망을 통해 지급수단 제공자에게 전달되는 것이다. 카드를 단말기로 인식했을 때와 프로세스가 동일하다. 반면 M-QR은 가맹점·금액 정보를 구매자 앱에서 읽어들인 다음, 그 앱에서 바로 지급수단 제공자에게 결제가 요청되기 때문에 VAN망을 통하지 않는다는 의미로 앱투앱이라 하기도 한다.

그런데 앱투앱이 곧 VANless는 아니다. M-QR 방식에서도 가맹점 모집도 해야 하고, 모니터에 1회성 QR을 디스플레이 해주려면 POS기와의 연계 개발 업무도 필요하기 때문에 뒤에서 설명할 은행의 계좌to계좌, 카드사 공통 QR결제 등도 중간에 VAN사업자가 개입되어 있다. 이 업무를 은행이나 카드사들이 각각 직접 한다면 VANless라고 할 수 있을까? 고비용·비효율로 현실적으로 가능하지도 않을 것이다. 중요한 점은 전자금융거래에 있어서는 연계업무도 지급수단의 발달에 맞게 같이 필요하다는 것이다. 중국에서는 카드가 없으니까 VAN도 없다고 생각할 수 있는데, 알리페이나 위챗페이가 그 넓은 땅의 판매자들과 모두 직접 연결되기 불가능하므로 마찬가지이다. 이러한 업무들은 기존 카드VAN사업자들이 많이 하지만 새로운 기술을 가진 업체들도 등장하고 있다. 그 업무의 내용이 '결제정보'의 송수신을 수반하는 경우 전금법상 전자금융보조업자(외부주문)에 해당하고, 자금 정산까지 하면 PG 등록이 필요하다.

제2항 오프라인 모바일 결제 사례

가. 삼성페이

삼성페이는 MST와 NFC로 지원이 가능하다. 따라서 그 상황에 맞게 매장결제에서는 MST로, 교통결제에서는 NFC로 작동된다. 만약 향후 마그네틱 카드가 없어져서 단말기에 MS기능 자체가 없어진다 하더라도(우리나라에서 그럴 일은 없겠지만) 삼성페이는 애플페이, 구글페이처럼 NFC 방식으로 정보를 보낼 수 있다.

삼성페이는 카드 정보를 단말기로 보내주는 역할을 할 뿐 자금 정산에 관여하지 않는다. 따라서 전금법상 전자지급결제대행업자가 아니고 전자금융보조업자도 아니다. '전자금융보조업자'의 정의가 '금융회사 또는 전자금융업자를 위하여 전자금융거래를 보조하거나 그 일부를 대행하는 업무를 행하는 자'로 넓기는 하지만 카드 정보만으로는 '결제 정보'라고 할 수 없고, 삼성페이의 역할은 필요할 때 카드를 꺼내주는 전자지갑일 뿐 결제 요청은 단말기에서부터 이루어진다고 볼 수 있기 때문이다.

결제기능보다 덜 알려져 있지만, 삼성페이에 계좌를 등록하면

ATM기에서 입금이나 출금도 할 수 있다. 사용방법은 삼성페이 앱에서 입금 또는 출금 정보를 입력하고, ATM기 한쪽에 붙어 있는 NFC인식기에 휴대폰을 올려 놓으면 된다. 그 과정에서 사용자 계좌정보를 비롯한 금융거래 정보가 삼성페이를 통해서 은행으로 전달되는데, 이 역시 전자금융거래 또는 전자금융거래보조 업무로 보지 않는다. 금융위는 '○○페이 앱(LG페이로 추정)을 통해 은행에 ATM 출금, 직불결제, 잔액조회, 이용내역조회 서비스의 제공을 요청하는 경우'에 대해서 "암호화된 형태의 금융거래정보를 전달하는 단순 통로 역할만 수행하고, 해당 금융거래정보에의 접근과 활용이 없어 별도의 정보처리가 있다고 볼 수 없는 사정을 고려할 때, (전자자금이체) 업무 또는 정보처리의 위·수탁이 있다고 보기 어렵고, 고객으로부터 제3자 정보제공 동의를 따로 받을 필요 없다"는 유권해석을 하였다.[58] 여기서는 정보의 저장이 없다는 점이 중요하다.

판매자와 삼성페이는 아무 계약관계가 없다. 삼성페이를 사용하려면 삼성페이 플랫폼 이용약관과 별도로 개별 카드사의 앱카드 이용약관에 동의해야 한다. 삼성페이 플랫폼 이용약관에서 말하는 '결제서비스'는 '이용자와 제휴사 간에 개별적으로 체결된 결제서비스 계약에 근거하여 제휴사의 카드를 삼성페이에 등록하고 사용'한다는 내용으로, 여기서의 제휴사는 카드사이고 가맹점은 제휴사의 가맹점을 말한다.

58) 금융위 유권해석 160583. ○○페이 앱을 통해 고객이 고객의 금융거래정보제공 요청 관련(등록 2016. 3. 22. / 회신 2016. 3. 29.), 유권해석 170469. ○○페이 앱을 통한 금융서비스 제공과 관련된 질의(등록 2017. 11. 10. / 회신 2018. 2. 2.)

삼성전자에서 삼성페이로 결제수수료를 받는 것은 없다(막대한 이용자를 바탕으로 향후 플랫폼으로서 다른 수익을 낼 수 있는 가능성은 별론으로). 일단은 휴대폰의 경쟁력을 높여서 단말기를 잘 파는 효과가 크다. 우리나라에서는 아이폰은 안되고 삼성폰만 되는 장점으로서 의미가 있겠지만, 애플페이가 되는 미국에서는 삼성폰으로도 모바일 결제가 된다는 방어적 측면에서 중요하다고 한다. 별도의 NFC단말기가 필요한 애플페이에 비해 삼성페이의 MST방식은 해외에서도 장점이 될 수 있는데, 현재로서는 미국의 모바일 결제 자체가 많이 대중화되지 않았고 휴대폰의 인지도가 상대적으로 떨어져서 점유율은 낮은 상태라고 한다.

간편결제사업자들이 오프라인 모바일 결제를 보급함에 있어서 이미 삼성페이로 카드모바일 결제가 잘 되고 있다는 점이 허들이 되는 것은 사실이다. 그렇다면 삼성페이는 카드사들에게 고마운 존재일까? 카드사들은 별로 그렇게 생각하지 않는 것 같다. 삼성페이의 본질이 이미 카드를 발급받은 사람들을 위한 전자지갑이고 오프라인에서 카드단말기로 결제가 잘 되고 있기 때문에 신규 회원 및 매출 창출 효과가 없는 반면, 삼성페이를 이용할 때 사용해야 하는 지문·홍채 인증 업무는 한국정보인증 등 제3자가 하는 것이어서 이들 업체에 건당 4.4~9.9원에 이르는 수수료를 지급해야 하고 그 수수료를 카드사가 부담하고 있기 때문이다.

나. 카카오페이

카카오페이는 계좌를 기반으로 오프라인에서 C-QR과 M-QR 방식을 모두 제공하고 있다.

C-QR은 카카오페이가 선불전자금융업자로서 직접 또는 VAN사를 통해 가맹점을 모집한다. 결제수수료가 있는 모델로, 정산일정에 따라 입금된다. 사용내역에 대해서 카카오페이가 현금영수증을 발행하고, 가맹점의 멤버십 정보와도 연계되어 있어 그쪽 포인트가 자동적립된다. 아직 연계가 초기단계이고 가맹점마다 요구가 달라서 스타벅스처럼 현금영수증을 직접 발행하는 곳에서는 QR결제 후에 따로 전화번호를 입력해야 하고, 어떤 곳에서는 포인트도 따로 적립해야 한다.

M-QR은 톡송금(선불전자지급수단 양도) 프로세스이다. 카카오페이에 가입하면 계정별로 '송금코드'가 생성되는데, 이것은 받기용 QR코드로서 C-QR 결제 때 제시하는 보내기용 QR코드와는 다른 것이다. 송금코드를 사진으로 다운받거나 종이로 인쇄해서 사용하면 된다. 매장결제에 사용하려고 할 때는 홈페이지로 신청하면 별도로 종이인쇄물을 받을 수 있다. 고정된 형태라서 (한 가지 금액으로 특정하지 않는 이상 금액정보가 담길 수 없기 때문에) 지급하는 쪽에서 금액을 입력해야 한다. 구매자 앱에서 결제가 요청되면 그 충전금을 차감하여 수취인 (계좌가 아니라) 계정으로 실시간 송금해준다. 사실 이런 방식은 더 간단한 결제 수단이 있는 경우 사용할 이

유가 없다. 노점상 같이 현금만 되는 곳에서, 마침 현금이 없는데 결제를 할 수 있게 되거나 잔돈 주고받는 수고를 덜 수 있을 때 새로운 편의성이 되는 것이다. 중국에서는 거지도 QR로 동냥받는다라는 기사가 화제가 되었는데, 바로 이 M-QR이다. M-QR은 필요한 곳에서 알아서 활용되도록 수수료 없이 제공하고 있다.

다. 은행 QR

은행의 계좌to계좌 서비스가 M-QR 방식으로 오픈된 바 있고, 그 성격이 전자자금이체가 아니라 직불전자지급수단에 해당하는 점은 제1장에서 살펴본 바 있다.

은행은 주민등록증을 확인하기 때문에 1회 및 1일 이용한도가 1억 원까지 가능하다. 같은 은행 내의 계좌 간 이동이어서 은행으로서는 이체비용이 들지 않는 부분을 고객에게 혜택으로 제공할 수 있을텐데, 구매자와 판매자가 모두 같은 은행에 계좌를 가지고 있어야 한다는 점은 서비스 확산면에서는 장애가 될 수 있을 것이다. 마찬가지로, 가맹점은 모집해야 하기 때문에 VAN사를 활용한다.

라. 카드사 QR, NFC

2019년 1월 카드업계에도 QR페이 서비스를 개시한다는 보도가 있었다. 이것도 은행과 비슷한 M-QR인데, 각사별로 인프라를 따로 구축하는 대신 나이스정보통신에 통합 QR 작업을 위탁하여 롯데, 신한, 비씨, 삼성, 현대, KB국민카드 6개사가 참여하는 것이다. 카드사의 장점은 이미 가맹점이 확보되어 있다는 것이지만, 문제는 사용성이다.

원래 카드사들은 QR보다 먼저 NFC 도입 논의를 했었다. NFC는 단말기 보급이 문제인데, 마침 2015년 IC카드용 단말기로 교체할 필요가 어차피 생겼기 때문에 NFC 공통 규격을 만들어서 신규 단말기에 NFC기능까지 탑재하는 것이 검토되었던 것이다. 그러나 USIM 방식은 통신사 제휴가 필수여서 하나카드(SK텔레콤이 2대주주)와 비씨카드(KT자회사)만 찬성이었고, HCE 기술은 본격 도입되기 전이어서 합의할 시간이 부족했다.

결국 카드사들은 2018년 IC단말기 설치의무 시한까지 영세가맹점에 신규 단말기 무상보급을 위해 기금 1천억 원을 조성하기로 했음에도, 아쉽게도 그 용도는 접촉식 단말기 보급에 한정되었다.

그래도 카드사들은 계속 자체 NFC 규격을 논의하여(HCE 방식이다) 2018년 8월 별도의 동글단말기를 사용하는 '저스터치'라는 서비스를 출시하였다. 이용자는 각 카드사 앱에서 저스터치 사용을 선택하고 카드를 등록한 뒤, 결제할 때는 휴대폰을 잠금해지 상태로 단말기에 대면 된다. 저스터치는 EMV인증을 받지 않았는데, 이렇게 되면 해외에서 발급된 카드는 인식할 수 없지만, 그 결제를 몇 개 더 받는 것보다는 인증을 받는데 소요되는 시간과 비용이 더 문제이기 때문에 국내 자체 규격으로 한 것이다.

이 단말기는 카드사가 보급한 것이다(가맹점으로서는 굳이 새로운 단말기를 도입할 이유가 없다). 연매출 3억 원 이상의 가맹점에 단말기를 무상 보급하면 여전법 제24조의2 제3항 리베이트 금지 규정에 위반될 수 있기 때문에 “개별 카드사가 아닌 전체 카드사들이 구성한 모바일협의체에서 공동 비용 분담으로 하는 것은 가능하다”는 유권해석을 받고 시작하였다.[59] 그 후, 삼성카드 등 일부 카드사들이 수익성 대비 비용 부담을 이유로 소극적인 입장을 취하면서 탄력을 받지 못하고 있는 상태에서, 얼마 시나지 않아 통합 QR결제를 출시한 상황을 보면 현재로서는 여러 결제 방법을 시도하고 있는 단계로 보인다.

마. 제로페이

제로페이는 소상공인의 수수료 부담을 줄이기 위해 정부(중기부), 서울시와 지자체, 금융회사, 민간 간편결제사업자가 참여한 공동QR코드 방식의 모바일 간편결제서비스이다. 제로페이는 전자금융업자가 아니라 다른 간편결제사업자들이 발행한 전자지급수단을 사용할 수 있는 플랫폼이다. 선불·직불전자지급수단을 발행한다는 것은 이용자를 모집해서 자신이 가진 가맹점에서 결제를 할 수 있게 해 주는 것인데, 제로페이는 가맹점 모집 및 관리만 하고 이용자는 원래 자기가 이용하는 간편결제 앱에서 QR을 찍고 결제하게 된다. 간편결제사업자가 수취한 결제대금을 제로페이가 받아서 가맹점에 정산한다면 전자지급결제대행업에 해당하겠지만, 정산업무는 금융결제원에서 하고 제로페이가 자금을 취급하는 것은 없기 때문에 PG사업자도 아니다.

---

59) 금융위 유권해석 170116. NFC 인프라 보급을 위해 업계 공동 협의체를 구성하여 가맹점에 단말기 제공(등록 2017. 3. 2. / 회신 2017. 5. 11.)

〈제로페이 구조〉

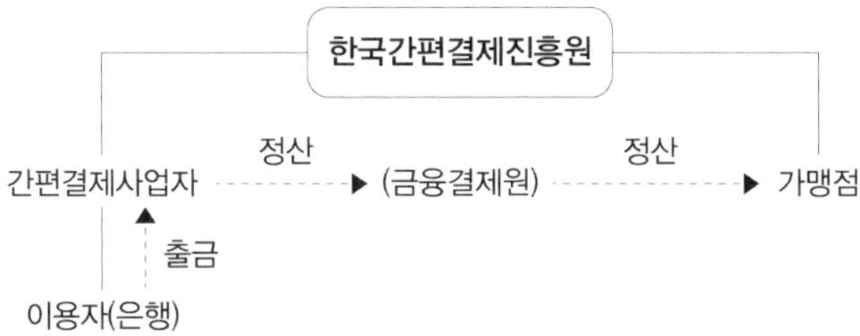

제로페이가 유명한 것은 가맹점 결제 수수료가 무료이기 때문인데, 정확히는 전년도 매출 8억 원 이하 가맹점까지만 0%이고, 8억 원 초과~12억 원 이하는 0.3%, 12억 원 초과는 0.5%를 받는다. 간편결제사업자가 결제를 제공하기 위해서는 이용자 계좌에서 출금펌이 필수이므로, 은행들도 출금펌을 무료로 제공한다.

카드를 등록해서 사용하는 것도 넓은 의미에서 간편결제이지만, 제로페이에는 계좌기반 간편결제만 참여 가능하다. 현재 네이버페이, SSG페이, 페이코 등의 간편결제사업자들이 참여하고 있으며, 몇몇 직불사업자에 해당하는 은행들도 (간편결제사업자에게 펌을 제공하는 것과 별개로) 직접 결제사업자로서 참여하고 있다. 간편결제사업자는 선불·직불 라이선스 모두 가지고 있는 경우도 있지만 대부분은 선불사업자에 해당하는데, 제로페이 가맹점 결제는 선불충전금 잔액이 있는지와 상관없이 결제금액을 직접 계좌에서 출금하는 직불 방식으로 이루어진다. 그 이유는 은행이 제로페이를 위한 충전펌 수수료를 무료로 주기 위해서 다른 출금과 구별할 필요가 있기 때문이다. 이를 위해 간편결제사업자들은 선불금이 우선 차감되는 원래 시스템과 별도로 제로페이용 시스템을 따로 만드는 작업을 해야 했다. 해당 업무는 제로페이의 특수한 프로세스 때문이어서 이를 위해 직불 라이선스를 따로 받을 필요는 없다.

선불·직불전자지급수단은 현재로서는 현금영수증 발생 대상으로 소득공제율 30%인데, 제로페이는 특별히 40%로 해주는 논의가 있었다. 그렇게 되면 간편결제사업자들이 제로페이 사용 부분을 구분해서 국세청에 전달할 필요가 있기 때문에 현금영수증을 발행하지 말고 (카드처럼) 일괄보고 하라는 방침이 있었다. 일단은 법안이 통과되지 못해서 현금영수증을 발행하고 있는 상태이다(제4장 제1절 현금영수증 참조).

사용방법은 아직 결제연동이 간편한 M－QR 방식이 많지만, 아무래도 C－QR이 편리하기 때문에 이 부분도 확장하고 있다고 한다. C－QR은 가맹점 POS기와 간편결제사업자를 연결하는 VAN망의 구축이 필요하기 때문에 제로페이에서도 이 부분 투자를 하고 있다. 제로페이의 운영주체는 재단법인 한국간편결제진흥원으로, 주로 은행들로부터 출원을 받아서 설립되었다. 향후 8억 원 초과 가맹점에서 나오는 결제수수료와 모바일상품권 판매 등 부가사업을 통해서 자립한다는 계획이다.

제로페이는 공무원을 통한 가맹점 모집 논란, 민간사업자를 동원한 제로수수료가 관치금융이라는 시선이 있다. 결제수수료를 낮추는 게 목적이라고 보면 마케팅 등의 투입비용 대비 효과를 생각할 때 그 돈으로 소상공인을 지원하는 것이 낫다는 말도 나온다. 일단 제로페이를 통해 모바일 결제 인프라가 구축된 뒤의 시너지(핀테크사업자들이 가맹점망 구축이라는 허들 없이 오프라인 결제와 연계한

다양한 서비스를 앱에 넣을 수 있음)가 있을지도 지켜보아야 할 것이다. 코로나19 재난지원금으로 지급된 지역사랑상품권을 제로페이로 사용토록 했기 때문에 현재 사용금액은 크게 증가된 상태이다. 상품권 판매수수료를 한국간편결제진흥원과 결제사가 각 0.5%씩 나누어 가지게 되는데, 특정 결제사가 이를 독점하고 있는 것에도 지적이 있는 상태이다.

바. 스마트폰 앱을 단말기로 이용한 새로운 결제

카드결제를 하려면 POS기와 연동된 단말기가 있어야 해서 개인은 카드결제를 받기 힘들다. 2019년 8월 스마트폰 소프트웨어를 통해 카드결제를 받을 수 있는 서비스가 출시되었는데, 이를 이용하면 개인들도 앱만 깔면 카드결제를 받을 수 있어서 특히 프리랜서, 중고거래, 알뜰시장 등에서 수요가 있을 것으로 보인다.

판매자가 앱에서 정보를 등록하고 간단하게 가맹점으로 가입한 뒤, 판매자 앱에서 결제금액을 선택·입력한 상태에서 구매자가 신용카드를 그 핸드폰에 가져다 대면 NFC로 결제가 이루어진다. 원래 교통결제 기능이 있는 체크·신용카드는 RFID방식으로 카드번호를 송출할 수 있기 때문에 휴대폰 소프트웨어에서 그 신호를 처리할 수 있으면 폰2카드 결제가 되는 것이다. 삼성페이는 카드번호를 NFC방식으로도 전달할 수 있기 때문에, 삼성페이를 가져가면 폰2폰 결제도 된다. 아이폰은 NFC신호를 외부 단말기로 보내는 방식도 안되지만, NFC신호를 받는 방식도 안되기 때문에 초지일관 NFC방식의 결제가 지원되지 않는다. 대신 판매자 앱에서 금액을 입력한 뒤 구매자의 신용카드를 촬영하면, 카드번호를 읽어서 결제를 처리하는 방법이 사용된다.

현재 페이앱라이트(한국NFC), 페이콕체크(페이콕)라는 서비스가 나와 있는데, 금융위의 규제 적용 예외를 받아 출시된 것이다(제4장 제6절 규제개혁 샌드박스 참소). 여전법 제도운영상 카드를 결제용으로만 사용하게 하기 위해서 가맹점주의 사업자 등록을 요구하고, 결제대행업자는(서비스제공자는 신용카드 결제를 처리하고 가맹점에 대금 정산까지 해주어야 하기 때문에 PG에 해당한다) 신용카드 회원에게 판매자의 상호·주소 정보를 고지해야 한다. 이 부분의 예외를 허용하여 사업자 미등록 개인이 성명·전화번호로 가맹점에 가입할 수 있게 하였다. 또한 신규 신용카드 단말기는 여전협회가 정하는 기술기준을 충족하는지 보안성 인증을 받아야 하는데, 신기술이어서 당연히 만들어 둔 기술기준이 없기 때문에 이 부분도 생략할 수 있게 하였다.

✦ 오프라인PG

PG는 온라인 결제에서 카드사와 판매자들을 연결해주는 중간 역할이 필요하여 등장한 것으로, 정산이 본질적인 업무이다. 이와 비교했을 때 오프라인 결제는 VAN사업자의 중개로 카드사와 가맹점이 직접 신용카드가맹점 계약을 체결하고 정산하므로 기본적으로 PG가 없는 구조이다.

여전법상 신용카드가맹점(결제대행업체)은 온·오프라인 구별이 있는 것은 아니지만, 금융당국도 오프라인에서 PG가 무분별하게 생겨날 경우 최종수수료가 PG수수료만큼 인상될 수 있다는 우려 때문에 오프라인 카드PG에 대해 부정적인 입장에 있었다.

그러던 것이, 새로운 결제방식이 출현하면서 가맹점 모집도 해야 하고 새로운 단말기를 설치해야 하는 경우도 생겨, 오프라인에서도 카드PG의 필요성이 재고되고 있다. 대표적인 예가 키오스크 무인결제기이다. 이 결제기를 보급하는 사업자는 신용카드가맹점 지위에서 자기 비용으로 결제기를 설치하고, 각 매장을 하위가맹점으로 유치하는 것이다. 각 매장에서는 새로운 결제 인프라에 수요가 있어도 초기 투자비용 부담이 있다. 그런데 VAN사업자가 가맹점 영업을 하면서, 단말기를 자기 비용으로 설치하고 정산 업무까지 담당하는 것으로 역할을 확장하면 보다 적극적인 비즈니스를 할 수 있으므로 VAN과 PG가 융합되는 현상이 생기게 된다.

2019년 2월 여전법상 오프라인 PG가 금지되지 않음을 확인하는 유권해석이 나오기도 했는데, 지급수단 제공자와 판매자 사이에 1개의 PG가 존재하는 것만 허용된다는 단서가 있다.[60] 그 근거는 여전법상 결제대행업자는 자기가 대행하고 있는 판매자의 정보와 거래 내역을 신용카드업자 및 신용카드 회원에게 제공해야 하기 때문이라는 것이다(여전법 제19조 제7항 제1호 및 제2호). 이러한 논리는 온라인 카드결제에서 이미 2차 PG가 존재하는 것과 맞지는 않지만, 오프라인에서 PG를 최소화하려는 방향성이 있는 것을 알 수 있다.

법규나 유권해석을 떠나서 현실적으로도 오프라인 카드PG는 쉽

---

60) 금융위 유권해석 170316. PG 오프라인결제업무 영위 가능 여부
(등록 2017. 7. 11. / 회신 2019. 4. 24.)

게 생길 수 있는 것은 아니다. 어차피 같은 카드결제인데, 카드사 원천수수료가 정해진 상태에서 PG수수료가 추가되는 것을 가맹점이 할 리가 없다. 그래서 삼성페이를 포함한 모바일 간편결제서비스가 기존에 카드가 되는 매장에서 사용될 경우에는 카드정보의 전달 등 결제승인에만 관여하고, 정산업무는 하지 않는(카드사가 가맹점으로 직접 대금을 지급하는) 경우가 대부분이다. 키오스크 같이 인건비를 줄이는 효과 때문에 가맹점에서 추가 결제수수료에도 불구하고 이익이 되겠다고 하는 경우에서 비즈니스 모델이 성립되는 것이다.

전금법상 전자지급결제대행업은 온·오프라인을 구별하지 않고 있다는 점은 예전부터 확인된 바 있고, 신용카드가맹점과 같은 1차PG만 된다는 등의 별도의 규제도 존재하지 않는다.[61] 그러나 이 경우에도 오프라인 PG는 새로운 결제방식이 적용되는 특별한 상황에서 존재한다는 비즈니스 환경은 마찬가지이다.

61) 금융위 유권해석 120207

제 8 절

교통 결제

교통 분야는 서비스 자체가 공공인프라의 성격을 띠다 보니 대중교통운영자에게 요금자동징수(AFC, Automated Fare Collection) 서비스를 제공하는 사업자들이 있고, 이들이 교통카드서비스를 같이 하고 있다. 일반 금융기관이나 전자금융업자는 이들과의 제휴를 통해서만 결제서비스에 참여할 수 있다. 택시도 유사한 구조인데, 몇 가지 차이점이 있다.

가. 대중교통운영자

대중교통수단(버스, 지하철, 철도, 유료도로)의 운영주체를 '대중교통운영자'라고 한다. 대중교통운영자는 거의 지자체 또는 공공기관으로 철도는 코레일에서, 유료도로는 도로공사에서, 지하철은 지자체(신분당선만 7개 건설사가 설립한 민간회사)에서 운영한다. 버스는 민간 버스회사가 운영하지만 버스노선 준공영제(노선설정권을 시에서 갖고 버스회사는 여기에 맞춰 운행실적에 따라 수익금을 배분받고 적자분을 시에서 보조받는 제도) 방식이기 때문에 전체 운영은 시가 하는 것으로 볼 수 있다.

나. 교통인프라 운영자

대중교통운영자는 요금 징수를 위한 인프라의 구축과 운영업무를 AFC사업자에게 위탁한다. 인프라사업자는 대중교통운영자로부터 인프라 구축에 대한 대금을 일시에 받지 않고 (또는 적게 받고) 자기 비용으로 인프라를 구축하는 대신, 교통요금에서 수수료를 받는 수익구조를 가지고 있다. 터널을 뚫고 톨게이트 비용으로 천천히 회수하는 것과 비슷하다.

인프라사업자는 직접 선불식 교통카드를 발행하는 교통카드사업자이면서, 제3자 발행의 지급수단에 대해서 정산을 대행하는 교통정산사업자이기도 하다. 인프라사업자는 대중교통운영자와의 계약상 해당 인프라에 사용되는 전자지급수단을 결정하고 결제수수료를 협의할 권한을 가지고 있기 때문에, 어떤 지급수단에 교통기능을 구현하려면 이들과의 제휴가 필수적이다.

교통인프라는 버스, 지하철 운영권이 모두 지자체에 있기 때문에 교통수단별이 아닌 지역단위로 사업자를 선정하여 10년 정도의 장기로 위탁하게 된다.

과거에는 교통인프라사업자별로 각자가 운영하는 인프라에서는 각자가 발행한 교통카드만 사용할 수 있었으나, 2014년부터 한 장의 카드로 전국의 모든 대중교통수단에서 사용할 수 있도록 교통카드와 단말기의 규격이 통일되었다. 대중교통수단운영자에게는 전국호환 교통카드가 사용되는 단말기를 사용할 의무가 있다(대중교통법 제10조의2).

대중교통의 이용 및 육성에 관한 법률 제2조 이 법에서 사용하는 용어의 정의는 다음과 같다.

4. "대중교통운영자"라 함은 대중교통수단을 운행하거나 대중교통시설을 경영·관리하는 자로서 다음 각 목의 어느 하나에 해당하는 자를 말한다.
   가. 여객자동차운수사업법·도시철도법 그 밖의 법률에 따라 대중교통수단 또는 대중교통시설의 사업에 대한 면허·허가·인가·위탁 등을 받거나 등록·신고 등을 한 자
   나. 대중교통수단의 운행 또는 대중교통시설의 경영·관리를 위하여 철도산업발전기본법 등 관련 법률에 따라 설립된 법인

제10조의5【대중교통운영자 등의 전국호환 교통카드 설치·운용 의무】 다음 각 호의 어느 하나에 해당하는 자는 제10조의2부터 제10조의4까지의 전국호환 기본계획·지역계획 및 특정부문계획으로 정하는 바에 따라 대중교통수단·교통시설 등에 전국호환이 가능한 교통카드로 요금을 결제·정산하는 데 필요한 단말기 등 관련 장비를 설치·운용하여야 한다.
<개정 2010. 3. 22., 2014. 1. 7.>

1. 「도시철도법」 제2조 제8호에 따른 도시철도운영자
2. 「여객자동차 운수사업법」 제4조에 따라 면허를 받은 노선 여객자동차운송사업자 및 같은 법 제36조에 따라 면허를 받은 여객자동차터미널사업자
3. 「철도사업법」 제2조 제8호에 따른 철도사업자
4. 「한국도로공사법」에 따른 한국도로공사 등 「유료도로법」 제10조 제2항에 따른 유료도로관리권자

[본조신설 2008. 3. 28.]

다. 교통카드

'대중교통의 육성 및 이용촉진에 관한 법률'상 '교통카드'는 '교통요금을 전자적으로 지급·결제하는 카드나 그 밖의 매체'라고 정의되어 있다(법 제2조 제6호). 발행인에 제한이 없고, 선불·후불 같은 방식을 규정한 것도 아니기 때문에 교통에 사용될 수 있는 전자지급수단은 모두 동법상의 교통카드에 해당한다. 교통카드에는 인프라사업자가 직접 발행하는 선불교통카드와 신용카드업자가 발행하는 (신용·체크 카드에 탑재된) 후불교통카드가 있다.

(1) 선불교통카드

인프라사업자가 발행하는 교통카드로는, 티머니카드(한국스마트카드), 캐시비카드(이비카드), 레일플러스카드(코레일) 등이 있다(코레일은 대중교통운영자이면서 교통결제 인프라를 직접 보유하고 있기 때문에 교통카드사업도 같이 하고 있다). 공통 규격이어서 모든 인프라에서 같이 사용할 수 있다. 교통카드의 RFID 규격에 대한 관리와 인증은 국토교통부에서 한다.

카드 발행회사와 인프라 운영회사는 교통요금에 대한 결제수수료를 나누어 가지므로, 직접 교통카드를 발급하지 않고 인프라 운영만 하고 있어도 결제를 통해 수익은 발생한다. 자기 브랜드의 교통카드 사업을 적극적으로 할 것인지는 사업자의 판단이다. 이 경우에는 보통 전금법상 선불전자지급수단으로 등록하고 편의점과 슈퍼 등 외부 가맹점을 두게 된다(교통에만 사용되면 선불전자지급수단 정의에 해당되지 않는다). 일본에서는 스이카 같은 선불교통카드가

상당히 널리 사용되고 있다고 한다.

선불교통카드는 현금(편의점, 지하철), 계좌이체, 체크카드, 신용카드, 기타 포인트로 충전이 가능하다. 신용카드 충전은 미리 일정 금액을 신용카드 결제로 충전해 놓고 충전금을 사용하는 것으로, 사용한 만큼 이후에 카드대금으로 청구되는 후불교통카드와 구별되는 것이다(체크카드도 '충전금'을 직불로 결제하는 것이다). 카드로 충전금을 결제하면 별도로 수수료를 지급해야 하기 때문에(10% 할인충전) 잘 사용되지는 않는다.

(2) 후불교통카드

IC카드는 원래 비접촉식결제에 사용될 수 있기 때문에 기술 자체에 대해서는 별도의 국토부 인증 없이 교통카드로 사용될 수 있다. 후불교통기능은 신용카드 또는 만 12세 이상인 경우 체크카드에 탑재될 수 있다. 신용카드는 원래 성년인 만 19세부터 발급할 수 있고, 체크카드는 만 14세부터 가능하나 후불교통카드는 신용기능이어서 만 18세부터 허용되었던 것이 2020. 1. 1.자로 만 12세로 확대된 것이다(여전법 시행령 제6조의7 제2항).

이것을 교통인프라 사업자가 관리하는 단말장치(교통카드를 인식하고 결제정보를 처리할 수 있는 SAM 모듈이라는 것이 내장되어 있다)에서 사용될 수 있게 하려면, 인프라사업자와 계약을 맺고 교통카드번호를 받아서 각 카드마다 번호를 부여해야 한다.

최초 후불교통카드가 나왔을 무렵에는 대중교통운영자가 카드결제수수료로 지급하는 2.2%를 카드사와 인프라사업자가 나누는 구조였으나, 2011년의 기사를 보면[62] 인프라사업자들이 카드수수료 전체를 주지 않으면 후불교통카드 계약을 해지하겠다고 선언한다. 사용이 편리한 후불교통카드가 선불교통카드를 거의 대체하게 되면서 결과적으로 인프라사업자로서는 카드사에 주는 수수료만큼 수익이 악화되었는데, 교통요금 결제는 소액결제여서 인프라사업자들은 버스단말기 무료 설치, 인프라 유지·보수 등에 투여하는 비용 대비 수익구조가 높지 않기 때문이다. 위 기사는 카드사들이 서비스를 하면서 전혀 수익이 없을 수는 없다고 반대하고 있다는 것으로 끝나지만, 결국에는 인프라운영자가 원하는 수익구조로 재편되었다. 현재는 카드사가 결제 건마다 오히려 0.8%의 인프라 사용 수수료를 지급하면서 후불교통카드서비스를 유지하고 있다.

〈후불교통카드 수수료 구조〉

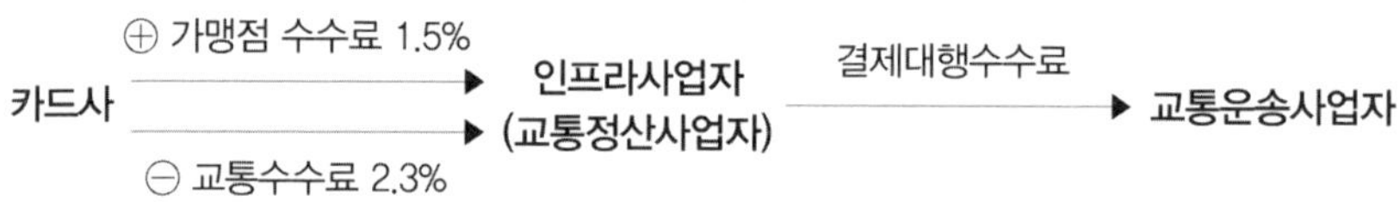

윗줄의 ⊕ 부분은 교통대금의 정산 흐름이다. 일반적인 카드결제와 마찬가지로, 카드수수료와 결제대행수수료가 빠진 최종 정산금이 교통운송사업자에게 지급되며, 이때 인프라사업자는 여전법의 신용카드가맹점, 전금법의 결제대행업체에 해당한다. 그러나 카드사는 2.3% 수준의 교통수수료를 인프라사업자에게 비용으로 별도 지급해야 하기 때문에, 결론적으로 마이너스 0.8% 사업 구조이다.

---

62) 2011. 12. 8. 조선비즈. 고객 300만 교통카드사업자 "신용카드수수료 못내겠다." (이신영 기자)

인프라운영자가 이런 주장을 할 수 있는 이유는, 후불교통카드가 없어지면 사람들은 다소 불편하더라도 다시 선불교통카드를 사용하는 것 외에는 어차피 대안이 없기 때문이다.

그런데 카드사는 그냥 교통카드 기능을 포기하지 않고 왜 이런 계약을 하고 있는 것일까? 물론 이용자들의 편의를 위한 것도 있겠지만, 카드사 간에 후불교통기능 중단 여부에 대한 의견이 통일되지 않아서인지(한 군데라도 계속하면 먼저 중단한 나머지들은 낭패가 될 것이다), 사람들이 선불교통카드를 가지고 다니기 시작하면 다른 결제시장까지 침투할 수 있다고 봐서인지(소액결제가 별로 돈이 되는 것은 아니지만), 감독당국이 불허한 것인지 궁금한 부분이다.

카드사들도 공정거래법과 여전법을 근거로 문제 제기는 계속 하고 있다. 여전법에서는 중소가맹점의 수수료 상한도 정하고 있지만, 대형신용카드가맹점이 거래상의 우월적 지위를 이용하여 부당하게 낮은 가맹점수수료율을 요구하는 행위도 금지하고 있다(법 제18조의3 제4항). 인프라사업자는 당연히 대형신용카드가맹점이니까 동 조항이 걸리게 되는데, 이들도 수익이 많은 것은 아니니 이렇게라도 받지 않으면 교통요금을 인상하지 않을 수 없다. 결국 요금을 인상이나 국가 예산의 지원으로 해결해야 되는 문제를 민간사업자의 부담으로 돌리고 있는 것이다. 이러한 관행은 매우 적절하지 않은 것이지만 금융위, 공정위, 국회, 시민단체, 언론 그 누구도 굳이 카드사를 옹호하는 듯한 입장에 설 이유가 없기 때문에 상황이 해소되는 것은 쉽지 않을 것으로 보인다.

(3) 교통카드의 승인과 대금청구

교통요금은 이용거리와 버스·지하철 환승이 반영되어 하차 시에 금액이 결정된다. 따라서 선불교통카드는 미수금 리스크를 최소화하기 위해 잔액이 2,500원 이상인 경우에만 탑승이 허용된다. 후불교통카드의 경우 (원래의 카드결제는 카드사에서 실시간 카드 유효성과 사용한도를 승인해야 되지만) 교통단말기에서는 교통카드번호만 확인되면 카드사와의 통신 없이 무승인거래로 진행된다.

1일 1회, 카드사로부터 연체 및 분실 카드번호를 전달받아 단말기에 업데이트하는 절차이기 때문에 카드사에 분실신고를 하더라도 교통기능은 바로 정지되지 않고 2~3일간 사용이 가능한 것이다. 미납금을 납부했을 때 정지가 풀리는데도 정지를 할 때와 마찬가지로 2~3일이 소요된다. 무승인 거래를 하기 때문에 계좌에서 실시간 돈을 출금해야 되는 직불 방식은 대중교통요금 결제에서는 존재하지 않는 것이다.

같은 후불이라도 신용카드는 교통대금이 월 사용액에 합산 청구되고, 체크카드는 월 2회 계좌에서 인출된다. 후불 교통대금이 2만원 이상 연체되면 교통카드 이용이 제한되고, 신용카드 연체에 준해서 20~25%의 높은 이자가 부과된다. 그리고 연체정보가 신용평가업체에 전달되어 신용점수에 영향을 주는데, 미성년자의 경우 연체정보 전달은 면제된다. 신용카드는 교통대금 연체만 따로 있지는 않고, 어차피 카드대금의 일부이므로 카드연체로 관리되며, 그 결과로 카드사용이 중지되면 당연히 교통카드 기능도 사용할 수 없다.

라. 택시 결제

택시는 대중교통은 아니지만 선불교통카드 사업자들이 단말기도 공급하고 정산 업무도 같이 하고 있다. 택시는 지역의 택시조합에서 사업자를 선정하기 때문에 티머니, 이비카드, 마이비 3개 밖에 없는 것 같다. 티머니가 서울을 포함하여 가장 넓은 지역을 커버하고 있다. 티머니는 서울시에서 출자한 회사라서 서울 지역 독점은 어쩔 수 없는 상태이다.

택시에는 접촉식과 비접촉식 2개의 단말기가 있다. 접촉식 단말기 결제는 일반 카드결제여서 후불교통카드가 아니라 신용카드·체크카드의 원래 기능을 사용하는 것이다. 비접촉식 단말기 결제가 후불교통카드 결제인데, 대중교통의 무승인 방식과 달리 택시요금은 카드사와 실시간 통신 후 승인된다. 그래서 체크카드는 계좌에 잔고가 있어야 대금이 빠져나가면서 결제가 된다. 승인 방식이 다를 뿐 후불교통카드번호가 부여되어 있어야 사용할 수 있는 점은 마찬가지이기 때문에 카드사는 이 경우에도 교통수수료를 내야 한다. 그래도 택시의 경우 가맹점수수료 수입이 교통정산사업자에게 내는 교통수수료 비용보다 높게 계약이 체결되어 있어서 0.5% 정도는 남는다고 한다.

마. 모바일 교통 결제

모바일 NFC결제는 USIM 또는 HCE 방식으로 가능한데, 티머니와 이비카드는 USIM 방식을 채택하였고, 후발주자인 코레일은 USIM 방식을 쓰면 통신사 비용도 들거니와 한꺼번에 고객을 확보하기 어렵기 때문에(휴대폰을 교체하지 않는 한 굳이 USIM을 바꾸지 않는다) HCE 방식을 채택하였다.

삼성페이는 그 역할이 전자지갑인 만큼, 티머니 및 캐시비 교통카드와 연동된 교통결제 기능을 제공한다. 삼성페이 앱에서 티머니 또는 캐시비를 선택하면 선불과 후불 중에 고르게 되어 있다. 선불은 선불카드를 충전하는 것처럼 충전하면 되고, 후불은 가지고 있는 후불교통카드를 (체크카드는 안되고 신용카드만) 등록하면 된다. 삼성페이의 NFC기능 자체는 USIM이 필요 없는 HCE 방식이지만, 교통결제에 사용될 수 있으려면 티머니·캐시비 USIM이 있는 휴대폰이어야 한다.

제 9 절

모바일고지와 전자고지결제업

가. 전자고지결제업

전금법상 전자금융업의 하나인 전자고지결제업은 '수취인을 대행하여 지급인이 수취인에게 지급하여야 할 자금의 내역을 전자적인 방법으로 지급인에게 고지하고, 자금을 직접 수수하며 그 정산을 대행하는 업무'이다(전금법 시행령 제15조 제3항 제2호). 일명 EBPP (Electronic Bill Presentment and Payment)라고 한다. 자금을 수취하여 정산하는 것이 PG와 유사하지만, 수취기관(Biller)으로부터 개인별 요금정보를 전달받아 고지하는 업무가 포함되어 있다는 특징이 있다.

전금법 시행령 제15조【허가 또는 등록면제 등】 ③ 법 제28조 제2항 제5호에서 "대통령령이 정하는 전자금융업무"라 함은 전자금융거래와 관련하여 자금을 수수(授受)하거나 수수를 대행하는 전자금융업무로서 다음 각 호의 어느 하나에 해당하는 업무를 말한다.

2. 수취인을 대행하여 지급인이 수취인에게 지급하여야 할 자금의 내역을

전자적인 방법으로 지급인에게 고지하고, 자금을 직접 수수하며 그 정산을 대행하는 업무

EBPP로서 대표적인 것이 금융결제원 인터넷지로 서비스이다. 금융결제원은 모든 은행과 연결되어 있으므로 세금, 교통범칙금, 국민연금, 전기·수도요금 등 다양한 공공·민간요금의 Biller들을 확보해서 금융결제원 사이트를 통해 내역을 보여주고, 계좌를 이용한 일회성 또는 자동이체 납부 업무를 처리하고 있다. 한국통신, 한국인터넷빌링 등에서도 유사한 서비스를 오픈한 바 있다. 그런데 이용자들이 그런 서비스가 있다는 걸 알고 일부러 해당 사이트로 들어와서 이용 신청을 해야 하는 것이기 때문에 EBPP의 이용률은 기대만큼 높지 못하다.

Biller들은 어쨌든 요금은 받아야 하고, 이미 자동이체를 하고 있는 고객이라도 요금내역을 안내해야 하기 때문에 아파트 관리비, 전기·수도·가스요금, 범칙금 등 대부분의 영역에서 여전히 종이고지서를 많이 받게 된다.

나. 모바일 전자고지

최근 전자고지에서 주목받고 있는 것은 모바일 문자메시지를 이용한 것이다. 2018년 출시된 카카오페이의 청구서 서비스는 수취기관으로부터 요금정보를 받아서 이용자들에게 카카오톡으로 통지한 후, 카카오페이의 간편결제 기능을 이용해서 결제를 대행하는 EBPP 라이선스 업무이다. 고객이 고지만 받고 납부는 따로 할 수도 있기 때문에 수수료는 고지수수료와 납부수수료를 따로 책정하게 된다.

카카오페이가 이런 업무를 할 수 있는 이유는 플랫폼으로서 사람들이 많이 이용하기 때문에 EBPP사업에서 허들이 되었던 이용신청을 받기 용이하고, 메신저 서비스의 장점을 살려 새로운 고지를 카톡으로 알려줄 수도 있기 때문이다. KT도 유사한 구조로 통지를 문자메시지로 하고, 계열사인 스마트로를 통해서 납부 및 정산 업무를 하고 있다.

모바일고지를 이용하면 이용기관으로서는 종이고지에 소요되는 노력과 비용이 대폭 줄고, 고지가 수신되었는지 여부를 곧바로 확인할 수 있다. 이용자도 교통범칙금 같이 일회성으로 부과되는 의무도 놓치지 않고 인식할 수 있고, 납부 처리, 내역 보관 같은 사후관리를 앱을 통해서 할 수 있어 편리하다.

다. 세금의 특수성

핀테크사업자는 모바일고지를 하면서 간편결제를 통해서 납부를 받는 것에 기능상 문제는 없지만, 세금의 경우 법적으로 유효한 송달방식이 정해져 있고, 자금을 수취하는 납부대행 업무는 은행만(금고 계약을 체결하고) 할 수 있어서 전자고지결제업을 할 때 제약을 받는다.

일단 이용자에게 간편결제는 제공하되, 납부대행 자격이 없으므로 PG역할 없이 아예 카드사가 직접 금고은행으로 입금하게 하는 방법이 있을 것이다. 계좌와 연결된 선불로 결제를 할 때는 결제 승인과 함께 실시간 금고은행에 입금하면, 납부대행(정산) 업무라기

보다는 송금 업무로 볼 수 있어 가능할 것이다. 다만, 이렇게 하려면 건건이 이체하는 은행수수료가 들기는 한다.

고지는 국세와 지방세가 큰 틀에서 유사하게 운영되지만, 징수기관이 지방자치단체인 지방세가 제도적으로 조금 더 유연하게 운영되고 있다. 세금의 조회와 납부를 할 수 있는 웹사이트·앱은 다음과 같다.

(1) 국세는 국세청이 운영하는 국세정보통신망(홈택스), 지방세는 행정안전부가 운영하는 지방세정보통신망(위택스). 지방세의 경우 위택스와 연계하여 각 지방자치단체가 별도의 지방세수납정보시스템을 운영하기도 한다. 서울시는 이택스, 경기도는 지택스 사이트가 별도로 있다.

(2) 금융결제원의 연계정보통신망(인터넷지로): 국세정보통신망, 지방세정보통신망과 직접 연계되어 있다.

(3) 은행: 세금이 나온 줄 모르고 연체되는 경우가 발생하므로 자주 이용하는 은행앱을 통해서 세금을 조회하고 납부할 수 있게 한 것이다.[63] 2017년 7월 8개 은행으로 시작하여 현재는 인터넷은행을 포함한 전체 은행으로 확대되었다.[64] 납부를 할 때는 해당 은행에 개설된 계좌가 원천이 된다.

카드로도 세금을 납부할 수 있지만 국세정보통신망, 지방세정보통신

---

63) 행정자치부 보도자료 2017. 7. 20. 지방세 고지부터 납부까지 스마트폰으로 한 번에 OK

64) 행정자치부 보도자료 2017. 11. 23. 지방세 납부 인터넷 은행으로도 가능해진다.

신망, 금융결제원 연계정보통신망 사이트에 접속한 후 카드납부를 선택해서 하는 것이지, 카드사 웹·앱에서 조회가 되지는 않는다.

그런데 세금의 고지는 종이고지를 원칙으로 하기 때문에 위 사이트에서 조회·납부를 할 수 있는 것과 송달로서 법적 효력이 발생하는 것은 별개이다. 종이고지를 대체하는 전자고지가 되려면 납세자가 홈택스·위택스에서 전자송달을 신청해야 하고, 이때 지정할 수 있는 수신처는 이메일 또는 국세·지방세 정보통신망의 전자사서함에 한한다(아무 이메일이 아니라 샵메일 같은 것이어야 할 것이고, 전자사서함이란 홈택스·위택스에 접속해서 보라는 것이다). 나머지 방법–이택스, 지택스, 인터넷지로, 은행앱에서 조회를 하더라도 법적송달로 보지 않는다.

국세기본법 제8조【서류의 송달】 ① 이 법 또는 세법에서 규정하는 서류는 그 명의인(그 서류에 수신인으로 지정되어 있는 자를 말한다. 이하 같다)의 주소, 거소(居所), 영업소 또는 사무소[정보통신망을 이용한 송달(이하 "전자송달"이라 한다)인 경우에는 명의인의 전자우편주소(국세정보통신망에 저장하는 경우에는 명의인의 사용자확인기호를 이용하여 접근할 수 있는 곳을 말한다)를 말하며, 이하 "주소 또는 영업소"라 한다]에 송달한다.

제10조【서류 송달의 방법】 ⑧ 전자송달은 대통령령으로 정하는 바에 따라 서류를 송달받아야 할 자가 신청한 경우에만 한다. 다만, 납세고지서가 송달되기 전에 대통령령으로 정하는 바에 따라 납세자가 이 법 또는 세법이 정하는 바에 따라 세액을 자진납부한 경우 납부한 세액에 대해서는 자진납부한 시점에 전자송달을 신청한 것으로 본다. <개정 2013. 1. 1.>

1. 납세자의 성명, 주민번호 등 인적사항

2. 납세자의 주소 또는 본점 소재지 및 사업장 소재지
3. 전자송달과 관련한 안내를 받을 수 있는 전자우편주소 또는 연락처
4. 전자송달의 안내방법 및 신청(철회) 사유
5. 그 밖에 기획재정부령으로 정하는 사항

제12조 【송달의 효력 발생】 ① 제8조에 따라 송달하는 서류는 송달받아야 할 자에게 도달한 때부터 효력이 발생한다. 다만, 전자송달의 경우에는 송달받을 자가 지정한 전자우편주소에 입력된 때(국세정보통신망에 저장하는 경우에는 저장된 때)에 그 송달을 받아야 할 자에게 도달한 것으로 본다. [전문개정 2010. 1. 1.]

지방세기본법 제2조 【정의】 ① 이 법에서 사용하는 용어의 뜻은 다음과 같다. <개정 2017. 7. 26.>

31. "전자송달"이란 이 법 또는 지방세관계법에 따라 지방세정보통신망을 이용하여 송달을 하는 것을 말한다.

제28조 【서류의 송달】 ① 이 법 또는 지방세관계법에서 규정하는 서류는 그 명의인(서류에 수신인으로 지정되어 있는 자를 말한다. 이하 같다)의 주소, 거소, 영업소 또는 사무소[전자송달인 경우에는 행정안전부장관이 고시하는 정보통신망에 가입된 명의인의 전자우편주소 또는 지방세정보통신망의 전자사서함(「전자서명법」 제2조에 따른 공인인증서를 이용하여 접근할 수 있는 곳을 말한다)을 말한다. 이하 "주소 또는 영업소"라 한다]에 송달한다. <개정 2017. 7. 26.>

제30조 【서류송달의 방법】 ① 제28조에 따른 서류의 송달은 교부·우편 또는 전자송달로 하되, 해당 지방자치단체의 조례로 정하는 방법에 따른다.
⑦ 제1항에 따른 전자송달은 대통령령으로 정하는 바에 따라 서류의 송달을 받아야 할 자가 신청하는 경우에만 한다.

제32조 【송달의 효력 발생】 제28조에 따라 송달하는 서류는 그 송달을 받아야 할 자에게 도달한 때부터 효력이 발생한다. 다만, 전자송달의 경우에

는 송달받을 자가 지정한 전자우편주소에 저장된 때 또는 지방세정보통신망의 전자사서함에 저장된 때에 그 송달을 받아야 할 자에게 도달된 것으로 본다.

시행령 제14조 【전자송달의 신청 및 철회】 ① 법 제30조 제7항에 따라 전자송달을 신청하거나 전자송달의 신청을 철회하려는 자는 다음 각 호의 사항을 적은 신청서를 지방자치단체의 장에게 제출하여야 한다.
<개정 2017. 7. 26.>

1. 납세자의 성명·주민등록번호 등 인적사항
2. 납세자의 주소 또는 영업소
3. 납세자의 전화번호 또는 휴대전화번호 등 연락처
4. 전자송달을 받을 전자우편주소
5. 전자송달 철회의 사유(전자송달의 신청을 철회하는 경우만 해당한다)
6. 그 밖에 행정안전부령으로 정하는 사항

사정이 이렇다 보니 세금의 경우 다른 요금들처럼 앱·문자·톡으로 고지서를 보낼 수는 있으나, 법정된 전자송달의 방식이 아니면 그 고지는 납부를 유도하는 의미에 그치게 된다. 과세관청으로서는 일정기간 납부를 기다렸다가 미납된 경우에 대해 다시 종이고지서를 발송해야 한다. 이것만으로도 납부 편의성이 좋아지고, 연체·미납과 종이고지서 발송이 줄어드는 효과는 있겠지만 법적 송달효과를 줌으로써 종이고지서를 완전히 대체하는 것과 비교하면 아쉬움이 크다. 전자송달의 방법이 '법률'에 직접 규정되어 있다보니 법 개정의 과정을 거쳐야 했다.

이 부분에 대해서는 수년간 지속적으로 문제가 제기되어 최근

2018. 12. 24.자 지방세기본법 개정(2019. 1. 1. 시행)으로 지방세에 대해서는 드디어 모바일고지가 법적 효력을 가질 수 있는 근거가 생기게 되었다. 법 제2조와 제28조에서 전자송달의 방식으로 '연계정보통신망의 전자고지함(연계정보통신망의 이용자가 접속하여 본인의 지방세 고지내역을 확인할 수 있는 곳을 말한다)' 부분이 추가된 것이다. 연계정보통신망은 금융결제원을 말하는데, 여기에 직접 접속하는 것뿐 아니라 금융결제원을 통해서 내역을 받아 모바일 앱 또는 메시지로 고지하는 것도 법적 송달이 된다. 법 개정 후인 2019년 7월 카카오페이, 네이버, 페이코에서 금융결제원과 제휴한 서비스를 개시하였다.[65] 단, 법적인 전자송달은 납세의무자의 신청이 조건이기 때문에 전자고지사업자는 그 앱에서 전자송달의 신청을 받고, 신청자를 대상으로 고지 건이 발생하면 앱·메시지로 알려주는 프로세스를 가지고 있다. 앞서 설명한 2017년부터 시작된 은행 앱 서비스도 정보를 금융결제원(연계정보통신망)에서 가져온다는 점은 동일하지만, 은행앱은 신청을 받아서 전자고지를 해주는 것이 아니라서 본인이 원할 때 실시간 내역을 조회하고 납부할 수 있게 편의를 제공하는 서비스라는 차이가 있다. 은행앱에서 내역을 조회하더라도 법적으로 송달된 것으로 보지 않는다.

국세의 전자송달에 대해서는 아직 개정이 논의 중인 상태이다.

지방세기본법 제2조【정의】 ① 이 법에서 사용하는 용어의 뜻은 다음과 같다. <개정 2017. 7. 26., 2018. 12. 24.>

65) 행정안전부 보도자료. 2019. 6. 19. 지방세 고지·납부, 스마트폰으로 한 번에

31. “전자송달”이란 이 법 또는 지방세관계법에 따라 지방세정보통신망 또는 「정보통신망 이용촉진 및 정보보호 등에 관한 법률」 제2조 제1항 제1호에 따른 정보통신망으로서 이 법에 따른 송달을 위하여 지방세정보통신망과 연계된 정보통신망(이하 “연계정보통신망”이라 한다)을 이용하여 송달을 하는 것을 말한다.

제28조【서류의 송달】 ① 이 법 또는 지방세관계법에서 규정하는 서류는 그 명의인(서류에 수신인으로 지정되어 있는 자를 말한다. 이하 같다)의 주소, 거소, 영업소 또는 사무소(이하 “주소 또는 영업소”라 한다)에 송달한다. 다만, 제30조 제1항에 따른 전자송달인 경우에는 지방세정보통신망에 가입된 명의인의 전자우편주소나 지방세정보통신망의 전자사서함[「전자서명법」 제2조에 따른 인증서(서명자의 실지명의를 확인할 수 있는 것을 말한다) 또는 행정안전부장관이 고시하는 본인임을 확인할 수 있는 인증수단으로 접근하여 지방세 고지내역 등을 확인할 수 있는 곳을 말한다. 이하 같다] 또는 연계정보통신망의 전자고지함(연계정보통신망의 이용자가 접속하여 본인의 지방세 고지내역을 확인할 수 있는 곳을 말한다. 이하 같다)에 송달한다. <개정 2018. 12. 24.>
② 연대납세의무자에게 서류를 송달할 때에는 그 대표자를 명의인으로 하며, 대표자가 없으면 연대납세의무자 중 지방세를 징수하기 유리한 자를 명의인으로 한다. 다만, 납세의 고지와 독촉에 관한 서류는 연대납세의무자 모두에게 각각 송달하여야 한다.
③ 상속이 개시된 경우에 상속재산관리인이 있을 때에는 그 상속재산관리인의 주소 또는 영업소에 송달한다.
④ 제139조에 따른 납세관리인이 있을 때에는 납세의 고지와 독촉에 관한 서류는 그 납세관리인의 주소 또는 영업소에 송달한다.

제32조【송달의 효력 발생】 제28조에 따라 송달하는 서류는 그 송달을 받아야 할 자에게 도달한 때부터 효력이 발생한다. 다만, 전자송달의 경우에는 송달받을 자가 지정한 전자우편주소, 지방세정보통신망의 전자사서함

또는 연계정보통신망의 전자고지함에 저장된 때에 그 송달을 받아야 할 자에게 도달된 것으로 본다. <개정 2018. 12. 24.>

라. 전자고지의 근거, 수신 증명

세금을 제외한 공공기관의 통지들은 대부분 법률 자체에서 (통지 방식을 종이에 한정하지 않고) 전자문서를 인정하고 있어서, 미리 전자고지를 신청한 사람으로 한정할 필요가 없다.

예외적으로 '종이문서'로 방법을 한정하는 문구가 있는 경우에도 전자정부법 제11조에 따라 '본인이 원하면' 전자문서로 통지할 수 있다. 정부나 공공기관으로부터 어떤 통지를 받을 것을 예상해서 사전에 전자고지를 신청하는 사람은 별로 없을 것이다. 전자적 수신 동의의 방법이 별도로 정해져 있는 경우가 아니라면, 일단 전자고지를 보내놓고 수신자가 전자문서 수신에 동의한 후 열람할 수 있는 절차로 만들면 위 규정에 부합한다고 볼 수 있을 것이다.

모바일 전자고지에서는 그 내용을 타인이 볼 수 없도록 할 필요가 있고, 본인이 수신했다는 것에 대한 증명도 중요하기 때문에 메시지에 바로 내용을 노출하지 않고, 본인인증 후 열람하게 하는 경우가 많다(앞에서 본 세금처럼 처음부터 신청자에 대해서만 발송하는 경우는 그럴 필요가 없을 것이다). 이때의 본인인증은 수신자가 누구인지 확인하는 것에 그치는 것이 아니라, 수신자가 그 특정 내용의 문서를 확인했다는 것까지 증명하는 전자서명에 해당한다. 모바일 전자고지에서는 누가 누구에게 무엇을 발송했고, 그것이 도달했는지, 수신자가 열람했는지 여부 및 그 시간이 자체 시스템상의 기록과 전자서명을 통해 증명될 수 있다.

다만, 현재 전자서명법에서는 공인인증서를 이용한 전자서명에 대해서만 '본인이 그 문서에 서명했다고 추정'한다는 규정을 두고 있기 때문에 사설인증서를 이용한 전자서명은 기술적으로 동일하더라도 다툼이 생겼을 때 왠지 법률로 직접 명시된 추정력이 없다는 점을 찜찜하게 느끼는 이용기관들이 있을 수 있다. 특히 등기우편으로 보내야 하는 내용을 전자고지할 때가 그렇다. 이러한 점을 보완하기 위해 카카오페이, KT는 공인전자문서중계제도를 이용하고 있다.

공인전자문서중계제도는 공인전자문서중계자를 통해 공인전자주소로 전자문서를 수·발신하면 등기우편과 같이 유통증명력이 부여되는 것으로 2012. 6. 1.(시행 2012. 9. 2.) 전자문서 및 전자거래기본법에 도입되었다. 공인전자주소는 @대신 #을 사용하기 때문에 일명 '샵메일'이라고 한다. 개인이 메일을 만들어서 공개상태로 두면 외부기관에서 개인정보를 검색해서 문서를 보낼 수 있기 때문에 수신자로서는 전자사서함을 만드는 행위라고 볼 수 있다. '공인전자문서중계자'는 공인전자주소의 등록을 대행하고, 문서의 수·발신 내역을 전담기관(한국인터넷진흥원) 서버에 업로드하는 역할을 한다. 이 제도는 수신자가 공인전자문서중계자의 홈페이지에서 샵메일을 만들어야 하는 번거로움 때문에 활성화되지 못하였는데, 카카오페이와 KT가 2018년 공인전자문서중계자로 지정받아 모바일 전자고지 사업에 접목한 것이다. 이들은 모바일고지를 하면서 수신자의 공인전자주소를 자동으로 발급해 두고(이용자는 공인전자주소 생성에 대한 동의만 하면 되고 직접 샵메일을 만들 필요가 없다), 고지 및 열람 기록을 전담기관 서버에 올려두기 때문에 필요할 때 법적으로 추정력이 부여된 유통증명서를 발급받을 수 있다.

동 서비스는 전담기관에 지급해야 하는 비용이 별도로 발생할 수 있기 때문에, 이용기관은 특별히 등기발송 효과를 원하는 경우에만 선택하면 될 것이다.

전자정부법 제11조 【전자적 고지·통지】 ① 행정기관등의 장은 관계 법령에서 고지서·통지서등의 종이문서로 통지등을 하도록 규정하고 있는 경우에도 본인이 원하면 이를 전자문서로 통지등을 할 수 있다.
② 제1항에 따른 전자문서로 통지등을 한 경우에는 해당 법령에서 정한 절차에 따라 통지등을 한 것으로 본다.
③ 행정기관등의 장은 제1항에 따라 통지등을 전자문서로 할 때에는 인터넷을 통하여 미리 그 통지등의 종류와 절차를 국민에게 공표하여야 한다.

전자서명법 제2조 【정의】 이 법에서 사용하는 용어의 정의는 다음과 같다.

1. "전자문서"라 함은 정보처리시스템에 의하여 전자적 형태로 작성되어 송신 또는 수신되거나 저장된 정보를 말한다.
2. "전자서명"이라 함은 서명자를 확인하고 서명자가 당해 전자문서에 서명을 하였음을 나타내는데 이용하기 위하여 당해 전자문서에 첨부되거나 논리적으로 결합된 전자적 형태의 정보를 말한다.
4. "전자서명생성정보"라 함은 전자서명을 생성하기 위하여 이용하는 전자적 정보를 말한다.
6. "인증"이라 함은 전자서명생성정보가 가입자에게 유일하게 속한다는 사실을 확인하고 이를 증명하는 행위를 말한다.
7. "인증서"라 함은 전자서명생성정보가 가입자에게 유일하게 속한다는 사실 등을 확인하고 이를 증명하는 전자적 정보를 말한다.

제3조 【전자서명의 효력 등】 ① 다른 법령에서 문서 또는 서면에 서명, 서명날인 또는 기명날인을 요하는 경우 전자문서에 공인전자서명이 있는 때에는 이를 충족한 것으로 본다. <개정 2001. 12. 31.>
② 공인전자서명이 있는 경우에는 당해 전자서명이 서명자의 서명, 서명날인 또는 기명날인이고, 당해 전자문서가 전자서명된 후 그 내용이 변경되지 아니하였다고 추정한다. <개정 2001. 12. 31.>
③ 공인전자서명 외의 전자서명은 당사자 간의 약정에 따른 서명, 서명날인 또는 기명날인으로서의 효력을 가진다. <신설 2001. 12. 31.>
[제목개정 2001. 12. 31.]

전자문서 및 전자거래 기본법 제2조 【정의】 이 법에서 사용하는 용어의 뜻은 다음과 같다.

8. "공인전자주소"란 전자문서를 송신하거나 수신하는 자를 식별하기 위하여 문자·숫자 등으로 구성되는 정보로서 제18조의4에 따라 등록된 주소를 말한다.
9. "공인전자문서센터"란 타인을 위하여 다음 각 목의 업무(이하 "전자문서보관등"이라 한다)를 하는 자로서 제31조의2 제1항에 따라 지정받은 자를 말한다.
   가. 전자문서의 보관 또는 증명
   나. 그 밖에 전자문서 관련 업무
10. "공인전자문서중계자"란 타인을 위하여 전자문서의 송신·수신 또는 중계(이하 "전자문서유통"이라 한다)를 하는 자로서 제31조의18에 따라 지정받은 자를 말한다.

[전문개정 2012. 6. 1.]

제18조의4 【공인전자주소의 등록】 ① 공인전자주소를 이용하여 전자문서를 송신하거나 수신하려는 자는 제22조 제1항에 따른 전담기관에 공인전자주소를 등록하여야 한다.
② 제22조 제1항에 따른 전담기관은 제1항에 따라 등록의 신청을 받은

경우에는 신청된 공인전자주소가 국제표준방식 등에 맞는지를 확인하고, 그 내용을 정보처리시스템에 입력하고 보관하여야 한다.

③ 제22조 제1항에 따른 전담기관은 제1항에 따라 등록을 신청한 자로부터 수수료를 받을 수 있다.

제18조의5 【유통증명서의 생성 및 발급 등】 ① 제22조 제1항에 따른 전담기관은 공인전자주소를 통하여 전자문서가 송신 또는 수신되거나 열람된 경우 다음 각 호의 사항이 포함된 정보(이하 “유통정보”라 한다)를 생성·보관한다.

1. 전자문서의 송신 및 수신 일시
2. 전자문서의 송신자 및 수신자
3. 그 밖에 전자문서의 송신 및 수신에 관한 사항으로서 대통령령으로 정하는 사항

② 작성자 및 송신자는 유통정보를 보관하고 있는 제22조 제1항에 따른 전담기관으로부터 유통증명서를 발급받을 수 있다.

③ 제22조 제1항에 따른 전담기관이 유통증명서를 대통령령으로 정하는 방법과 절차에 따라 발급한 경우에 그 유통증명서는 진정한 것으로 추정한다.

[본조신설 2012. 6. 1.]

제31조의18 【공인전자문서중계자의 지정 등】 ① 과학기술정보통신부장관은 전자문서유통의 안정성과 신뢰성을 확보하기 위하여 전자문서유통에 관하여 전문성이 있는 자를 공인전자문서중계자로 지정하여 전자문서유통을 하게 할 수 있다. 이 경우 개인정보 또는 영업비밀 보호를 위하여 필요한 경우에는 금융·의료·국방 등 분야별로 대표성이 있는 자를 우선하여 지정할 수 있다. <개정 2013. 3. 23., 2017. 7. 26.>

[쉬어가는 만화코너]

백조왕자의 누이

옛날에 '엘리자'라는 공주가 살고
있었어요.

어느 날 계모가 들어와,
오빠들은 가출해 버리고…

그런데 알고보니, 오빠들은 마법에
걸려 백조가 된 것이었어요.
엘리자는 쐐기풀로 옷을 짜주면
마법이 풀리는 걸 알게 됐지요.

희망이 생긴 엘리자는,
쐐기풀을 뜯고 실을 꼬아서 열심히
뜨개질을 하기 시작했어요.

한벌, 두벌, 세벌…

그러다가, 다 아시는 바와 같이

사냥을 나왔던 왕이
엘리자의 미모에 반해
궁으로 데리고 갔는데,

옷을 다 뜨기 전에
한 마디라도 말을 하면
마법을 풀 수 없기 때문에

입을 꾹 다물고 뜨개질만 하다가

오빠가 좀
많이 많아
ㅠㅠ

마녀로 몰려 화형을 당할 처지가
되지요.

하지만, 엘리자는 끌려가는 수레에서도 한 땀 한 땀 뜬 옷을, 마지막에 하늘로 던져줍니다.

그렇게 해서, 오빠들은 왕자로 돌아오고 엘리자는 행복하게 살았답니다.

-The end-

이 동화의 엔딩. 시간관계상 마지막 팔을 완성하지 못했기 때문에 막내오빠는 한쪽 팔이 날개로 남았답니다.

마지막 스퍼트 인상적이었고, 중간에 게으름 피웠다는 얘기도 없지만… 하필 그렇게 한쪽 팔이 부족하게 될 것을 알았다면, 어떻게든 더 서둘러서 완성할 수도 있었을 텐데. 지나고 보면 이런 식으로 아쉬운 일이 많지 않나?

그러나 현실적으로 우리가 계속 달릴 수는 없다. 회사 일도, 시험, 공부도, 운동도, 돈 모으는 것도. 우리는, 얼마만큼 하면, 언제, 어떻게 될지 알지 못하는 길을 가야 한다. 도대체 자기가 몇 벌까지 쐐기풀 옷을 완성할 수 있을지, 불확실성 속에서 뜨개질을 하는 엘리자처럼.

그래서 포기하지 않고 그냥 계속 가는 게 중요하다고 생각해 봅니다.

그리고 막판에 스퍼트하기!

그동안이 어쨌든 간에, 막판에는 막내 오빠에게 스퍼트를 보여주자. 더 잘할걸… 하는 후회와 그럼에도 끝까지 포기하지 않아서 얻게 되는 나름의 소득… 그렇게 노력은 무언가로 남는다는 것, 결과를 너무 걱정하지 말고 그냥 계속 살라고 작가는 말하고 싶었던 것이 아닐까?

제4장

지급결제 심화편: 현안의 이해

제 1 절

현금, 현금성 결제

가. 현금없는 사회

지급결제 프로세스만 봤을 때는 현금을 사용하면 다른 일이 필요없어 제일 간단하고 비용도 안들 것 같지만 꼭 그렇지가 않다. 가지고 다니고 바꿔주고 하는 번거로움, 잔돈이 유실되는 점, 관리에 드는 노력과 인건비, 화폐의 발행비용까지 감안하면 전체적으로 들이가는 사회적 비용이 높고, 자금거래를 파악하는 데도 좋지 않기 때문에 세계적으로 현금 사용 비중을 줄이는 추세이다. 스웨덴의 경우 2030년까지 현금 사용을 없애는 정책을 추진하고 있는데, 현금이 아예 없어지면 금융거래 소외계층이 발생할 수 있기 때문에 제반 환경이 받춰주어야 하는 일이다.

우리나라의 경우 2016년 한국은행에서, 일단 동전 사용을 줄여본다는 차원에서 '동전없는 사회' 시범사업을 시작한 바 있다. 현금 중에서도 특히 비용이 드는 것이 동전이다. 동전은 액면가에 비해서 발행비용이 높은데다가 회수율이 낮아서 신규 발행 비용만 연간 500억 원 규모(2015년 기준)이었다.

위 사업은 현금을 거래할 때 발생하는 거스름돈을 선불전자지급수단으로 적립해 줌으로써 동전을 사용하지 않고도 현금거래가 가능한 인프라를 구축하고자 하는 것이다. 전국 편의점, 마트, 백화점을 대상으로 선불사업자들(L.POINT, SSG머니, 네이버페이포인트, 캐시비, 하나머니, 티머니, 신한FAN머니, 하이페스, 한페이, DGB유페이)을 매칭하여 카드식 선불전자지급수단은 단말기에 카드를 접촉하는 방식으로, 모바일 선불전자지급수단은 고객 휴대폰의 바코드를 스캔하는 방식으로 현장에서 잔돈을 적립해준다. 적립금은 각 선불전자지급수단의 가맹점에서 사용할 수 있다.

소매점은 선불사업자가 적립해 준 잔돈 상당의 자금을 월 1회 선불사업자에게 정산한다(아래 7번, 8번 프로세스). 선불사업자는 입금을 받기 전에 선불전자지급수단을 발행하는 것이지만, 그 시점에는 소매점에 대한 채권이 이미 확정되어 있기 때문에 신용을 공여하게 되는 것은 아니다. 회원으로부터 직접 현금을 받지는 않았지만, 대신 채권을 받고 선불을 발행한 것이기 때문이다.

〈현금없는 사회 프로세스(한국은행 자료)〉

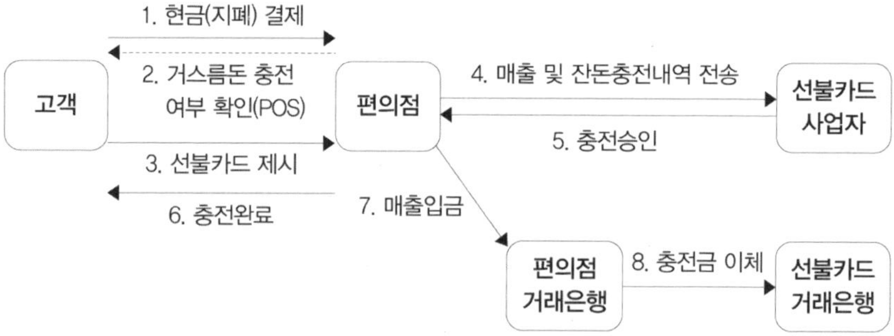

같은 그룹사 선불전자지급수단을 적립하는 롯데－L.POINT, 이마트－SSG머니 관계의 경우, 구매를 하면 어차피 무상 리워드로 동종 적립금이 생기기 때문에 거스름돈을 합쳐 두었다가 한꺼번에 사용하는 것이 자연스럽다. 반면 다른 경우들은 소매점별로 제휴된 선불전자지급수단이 달라서 여기서는 이 포인트, 저기서는 저 포인트로 적립해야 하므로 사람들이 이런 것이 있다는 것 자체를 알고 사용하는 것에 어려움이 있고, 특히 포인트적립과 잔돈적립이 서로 다른 종류로 이루어지면 사용에 불편함이 있는 것이 사실이다.

한편, 위 인프라가 아니라도 자체적으로 동네 마트, 서점, 문고에서 무상리워드로 포인트를 지급하면서 잔돈도 포인트로 적립할 수 있게 하는 경우들이 있다. 이런 포인트는 해당 점포에서만 사용 가능하지만(선불전자지급수단 정의에 해당되지 않는다), 어차피 자주 가는 곳이라면 고객 입장에서 반대할 이유가 없기 때문에 사용례가 더 많아질 것으로 보인다.

나. 현금영수증

현금영수증은 2005년 1월 자영사업자의 과세표준 양성화를 위해 도입된 것으로, 현금 구매 시 건별 사용내역이 국세청에 실시간 통보되는 제도이다. 소비자는 이 자료를 바탕으로 소득공제를 받는다.

우리가 재화나 용역을 구매할 때 지불하는 대금에는 10%의 부가가치세가 포함되어 있어서 판매자가 국세청을 대신해서 받아두는 것인데, 매출을 신고하지 않으면 그대로 판매자 주머니에 들어가버리게 된다. 따라서 국세청이 판매자에게 현금영수증가맹점으로 가입할 의무를 부과하여[66] 현금매출을 파악하는 가장 큰 이유는 부가가치세의 징수이고, 매출소득에 대해서 소득세·법인세를 과세하기 위한 것도 있다. 소득공제를 해주는 것도 소비자들에게 현금영수증을 챙길 유인을 주기 위한 것이다. 주로 VAN사들이 '현금영수증 사업자'로 등록하고 POS시스템이나 신용카드단말기에 현금영수증 발급장치를 부착하여 국세청에 거래내역을 전송하는 업무를 하고 있다.

현금영수증 발행 대상으로서의 '현금'이 따로 법규에 명시된 것은 아니지만, 국세청은 현금과 경제적으로 유사하면서 카드와 같은 일괄 소득공제 처리 절차가 없는 '계좌이체', '상품권', '현금으로 구매한 포인트'를 그 대상으로 보고 있다. 무상 포인트는 현금영수증 발행 대상이 아니다.

신용카드로 상품권이나 선불전자지급수단을 결제한 것은 카드 소득공제 대상에서는 제외되고, 그 상품권을 재화 또는 용역의 구매에 사용했을 때 사용금액에 대해서 현금영수증이 발행된다. 이 과정에서 실제로는 신용카드로 지급을 했지만 신용카드 소득공제율보다 높은 현금 소득공제율이 적용되는 불일치가 발생한다.

다. 전자금융업자의 현금영수증 발행

2019년 초 국세청에서는 선불전자지급수단 사용 시 현금영수증을

66) 소비자 상대 업종을 경영하는 직전 과세기간의 수입금액의 합계액이 2,400만 원 이상인 사업자 및 일정한 전문직종

발행하지 말라는 입장을 밝혀서 업무처리에 혼란이 발생한 상태이다. 현재는 판매자 또는 선불전자금융업자가 현금영수증을 발행하고 있다. 국세청에서 말하는 부분은 소득공제 대상이 아니라는 것이 아니고, 개별 거래를 현금영수증으로 처리하는 대신 신용카드나 체크카드처럼 발행사업자가 연말정산 자료를 일괄로 국세청 연말정산 간소화 시스템에 업로드하라는 것이다.

국세청으로서는 현금영수증사업자에게 업무 대가로 발급 장치 설치 건당 1만 5천 원, 거래 내역 전송 건당 오프라인 17원, 온라인 12.6원의 비용을 지불한다. 온·오프라인에서 계좌기반 선불전자지급수단 결제가 계속 증가하고 있다는 점을 감안하면 선불사업자의 일괄 자료제출을 통해 비용을 절감하려는 것은 당연하다. 문제는 국세청 연말정산 간소화 시스템은 주민번호를 개인식별값으로 데이터를 만들어서 올리게 되어 있는데, 전자금융업자들은 회원들의 주민번호를 가지고 있지 않기 때문에 기 회원들을 대상으로 전부 수집을 해야 한다는 것이다.

국세청이 일괄 자료제출을 요구하는 근거는 조세특례제한법 제126조의2 제1항이다. 동 규정은 각 지급수단발행 사업자의 소득공제 증빙 자료제출 의무를 규정하고 있는데 '신용카드 사용 내역', '현금영수증', '여전법 선불·직불카드와 전금법 선불·직불전자지급수단 및 전자화폐 사용 내역'을 별개의 소득공제 증빙자료로 열거하고 있다. 국세청의 논리는 현금영수증과 별개의 소득공제 항목으로 규정된 것은 현금영수증을 발행하지 말고 소득공제 증빙을 별도

제출하라는 취지라는 것이다. 이렇게 법률상 의무가 있다고 보면 주민번호 법정주의에 따라서 수집 업무가 가능하기는 하다.

조세특례제한법 제126조의2【신용카드 등 사용금액에 대한 소득공제】 ① 근로소득이 있는 거주자(일용근로자는 제외한다. 이하 이 조에서 같다)가 법인(외국법인의 국내사업장을 포함한다) 또는 「소득세법」 제1조의2 제1항 제5호에 따른 사업자(비거주자의 국내사업장을 포함한다)로부터 2019년 12월 31일까지 재화나 용역을 제공받고 다음 각 호의 어느 하나에 해당하는 금액(이하 이 조에서 "신용카드등사용금액"이라 한다)의 연간합계액(국외에서 사용한 금액은 제외한다)이 「소득세법」 제20조 제2항에 따른 해당 과세연도의 총급여액의 100분의 25(이하 이 조에서 "최저사용금액"이라 한다)를 초과하는 경우 제2항의 산식에 따라 계산한 금액(이하 이 조에서 "신용카드등소득공제금액"이라 한다)을 해당 과세연도의 근로소득금액에서 공제한다. <개정 2011. 12. 31., 2014. 12. 23., 2016. 12. 20., 2018. 12. 24.>

1. 「여전법」 제2조에 따른 신용카드를 사용하여 그 대가로 지급하는 금액
2. 제126조의3에 따른 현금영수증(제126조의5에 따라 현금거래사실을 확인받은 것을 포함한다. 이하 이 조에서 "현금영수증"이라 한다)에 기재된 금액
3. 삭제 <2013. 1. 1.>
4. 「여전법」 제2조에 따른 직불카드 또는 선불카드(대통령령으로 정하는 바에 따라 실지명의가 확인되는 것만 해당한다. 이하 이 조에서 "기명식선불카드"라 한다), 「전금법」 제2조에 따른 직불전자지급수단, 선불전자지급수단(대통령령으로 정하는 바에 따라 실지명의가 확인되는 것만 해당한다. 이하 이 조에서 "기명식선불전자지급수단"이라 한다) 또는 전자화폐(대통령령으로 정하는 바에 따라 실지명의가 확인되는 것만 해당한다. 이하 이 조에서 "기명식전자화폐"라 한다)를 사용하여 그

대가로 지급하는 금액

시행령 제121조의2 【신용카드등 사용금액에 대한 소득공제】 ① 법 제126조의2 제1항 제4호에서 "대통령령으로 정하는 바에 따라 실지명의가 확인되는 것"이란 다음 각 호의 어느 하나에 해당하는 것을 말한다. <신설 2007. 2. 28., 2008. 2. 22., 2010. 2. 18.>

1. 신청에 의하여 발급받은 선불카드·전자화폐·선불전자지급수단으로 사용자 명의가 확인되는 것
2. 무기명선불카드·무기명선불전자지급수단·무기명전자화폐(이하 이 항에서 "무기명선불카드등"이라 한다)의 경우 실제사용자가 최초로 사용하기 전에 해당 무기명선불카드등을 발행한 신용카드업자·전자금융거래업자 및 금융기관에게 주민번호, 무기명선불카드등을 등록하여 사용자 인증을 받은 것

그런데 조세특례제한법 제126조의2 제1항 제4호에서 말하는 '선불·직불카드, 선불·직불전자지급수단, 전자화폐'에는 '대통령으로 정하는 바에 따라 실지명의가 확인되는 것만 해당한다'는 단서가 달려있다. 시행령 제121조의2 제1항에 따르면 여기에는 '신청에 의해 발행되어 사용자가 확인'되거나(제1호), '무기명식인 경우 사용하기 전에 주민번호를 제공하고 카드를 등록'한(제2호) 두 경우가 있다. 금융회사가 주민번호 확인 과정을 거쳐 발행한 경우에는 제1호에 따라서, 선불교통카드처럼 판매시점에 전혀 구매자 정보가 수집되지 않는 것은 발행인 홈페이지에서 제2호의 사용 전 '주민번호' 수집 절차를 거쳐서 그 사용내역에 대한 소득공제 증빙을 일괄로 제출하고 있다.

전자금융업자는 무기명카드와 달리 본인확인을 하는데, 그렇다고 금융회사처럼 주민번호를 수집하는 것은 아니어서 제1호에도, 제2호에도 해당하지 않는다. 간편결제서비스를 제공함에 있어서는 당연히 본인확인이 매우 중요하기 때문에 전자금융업자들은 성명, 계좌, 카드번호, 휴대번호 등을 수집하면서 본인확인을 거친다. 카드·계좌 명의인과 휴대폰 명의인은 동일해야 등록이 가능하다. 이 과정에서 주민번호 대신 휴대폰 인증을 통해 본인확인기관으로부터 주민번호 대체수단인 CI값을 받아 고유한 개인을 구별하고 있다(CI에 대해서는 제2절 본인인증편에서 다시 설명한다).

조세특례제한법의 기명식·무기명식 선불전자지급수단 구분은 '소득공제 처리를 하기 위한 사용자 식별' 가능성을 기준으로 한 것이다. 플라스틱 카드를 사서 현금으로 충전하는 경우와 달리, 앱에서 사용하는 선불전자지급수단은 사용자 식별이 가능한지만 놓고 본다면 무기명식이라고 하더라도 식별이 된다고 할 수 있다. 계좌를 연결하지 않은 것만 빼고 가입절차상의 나머지 본인확인 과정은 동일하기 때문이다. 그런데 이 사용자 식별이 '주민번호 기준'으로 되어야 한다는 의미라면, 기명식 선불전자지급수단이라도 여기에 해당하지 않는다.

이미 전자금융업자들은 이용자를 특정할 수 있는 개인식별정보를 모두 가지고 있다. 주민번호를 취급하지 않고 본업을 하게 되어 있는데, 단지 현금영수증 보고를 위해 주민번호를 수집하라고 하는 것은 주객이 전도된 결과가 아닐 수 없다. 심지어 2019년 7월부터 특정 금융거래정보의 보고 및 이용 등에 관한 법률이 전금업자에게 확대적용되어 금융회사에 준하는 고객확인의무가 생겼는데, 이때에도 CI를 이용하도록 했다. 그리고 통신판매업자, 통신판매중개자의 실시간 추심이체는 앞에서 살펴본 바와 같이 선불전자지급수단이나 직불전자지급수단 발행이 아닌 전자자금이체서비스 이용행위에 해당되므로 법문구에만 따른다면 이런 사업자들은 조특법 제126조의2에 해당한다고 볼 여지 자체가 없다. 이들 사업자에게 계좌 간편결제는 전자자금이체니까 계속 현금영수증을 발행하고, 충전금이나 전자상품권 사용내역은 선불전자지급수단이니까 주민번호를 수집해서 나중에 일괄보고 하라고 하면 괜히 이중으로 업무만 증가할 것이다.

결국 이 논의는 문구에 대한 해석론이 아니라, 어떻게 하면 소득공제 증빙을 잘 취합하면서 현금영수증 발행 비용도 아낄 수 있을 것인지로 귀결된다. 사실 이용자 입장에서는 현금, 체크카드, 선불전자지급수단의 소득공제율이 동일하기 때문에 무엇으로 되든지 크게 상관이 없고, 일괄 보고가 사용편의성에 좋다. 간편결제 시 현금영수증은 대부분 결제사업자가 발행하지만 일부 가맹점은 직접 현금영수증을 발행하는 경우가 있어서 결제 후 따로 키패드에 전화번호를 입력해야 한다. 이미 멤버십 정보 연동으로 포인트 자동적립이 구현되는 환경에서 소득공제 처리까지 한번에 된다면 사용성이 더 좋을 것이다. 그럼에도 선불사업자로서는 외부가맹점에서 직접 현금영수증을 발행하는 것을 막을 수도 없고, 나머지 부분에 대해서 현금영수증 발행을 해놓지 않았다가는 연말에 소득공제 증빙 대란이 일어날 수도 있기 때문에 일단 현금영수증 발행을 계속할 수밖에 없는 상황이다.

결론적으로 국세청의 현금영수증 발행 비용과 사용자 편의, 전자금융업자의 업무방식을 모두 고려했을 때 계좌기반의 전자적 지급수단에 대해서는 선불전자지급수단, 전자자금이체 구별할 필요 없이 전자금융업자가 소득공제 증빙을 일괄 제출하게 하되, 식별값은 이미 보유한 CI를 이용할 수 있게 하는 것이 바람직해 보인다. 사례도 있는 것이, 제로페이 소득공제율을 40%로 하는 법안 때문에 그 이용 실적을 따로 받을 필요가 생기자(결과적으로 통과가 안되긴 했지만, 2019년 사용분부터 적용되는 줄 알고 준비를 했었다) 국세청은 참여사들에게 사용내역을 일괄보고토록 하면서 그냥 CI로 주면 된다고 한 바 있었다. 이것을 보면 국세청도 꼭 주민번호로 받아야 처리할 수 있는 건 아닌 것 같다.

제 **2** 절

본인인증

제1항 금융거래에서의 본인확인

가. 실명확인

'금융실명거래 및 비밀보장에 관한 법률'에 따라 '금융회사등'은 실지명의로 금융거래를 해야 한다(법 제3조). '특정금융거래 정보의 이용 및 보고에 관한 법률'에서도 '금융회사등'으로 하여금 금융거래 시 고객의 실지명의를 확인하도록 하고 있다(법 제5조의2, 시행령 제10조의4). '실지명의'는 '주민등록표상의 명의', 개인은 주민번호, 법인은 사업자등록번호를 말한다. 이를 단순히 수집하는 것이 아니라 실지명의가 기재된 공적 신분증 및 서류인 '실명증표'를 통해 확인해야 한다.

금융실명법 제3조【금융실명거래】 ① 금융회사등은 거래자의 실지명의(이하 "실명"이라 한다)로 금융거래를 하여야 한다.
② 금융회사등은 제1항에도 불구하고 다음 각 호의 어느 하나에 해당하

는 경우에는 실명을 확인하지 아니할 수 있다.

1. 실명이 확인된 계좌에 의한 계속거래(繼續去來), 공과금 수납 및 100만 원 이하의 송금 등의 거래로서 대통령령으로 정하는 거래

특히 '계좌 개설' 절차에 있어서는 1993년 금융실명제 도입 이래로 실명증표를 금융회사 창구를 방문하여 직원에게 제시하는 대면 방식만 가능하다는 원칙이 지속되어 오다가, 2015년 12월부터 전자금융거래의 확대 추세 및 해외사례를 감안하여 비대면 실명확인 방식이 허용되었다.[67]

계좌 개설 시의 비대면 실명확인은 ① 신분증 사본 제출 ② 영상통화 ③ 접근매체 전달 시 확인 ④ 기존계좌 활용 ⑤ 기타 이에 준하는 새로운 방식(바이오인증 등) ⑥ 타기관 확인결과 활용(휴대폰인증, 공인인증서 등) ⑦ 다수의 개인정보 검증 중에서 조합하되 ①~⑤ 중 두 가지를 필수적으로 해야 하고, ①~⑦ 중 하나를 추가하는 것은 권고사항이다.

만 17세가 되면 주민등록증이 나오는데, 미성년자는 본인확인 문제와 별개로 부모 동의가 필요하기 때문에 17세와 18세는 비대면 계좌 개설을 못한다(허용하는 은행이 있더라도 한도를 적게 부여한다). 일단 부모와 같이 가서 계좌를 개설한 다음이라면, 체크카드는 주민등록증을 가지고 혼자서 만들 수 있다. 체크카드는 14세부터 발급 가능한데, 14~16세는 부모 동의가 있어야 한다.

---

67) (보도자료) 2015. 5. 18. 계좌 개설 시 실명확인 방식 합리화 방안. 금융실명거래 업무해설(은행연합회 가이드라인)

신분증 촬영 정보는 행정안전부의 신분증 진위확인 시스템을 통해 실시간 검증해야 하는데, 주민등록증과 운전면허증만 가능한 상태이다. 여권도 실명증표이기는 하지만 비대면에서 진위확인이 어렵기 때문에 사용되지 못하고 있다. 그래서 외국인은 무조건 최초 1회에는 지점 방문이 필요한데, 2020년부터 외국인등록증을 본인확인 수단에 추가하여 비대면 계좌 개설을 가능하게 한다는 계획이 발표된 바 있다(외국인등록증은 나라마다 양식이 각각인 여권보다는 진위확인 시스템의 구축이 용이하다고 한다).

법인에 대해서도 비대면 계좌 개설 절차가 있기는 한데, 등기부등본, 사업자등록증, 법인인감증명서, 주주명부 등등 제출해야 할 서류가 많고, 법인 대표자 본인만이 신청할 수 있었기 때문에 불편함이 있었다. 이 부분 역시 2020. 1. 1.부터는 임직원 등 대리인이 비대면으로 법인계좌 개설을 할 수 있게 되었다. 어차피 서류가 많으니 그냥 은행 창구에 한번 가는 게 낫겠다고 생각할 수 있겠지만, 점포를 전국적으로 많이 깔아놓지 않은 은행들이 법인고객을 유치하는데 중요한 부분이어서 지속적으로 건의해 왔던 것이 받아들여진 것이다.

‘계좌 개설’이 아닌 카드 발급이나 보험 가입은 위 가이드라인과 직접 관련이 없다. 그런데 신용카드의 경우 여전법상에서 인터넷 모집 시 공인인증서로 본인확인을 하지 않으려면 ‘신청인의 신분증 발급기관·발급일 등 본인임을 식별할 수 있는 정보와 본인의 서명을 받는 방법 등으로 본인이 신청하였음을 확인’하도록 하고 있다. 어떻게 하는 것이 여기서 말하는 확인을 한 것인지에 대해서 금융위는 비대면 계좌 개설 절차를 적용하도록 한 바 있다.[68] 실물카드가 배송되는 경우 온라인에서는 주민등록증 촬영만 하면(① 신분증 사본 제출) 카드를 전달할 때 신분증을 확인(③ 접근매체 전달 시 확인)하면 되기 때문에 절차적 요건을 충족하게 된다. 모바일카드만 발급받는 경우에는 신분증 확인 절차만 있다. 실물카드를 신청했다고 해도 카드가 배송되기 전에 모바일카드는 먼저 사용할 수 있으므로 그냥 넘어가는 것 같다. 여전법 제14조 제4항은 '신용카드회원'이 대상이나 유권해석에서는 직불카드도 같이 취급하고 있다.[69]

여전법 제14조【신용카드·직불카드의 발급】 ④ 신용카드업자는 다음 각 호의 방법으로 신용카드회원을 모집하여서는 아니 된다.
2. 인터넷을 통한 모집방법으로서 대통령령으로 정하는 모집

시행령 제6조의7【신용카드의 발급 및 회원 모집방법 등】 ④ 법 제14조 제4항 제2호에서 "대통령령으로 정하는 모집"이란 신용카드업자가 「전자서명법」 제2조 제3호에 따른 공인전자서명을 통하여 본인 여부를 확인하지 아니한 신용카드회원 모집을 말한다. 다만, 신청인의 신분증 발급기관·발급일 등 본인임을 식별할 수 있는 정보와 본인의 서명을 받는 방법 등으로 본인이 신청하였음을 확인할 수 있는 경우는 제외한다.

68) 금융위 유권해석. 비대면(모바일) 카드발급 시 본인확인 수단 방법 관련 (등록 2015. 11. 30. / 회신 2016. 1. 21.)

69) 금융위 유권해석 160984. 비대면 채널 통한 체크카드 발급 시 본인확인 방법 (등록 2016. 12. 5. / 회신 2017. 3. 31.)

✦ 실명확인 의무의 위탁

금융회사등은 실명확인 업무의 전부 또는 일부를 다른 금융회사등에 위탁할 수 있다(영 제4조의2 제2항). 동법 및 시행령상 '금융회사등'은 개별법에 의해서 금융업 라이선스를 가진 모든 기관+소액해외송금업자이다. 이들은 스스로가 실명확인 의무를 가지면서 다른 금융회사등의 실명확인 업무를 대행할 수 있다.

대표적인 예가 은행에서 계열 카드사의 카드 발급을 대행하는 경우이다. '전자금융업자'는 여기에 포함되어 있지 않아서 실명확인 업무를 위탁받을 수 없고, 전문인증사업자도 마찬가지이다. 금융위는 비대면 계좌 개설 가이드라인에 따라 ① 신분증 사본 제출 ② 영상통화 ③ 접근매체 전달 시 확인 ④ 기존계좌 활용 ⑤ 기타 이에 준하는 새로운 방식(바이오인증 등) 중에서 두 가지를 필수적으로 해야 하는 것을 본질적인 실명확인 업무라고 보고 있으므로, 이러한 절차가 끝난 후 추가적인 본인확인으로 들어가는 것만 가능하다.

그런데 핀테크사업자들이 기존 카드·계좌의 사용을 매개하거나 금융상품을 단순 광고하는 업무를 넘어서 금융회사의 서비스를 편리하게 이용하는 플랫폼으로서 역할하기 위해서는 금융기관과 업무의 밀접한 연계가 필요하고, 계좌 개설 절차의 일부를 대행하는 것이 편리하고 매끄러운 프로세스를 구현함에 있어 중요한 부분이 될 수 있다. 예를 들어, 금융플랫폼에서 마음에 드는 적금을 선택하여 가입하면서 등록된 간편결제 비밀번호·지문을 입력하는 것으로 본인확인을 하는 것이다. 금융회사와 플랫폼은 항상 대척관계가 아니기 때문에 어떤 금융회사는 영업지점을 늘리기보다는 차라리 새로운 상품을 만드는데 집중하여 플랫폼 사업자와 제휴하는 것을 선택할 수도 있다.

생각건대, 비대면 계좌 개설 가이드라인에서 요구하는 7가지 항목 중 ① 신분증 사본 제출 외의 나머지 본인확인 프로세스는 실명확인 그 자체가 아니고, 행위자의 본인 여부 확인을 보완하는 목적으로 하는 것이다. 본인확인 기능을 제대로 할 수 있는지가 중요하지, 누가 하는지가 본질적으로 중요한 것이 아니다. 핀테크사업자는 직접 주민번호를 취급하지는 않지만 이미 실명계좌를 기반으로 하는 선불전자금융업 서비스, 공인인증서를 통한 계좌조회 서비스 등을 하고 있기 때문에 동 가이드라인에서 요구하는 7가지 방식에서 신분증 사본 제출 외의 추가적인 본인확인 기능을 충분히 수행할 수 있다. 따라서 ⑤ 기타 방식에 대해서 핀테크사업자에게 위탁할 수 있도록 비대면가이드라인을 개정할 필요가 있다.

한편, 전문적인 인증서비스 업체에 대해서는 규제 적용 예외를 통해 계좌 개설에 사용할 수 있는 디지털 신원증명 서비스가 허용되었다. 2019. 6. 26.자 5차 혁신금융서비스 지정 사례를 보면 주민등록증 촬영과 계좌 인증을 진행해서 ID·비번을 생성해 두면 이후에는 동 ID·비번으로 금융기관 계좌 개설에 사용할 수 있다. 혁신금융서비스는 부가조건이 붙기 때문에 지정을 받은 아이콘루프와 파운트라는 업체는 연간 5천 명 한도로만 서비스를 제공할 수 있다. 그 인원수도 문제지만, 이용자가 일부러 ID를 생성해야 하는 절차는 i－PIN이나 샵메일 사례에서도 보았듯이 잘 사용되지가 않는다. 게다가 이용자는 정보를 3개월마다 업데이트해야 한다는 조건까지 있어서 상용화에 상당한 허들이 있는 것으로 보인다.

나. 전자금융거래 시 본인확인

(구)전자금융감독규정에는, 전자금융거래 시 공인인증서 사용 의무, 전자자금이체 시 (공인인증서 외에 추가적으로)일회용 비밀번호 사용 의무가 있었다. 공인인증서 사용의무는 예외 대상이 조금씩 확대되다가 2015. 3. 18.자로 폐지되었고, 일회용 비밀번호 사용의무도 2016. 6. 30.자로 폐지되었다.

현재는 아래와 같이 일반적인 안전성 확보 의무만 남아 있어서 구체적인 방법은 금융기관이 정할 수 있게 되어 있다.

전자금융감독규정 제34조【전자금융거래 시 준수사항】 금융회사 또는 전자금융업자는 전자금융거래와 관련하여 다음 각 호의 사항을 준수하여야 한다.

1. 전화 등 거래수단 성격상 암호화가 불가능한 경우를 제외한 전자금융거래는 암호화 통신을 할 것(다만, 전용선을 사용하는 경우로서 제36조의 규정에 따라 자체 보안성심의를 실시한 경우에는 그러하지 아니하다)
2. 전자금융사고를 예방하기 위하여 비대면 전자금융거래를 허용하지 않는 계좌 개설, 중요거래정보에 대한 문자메시지 및 이메일(e-mail) 통지 등의 서비스를 이용자가 요청하는 경우, 동 서비스를 제공할 수 있도록 시스템을 갖출 것
3. 전자금융거래에 사용되는 접근매체를 발급받기 위해서는 반드시 실명확인 후 교부할 것
4. 거래인증수단 채택 시 안전성, 보안성, 이용편의성 등을 충분히 고려할 것
5. 금융회사 또는 전자금융업자는 전자금융거래에서 이용자에게 제공하거나 거래를 처리하기 위한 전자금융거래프로그램(거래전문 포함)의 위·변조 여부 등 무결성을 검증할 수 있는 방법을 제공할 것

[전문개정 2016. 6. 30.]

제37조 【인증방법 사용기준】 금융회사 또는 전자금융업자는 전자금융거래의 종류·성격·위험수준 등을 고려하여 안전한 인증방법을 사용하여야 한다. <개정 2015. 3. 18.>

2014. 10. 15.에는(2015. 4. 16. 시행), 전금법에 직접적으로 특정 기술을 강제하지 않아야 한다는 내용이 아래와 같이 반영되었다.

〈전금법〉

변경 전 제21조 【안전성의 확보의무】 ③ 금융위원회는 전자금융거래의 안전성과 신뢰성을 확보하기 위하여 「전자서명법」 제2조 제8호의 공인인증서의 사용 등 인증방법에 대하여 필요한 기준을 정할 수 있다.
<개정 2008. 2. 29.>

변경 후 제21조 【안전성의 확보의무】 ③ 금융위원회는 제2항의 기준을 정할 때 특정 기술 또는 서비스의 사용을 강제하여서는 아니 되며, 보안기술과 인증기술의 공정한 경쟁이 촉진되도록 노력하여야 한다.
<개정 2014. 10. 15.>

〈(구)공인인증서 사용 대상〉

전자금융감독규정 제37조 【공인인증서 사용기준】 ① 모든 전자금융거래에 있어 「전자서명법」에 의한 공인인증서 또는 이와 동등한 수준의 안전성이 인정되는 인증방법(이하 "공인인증서등"이라 한다)을 사용하여야 한다. 다만, 기술적·제도적으로 공인인증서등의 적용이 곤란한 금융거래로 금융감독원장이 정하는 경우에는 그러하지 아니하다.

시행세칙 제4조 【전자금융거래에 있어서 공인인증서등의 사용 예외】 규정 제37조 제1항 후단에 따른 기술적·제도적으로 공인인증서등의 적용이 곤란한 금융거래로 감독원장이 정하는 경우란 다음 각 호와 같다.

1. 본인 계좌에 대한 조회 업무
2. 등록금, 원서접수비 등 본인확인이 가능하고 입금계좌가 지정되어 있는 경우
3. 전자상거래에서 지급결제로서 30만 원 미만의 신용카드·직불카드 결제 또는 온라인 계좌이체[70)]
4. 전자화폐, 선불전자지급수단을 온라인에서 사용하는 경우
5. 법인이 금융회사와 연결된 전용선을 이용하여 전자금융거래를 하는 경우 <개정 2014. 3. 31.>
6. 신용카드 대출서비스(현금서비스, 카드론 등)를 실명 확인된 본인명의 계좌로 이체하는 경우
7. 보험사의 보험금, 대출금 등을 실명 확인된 본인명의의 보험료 납입계좌로 이체하는 경우
8. 음성전화, CD/ATM을 이용한 전자금융거래 <신설 2014. 3. 31.>
9. 가맹점과 이용자 간 직접 대면확인이 가능한 상거래(오프라인)에서 전자지급수단을 사용하는 경우 <신설 2014. 3. 31.>
10. 금융회사 또는 전자금융업자가 범위를 정하여 공인인증서 등의 사용 예외를 요청하고 감독원장이 이를 승인하는 경우

〈(구)일회용 비밀번호 사용 대상〉

감독규정 제34조 【전자금융거래 시 준수사항】 ① 금융회사 또는 전자금융업자는 다음의 경우를 제외하고는 전자자금이체 시 보안카드를 포함한 일회용 비밀번호를 적용하여야 한다. <개정 2013. 12. 3.>

1. 자동화기기(CD/ATM)를 이용한 자금이체의 경우
2. 제휴 금융회사에서 실명 확인 후 개설된 증권계좌와 연계된 본인명의

---

70) 시행세칙 제4조 제3호가 2015. 5. 20.자로 '전자상거래에서 지급결제로서 신용카드·직불카드 결제 또는 30만 원 미만의 온라인 계좌이체'로 변경되었다가, 곧 제4조 전체가 삭제되었다. 공인인증서 사용 원칙을 규정했던 감독규정 제37조 자체가 2015. 3. 18.자로 현행과 같이 변경되었기 때문이다.

의 실명확인 계좌로 이체하는 경우 <개정 2013. 12. 3.>

3. 「자본시장과 금융투자업에 관한 법률」에 의한 투자매매업자·투자중개업자를 방문하여 등록한 실명 확인된 본인명의 계좌로 이체하는 경우
4. 신용카드 대출서비스를 실명 확인된 본인명의 계좌로 이체하는 경우
5. 보험회사의 보험금, 대출금 등을 실명 확인된 본인명의의 보험료납입계좌로 이체하는 경우
6. 법인이 금융회사와 연결된 전용회선을 이용하여 전자자금이체를 하는 경우 <개정 2013. 12. 3.>
7. 등록금, 원서접수비 등 본인확인이 가능하고 입금계좌가 지정되어 있는 경우
8. 그 밖에 금융감독원장이 필요하다고 인정하는 경우

다. 신용카드 결제 시 본인확인

간편결제사업을 하면서 신용카드업자가 발행한 신용카드, 체크카드를 지급수단에 넣으려면 '신용카드가맹점'이 되어야 하기 때문에 관련된 여전법의 적용을 받게 된다. 특히 '신용카드'는 동법 제19조(가맹점의 준수사항) 제2항에서 '신용카드가맹점은 신용카드로 거래를 할 때마다 그 신용카드를 본인이 정당하게 사용하고 있는지를 확인하여야 한다'고 하고, 여전업감독규정 제24조의6(가맹점 관리사항) 제1항에서 카드사가 이를 관리하도록 했기 때문에 결제 시 본인확인 방법에 대해서 신용카드사와 협의를 해야 한다.

제1항의 전문과 후문을 비교해 보면 온라인 결제에서 가맹점의 자율성이 보다 인정되는데, 이는 온라인에서의 신용카드가맹점은 결제대행업체이기 때문에 이들이 전자금융업자로서 인증수단을 관리

하고 무단도용 등의 사고 주장에 대해서 대응 및 법적 책임을 지는 주체이기 때문이다. 같은 맥락에서 전금법상 '가맹점'은 PG사업자가 아닌 실제 판매자만을 의미하기 때문에 어차피 이들은 본인확인을 할래야 할 수가 없으니, 전금법상 가맹점 준수사항(법 제37조)에는 가맹점의 본인확인 의무 조항이 없는 것으로 보인다.

> **여전법 제19조【가맹점의 준수사항】** ② 신용카드가맹점은 신용카드로 거래를 할 때마다 그 신용카드를 본인이 정당하게 사용하고 있는지를 확인하여야 한다.
>
> **여전업 감독규정 제24조의6【가맹점 관리사항】** ① 법 제24조 제7호에 따라 신용카드업자는 신용카드가맹점과 계약 체결 등을 통하여 신용카드가맹점이 신용카드에 의한 거래를 할 때마다 신용카드상의 서명과 매출전표상의 서명이 일치하는지를 확인하는 방법, 비밀번호 입력장치 등을 통해 비밀번호 등을 입력하는 방법 또는 여신전문금융업협회장이 정하는 기준에 적합한 인증수단 등을 통해 신용카드 이용자의 생체정보를 확인하는 방법 등의 방법을 통해 본인확인을 하도록 하여야 한다. 다만, 전자상거래의 경우 신용카드업자는 가맹점이 전자인증, 비밀번호 등을 통해 본인확인을 할 수 있도록 하여야 한다. <개정 2007. 7. 26., 2010. 6. 14., 2014. 12. 26., 2017. 6. 28.>
>
> 1. 삭 제 <2014. 12. 26.>[71]

---

71) 삭제된 각 호 1. 신용카드상의 서명과 매출전표상의 서명이 일치하는지를 확인할 것(다만, 비밀번호 입력 장치 등을 통해 비밀번호 등을 입력하여 본인확인을 할 수 있는 경우는 제외한다)
 2. 사진이 부착된 신용카드의 경우 신용카드에 부착된 사진이 신용카드이용자와 일치하는지를 확인할 것
 3. 신용카드에 의한 거래금액이 50만 원을 초과할 경우 신용카드회원의 신분증을 확인하는 방법으로 본인 여부를 확인할 것

2. 삭 제 <2014. 12. 26.>

3. 삭 제

[본조신설 2002. 7. 4.] <2014. 12. 26.>

② 제1항에도 불구하고 신용카드에 의한 거래금액이 5만 원 이하로서 신용카드업자가 신용카드의 부정사용에 따른 책임을 부담하기로 신용카드가맹점에 통지한 경우에는 본인확인을 하지 아니하게 할 수 있다. <신설 2007. 7. 26.> <개정 2016. 1. 28.>

반면 제1항 전문이 적용되는 오프라인 결제－판매자가 직접 신용카드가맹점이 되는 경우에는 신용카드가맹점 표준계약서에서 5만 원 이상 거래 시 서명 확인(종이전표·사인패드에 서명하게 하여 카드 뒷면 서명과 비교)하도록 하고 있다. 사실 서명을 비교해보지도 않기 때문에(본다고 해도 동일한지 구별도 어렵겠지만) 그렇게 효과적인 본인확인 방법은 아니지만 부정사용 문제가 발생했을 때 가맹점이 서명을 확인하지 않았다면 신용카드사는 일단 면책될 수 있다. 여전법에 따르면 신용카드등의 부정사용으로 인한 책임은 원칙적으로 카드사에게 있고, 카드회원·가맹점의 고의 또는 중대한 과실을 증명하면 그 책임을 회원·가맹점이 지도록 할 수 있다는 취지의 계약을 해두면 회원·가맹점에게 책임을 물을 수 있다. 표준가맹점계약서상 5만 원 이상 거래의 서명확인 의무를 불이행한 것은 중대한 과실에 해당한다. 5만 원 미만 거래에서는 VAN사 매입비용을 줄이는 것이 차라리 더 낫기 때문에 카드사가 스스로 책임지는 것으로 하고 무서명으로 진행한다.

여전법 제16조【신용카드회원등에 대한 책임】 ⑤ 신용카드업자는 신용카드회원등에 대하여 다음 각 호에 따른 신용카드등의 사용으로 생기는 책임을 진다.

1. 위조(僞造)되거나 변조(變造)된 신용카드등의 사용
2. 해킹, 전산장애, 내부자정보유출 등 부정한 방법으로 얻은 신용카드등의 정보를 이용한 신용카드등의 사용
3. 다른 사람의 명의를 도용(盜用)하여 발급받은 신용카드등의 사용(신용카드회원등의 고의 또는 중대한 과실이 있는 경우는 제외한다)

⑥ 제5항에도 불구하고 신용카드업자가 제5항 제1호 및 제2호에 따른 신용카드등의 사용에 대하여 그 신용카드회원등의 고의 또는 중대한 과실을 증명하면 그 책임의 전부 또는 일부를 신용카드회원등이 지도록 할 수 있다는 취지의 계약을 신용카드회원등과 체결한 경우에는 그 신용카드회원등이 그 계약내용에 따른 책임을 지도록 할 수 있다.

제17조【가맹점에 대한 책임】 ① 신용카드업자는 다음 각 호의 어느 하나에 해당하는 거래에 따른 손실을 신용카드가맹점이 부담하도록 할 수 없다. 다만, 신용카드업자가 그 거래에 대한 그 신용카드가맹점의 고의 또는 중대한 과실을 증명하면 그 손실의 전부 또는 일부를 신용카드가맹점이 부담하도록 할 수 있다는 취지의 계약을 신용카드가맹점과 체결한 경우에는 그러하지 아니하다.

1. 잃어버리거나 도난당한 신용카드를 사용한 거래
2. 위조되거나 변조된 신용카드를 사용한 거래
3. 해킹, 전산장애, 내부자정보유출 등 부정한 방법으로 얻은 신용카드등의 정보를 이용하여 신용카드등을 사용한 거래
4. 다른 사람의 명의를 도용하여 발급받은 신용카드등을 사용한 거래

많이 이용되고 있는 오프라인 무인결제기의 경우 5만 원이 넘는 경우에도 본인확인이 없는 경우가 많다. 이 경우에는 무인결제기

사업자가 정산을 겸하는 PG사업자로서 신용카드가맹점의 지위에 있기 때문에 자기가 책임지는 것으로 카드사와 계약하고 비밀번호 입력이나 서명절차를 뺐을 것이다. 그것도 가능한 것이, 현실적으로 주유소를 비롯한 매장들은 CCTV가 있기 때문에 남의 카드를 훔쳐서 거기서 결제를 하는 경우는 거의 없을 것이기 때문이다.

오프라인 모바일 결제의 상황은 조금 특수하다. 오프라인 모바일 결제는 본인확인을 앱에 등록된 인증수단으로 한다는 점이 온라인 간편결제와 다를 바가 없다. 그러나 오프라인에서는 이미 카드사가 VAN망을 통해 판매자와 가맹점 관계를 구축하고 있기 때문에 삼성페이, 카카오페이, 페이코 같은 앱 사업자들은 카드정보 또는 결제정보를 단말기까지 전달하는 역할만 하고, 그 이후의 승인은 VAN망을 통하며 대금도 판매자 계좌로 직접 입금된다. 여전법상 본인확인 책임은 신용카드가맹점에 있는데, 이 구조에서 신용카드가맹점은 모바일사업자가 아니라 실제 판매자가 되는 것이다. 표준가맹점계약상 5만 원 이상 거래에서 서명을 비교하지 않는 것은 가맹점의 중과실에 해당하여 도용에 대한 책임을 가맹점이 지게 되어 있다. 그런데 모바일 결제에서 아예 서명을 비교해 볼

수 있는 기회 자체가 없다면 (실제로 비교를 하는지를 떠나서) 둘 사이의 책임소재가 매우 애매해진다. 따라서 앱사업자는 고객이 카드를 등록할 때 전자서명을 받아서 가맹점에 제시할 수 있도록 하고 있다.

이야말로 정말 불필요한 것이기 때문에 간편결제서비스의 비밀번호 또는 지문으로 가맹점 약관에서 요구하는 서명이 대체될 수 있는지에 대해서 유권해석 요청도 몇 차례 있었으나 “카드사와 신용카드가맹점 간에 협의할 사항”이라고 하였다.[72] 부정사용에 대한 카드사와 신용카드가맹점 간의 책임은 신용카드가맹점 약관에 따라 정해지는 것이기 때문에 금융위도 이를 달리 하려면 양 당사자의 합의가 있어야 한다고 볼 수밖에 없음이다. 오프라인 카드 결제에서도 별 의미가 없는 서명을 온라인에서 (따로 본인인증이 있음에도) 요구하는 것이 이상하기는 하지만, 결과적으로는 이 부분이야말로 뾰족한 수가 없어서 서명이 형식적으로 존재하고 있다.

라. 추심이체 출금동의

전자자금이체는 지급인의 지급지시 또는 수취인의 추심지시를 통해 이루어진다. 지급지시는 지급인이 직접 송금하는 것이기 때문에 위 “나. 전자금융거래 시 본인확인”에 따라 전자금융거래에 대한

---

72) 금융위 유권해석 170299. 신용카드 거래 시 제3자의 간편결제서비스를 통한 본인확인이 가능한지 여부(등록 2017. 6. 23. / 회신 2017. 12. 13.)
유권해석 180084. 여신전문금융업감독규정 제24조의6과 신용카드사 가맹점표준약관이 병립하는 조항인지(등록 2018. 3. 5. / 회신 2018. 12. 26.)

본인확인을 하면 되지만, 추심이체는 수취인이 출금하는 것이기 때문에 사전에 지급인의 동의를 받아서 그 증빙을 보관하게 된다. 추심이체 출금에 대한 동의는 서면(전자문서 포함), 녹취, ARS 중 한 가지 방법으로 되어야 한다(전금법 제15조, 시행령 제10조, 감독규정 제6조). 전자문서의 전자서명은 공인인증서일 필요는 없지만, 이에 준하는 PKI(Public Key Infrastructure) 방식의 인증서를 사용한 것이어야 한다. 인증서에 대해서는 제2항에서 다시 살펴보기로 한다.

전금법 제2조【정의】 이 법에서 사용하는 용어의 정의는 다음과 같다. <개정 2007. 4. 27., 2008. 2. 29., 2012. 3. 21., 2012. 6. 1., 2013. 5. 22.>

12. "전자자금이체"라 함은 지급인과 수취인 사이에 자금을 지급할 목적으로 금융회사 또는 전자금융업자에 개설된 계좌(금융회사에 연결된 계좌에 한한다. 이하 같다)에서 다른 계좌로 전자적 장치에 의하여 다음 각 목의 어느 하나에 해당하는 방법으로 자금을 이체하는 것을 말한다.
    가. 금융회사 또는 전자금융업자에 대한 지급인의 지급지시
    나. 금융회사 또는 전자금융업자에 대한 수취인의 추심지시(이하 "추심이체"라 한다)

제15조【추심이체의 출금 동의】 ① 금융회사 또는 전자금융업자는 추심이체를 실행하기 위하여 대통령령이 정하는 바에 따라 미리 지급인으로부터 출금에 대한 동의를 얻어야 한다. <개정 2013. 5. 22.>

시행령 제10조【출금 동의의 방법】 법 제15조 제1항에 따라 지급인으로부터 출금에 대한 동의를 얻는 방법은 다음 각 호와 같다. <개정 2008. 7. 9., 2012. 5. 7., 2013. 11. 22.>

1. 금융회사 또는 전자금융업자가 지급인으로부터 서면(금융위원회가 정하여 고시하는 전자문서를 포함한다. 이하 이 조에서 같다) 또는 녹취 등 금융위원회가 정하는 방법으로 출금 동의를 받는 방법

2. 수취인이 지급인으로부터 서면 또는 녹취 등 금융위원회가 정하는 방법으로 출금 동의를 받아 금융회사 또는 전자금융업자에게 전달(전자적 방법으로 출금의 동의내역을 전송하는 것을 포함한다)하는 방법

감독규정 제6조 【추심이체 출금 동의의 방법 등】 ① 시행령 제10조 제1호에서 "금융위원회가 정하여 고시하는 전자문서"라 함은 다음 각 전자문서를 말한다.

1. 「전자서명법」 제2조 제2호에 따른 전자서명으로 다음 각 목의 요건을 구비된 전자서명을 한 전자문서 <개정 2016. 6. 30.>
   가. 전자서명을 생성하기 위하여 이용하는 전자적 정보(이하 "전자서명생성정보"라 함)가 본인에게 유일하게 속할 것
   나. 전자서명 당시 본인이 전자서명생성정보를 지배·관리하고 있을 것
   다. 전자서명이 있은 후에 당해 전자서명에 대한 변경 여부를 확인할 수 있을 것
   라. 전자서명이 있은 후에 당해 전자문서의 변경여부를 확인할 수 있을 것
2. 「전자서명법」 제2조 제2호에 따른 전자서명으로 다음 각 목의 요건을 구비된 전자서명을 한 전자문서
   가. 서명 전 실명증표를 통해 본인확인
   나. 전자문서가 생성된 이후 서명자가 지급인 본인임을 확인 가능
   다. 전자서명 및 전자문서에 대한 위변조 여부 확인이 가능
   라. 전자문서를 고객에게 전송한 이후 고객이 취소할 수 있는 충분한 기간 부여

② 시행령 제10조 제1호 및 제2호에서 "금융위원회가 정하는 방법"이라 함은 다음 각 호의 방법을 말한다.

1. 전화 녹취
2. 음성응답 시스템(Audio Response System: ARS)

출금동의를 했다고 해서 바로 출금이 되는 것은 아니다. 출금동

의는 계좌와 수취인만 지정하여 포괄적으로 할 수 있다. 선불전자지급수단을 예로 보면, 출금동의인 ARS인증은 계좌를 등록할 때만 한번 하게 된다. 실제 출금(정확히는, 충전 또는 즉시충전을 유발하는 결제 또는 송금)에 대한 지시는 비밀번호·생체인증으로 하게 되는데, 이것은 앞에서 설명한 "나. 전사금융거래 시 본인확인"에 해당하기 때문이다.

비대면 거래에서 보통 ARS가 많이 사용되는데, 이를 대체하는 방식으로 다양한 가능성이 있는 것이 바로 전자문서이다. 전금법은 전자서명 방법으로 공인인증서 외의 사설인증서도 허용하고 있다. 사설인증서는 인증서를 한번 발급받아 두면 비밀번호·생체정보로 사용하기 때문에, 특히 이미 서비스에 가입하고 있는 고객이 계좌를 추가하거나 모바일고지를 받고 바로 납부를 할 때(이미 인증서가 발급되어 있으면) 간편한 프로세스가 구현될 수 있다.

그런데 법규는 별론으로 간편결제사업자의 추심이체는 각 은행들과 별도의 펌뱅킹 계약을 체결해서 작동되는 것인데, 은행에 따라서는 출금동의 방식을 제약(공인인증서만 사용하게 하거나 은행과 사전협의하도록)하는 경우가 있어, 핀테크사업자가 회원들에게 통일된 서비스를 제공하는데 어려움이 있다. 은행으로서는 자기 고객계좌에서 돈이 출금되는 중요한 문제인데, 새로운 인증수단은 검증하기 어렵다는 이유를 들어 새로운 방식에 대해 소극적인 태도를 취할 수 있기 때문이다. 그러나 은행과 선불사업자의 관계는 선불사업자가 출금 및 그 이후의 거래에 대해서 책임을 지는 것이고, 보안절차에 대해서도 자체 보안성 심의 후 결과를 금감원에 보고하는 등 따로 감독을 받고 있다. 신용카드 거래와 비교하자면, 온라인 결제에서 PG사업자가 직접 본인인증을 하고 부정사용 사고에 대해서 책임을 지는 관계와 유사한 것이다.

추심이체 출금동의 방식과 관련된 유권해석을 보면 "각 인증기술이 감독규정 제6조 제1항 제1호(사설인증서)의 요건을 충족하는지를 개별적으로 판단하면 된다"는 것으로, 취지상으로는 넓게 허용하려는 것으로 보이지만[73] 아무 객관적 기준이 없기 때문에 오히려 일방적인 은행의 판단에 따라야 하는 결과가 되기도 한다. 전금법에서 인증 방식의 기술적 중립성을 선언하고 동 규정에서 명문으로 사설인증서를 허용한 취지가 실무에서 잘 적용되려면 금융보안원에서 일정요건의 구비 여부를 확인해주고, 은행이 합리적인 이유없이 사용을 거부하지 않도록 하는 제도가 정착될 필요가 있다.

마. 전자금융업자의 주민번호 수집

전금법 시행령에는 금융회사 또는 전자금융업자는 접근매체 발급, 직불·선불전자지급수단 발행에 관한 사무를 수행하기 위해 불가피할 경우 주민번호가 포함된 자료를 처리할 수 있다는 내용이 있다. 또한 감독규정 제34조에는 전자금융거래에 사용되는 접근매체는 실명확인 후 교부하라고 의무처럼 규정되어 있다. 시행령과 감독규정을 근거로 전자금융업자들이 직접 주민번호를 수집할 수 있을까? 실무상 전자금융업자들은 접근매체 발급 시 주민번호를 확인하지

73) 금융위 유권해석 170198. 휴대전화를 통한 본인인증을 이용해 추심이체 출금동의 처리 가능 여부(등록 2017. 4. 24. / 회신 2017. 10. 31.)

않는데, 감독규정 제34조는 어떻게 된 것일까?

전금법 시행령 제31조 【민감정보 및 고유식별정보의 처리】 ③ 금융회사 또는 전자금융업자는 다음 각 호의 사무를 수행하기 위하여 불가피한 경우 「개인정보보호법 시행령」 제19조 제1호, 제2호 또는 제4호에 따른 주민등록번호, 여권번호 또는 외국인등록번호가 포함된 자료를 처리할 수 있다.
<신설 2014. 8. 6.>

1. 법 제6조 제2항에 따른 접근매체의 발급에 관한 사무
2. 법 제28조 제2항 제2호에 따른 직불전자지급수단의 발행에 관한 사무
3. 법 제28조 제2항 제3호에 따른 선불전자지급수단의 발행에 관한 사무

전자금융감독규정 제34조 【전자금융거래 시 준수사항】 금융회사 또는 전자금융업자는 전자금융거래와 관련하여 다음 각 호의 사항을 준수하여야 한다.

3. 전자금융거래에 사용되는 접근매체를 발급받기 위해서는 반드시 실명확인 후 교부할 것

개인정보보호법 제24조의2 【주민등록번호 처리의 제한】 ① 제24조 제1항에도 불구하고 개인정보처리자는 다음 각 호의 어느 하나에 해당하는 경우를 제외하고는 주민등록번호를 처리할 수 없다.
<개정 2016. 3. 29., 2017. 7. 26.>

1. 법률·대통령령·국회규칙·대법원규칙·헌법재판소규칙·중앙선거관리위원회규칙 및 감사원규칙에서 구체적으로 주민등록번호의 처리를 요구하거나 허용한 경우
2. 정보주체 또는 제3자의 급박한 생명, 신체, 재산의 이익을 위하여 명백히 필요하다고 인정되는 경우
3. 제1호 및 제2호에 준하여 주민등록번호 처리가 불가피한 경우로서 행정안전부령으로 정하는 경우

선불·직불전자금융업이나 지급결제대행업은 금융회사의 실명확인 절차를 거쳐 발급된 카드 또는 계좌를, 역시 실명증표 확인 과정을 거쳐서 발급된 동일인 명의의 휴대폰에 연결하여 사용할 수 있게 하는 서비스이다. 따라서 이들은 각 정보의 정확성을 확인하고 본인확인기관을 통해 CI를 취득하는 것으로 그 업무 목적을 달성하는데 충분할 것이다. 게다가, 전자금융업자가 매우 많기 때문에 일제히 수집하기 시작하면 주민번호 법정주의가 무력화될 수 있다. 이것은 현실적 이유이고, 시행령과 감독규정의 해석이 법률적으로 어떻게 되는지 살펴보자.

관련 유권해석을 보면 '전자결제대행업자가 접근매체 발급 시 대체수단 제공없이 성명 및 주민번호를 수집할 수 있는지'에 대해서 금융위는 "정통망법 제23조의2 제2항에서 주민번호 취급 근거가 있는 경우에도 대체수단을 제공하도록 하고 있어 불가피성 여부는 과기부 문의사항"이라고 하였는데,[74] 기본적으로는 단순 본인확인이나 회원 DB관리를 위한 key값으로 활용하는 경우는 불가피성이 없다고 보고 있다. 'PG사가 신용카드나 계좌 자동결제를 위해 결제창에 주민번호를 입력하게 할 수 있는지'에 대해서도 부정적인 답변을 하였다. 답변이 있었던 2014년 초는 카드결제와 계좌이체에 공인인증서 사용이 의무였던 시기였으므로 질의를 한 사업자는 결제창에 주민번호를 입력하게 한 뒤 공인인증기관에 바로 전달하여 본인확인이 되게 하는 간편한 서비스 프로세스를 구상했던 것으로 보

---

74) 금융위 유권해석 180338. 전자결제대행업자의 접근매체 발급 시, 주민등록번호를 이용한 본인확인 가능 여부(등록 2018. 8. 28. / 회신 2018. 11. 12.)

이나, 불허한 것이다.[75)]

결론적으로 전금법 시행령 제31조와 같이 불가피성을 조건으로 한 규정은 모든 고객의 주민번호를 처음부터 일반적으로 수집하는 근거가 될 수 없다. 금융회사들의 주민번호 취급은 은행법 시행령 제29조, 여전법 시행령 제24조, 보험업법 시행령 제102조 등 개별법의 시행령이 아니라(전금법과 마찬가지로 구체적인 업무를 나열하면서 해당 업무 수행을 위해 '불가피한 경우 처리할 수 있다'고 한다), '금융실명법'(법 제3조 실명확인) 및 '특정금융거래 정보의 이용 및 보고에 관한 법률'(시행령 제10조의4 고객확인)에 따른 의무이기 때문에 가능한 것이다. 전자금융업자는 금융실명법이 적용되지 않고, 특금법상 고객확인도 기본적으로는 CI로 하도록 되어 있어 가입 시에는 주민번호를 수집하지 않는다. 강화된 고객확인이 필요한 경우에만 예외적으로 주민번호를 수집한다.

그렇다면, 감독규정 제34조는 의무로 기술되어 있지만 주민번호 법정주의는 법률과 시행령(또는 이와 동일한 효력을 가지는 국회규칙 등)에 직접 주민번호 수집근거가 있어야 하는 것이기 때문에(개인정보보호법 제24조의2) 감독규정만으로 독자적인 효력은 없어서 전자금융업자의 접근매체 발급에는 적용되지 않는다고 설명될 수 있다.

한편, 제1장에서 언급된 사례인 무기명 선불교통카드 사업자가 주민번호를 수집하는 업무는 국세청에 소득공제 증빙자료를 제출하

---

75) 금융위 유권해석 140196. 자동결제 시 결제창에 주민등록번호 입력 가능 여부

기 위한 목적으로 조세특례제한법을 근거로 하는 것이지, 전금법 시행령 제31조에서 나오는 권한이 아니다. 주민번호 법정주의는 업무 위탁 관계에는 적용되지 않는다. 주민번호 취급 권한이 있는 기관과 업무를 연계하는 과정에서 해당 기관의 위탁을 받아 수집·전달(이 경우에도 되도록 보관은 하지 않는다)하는 것은 가능하다.

✦ 모바일뱅킹 기존 회원이 FIDO 등록을 위해 주민등록증 촬영을 다시 해야 하는지

접근매체란 ‘자동화기기, 전화기 및 컴퓨터 등의 전자적 장치를 통해 전자금융거래를 할 때 이용자와 거래내용의 진실성 및 정확성을 확보하기 위해 이용하는 수단’이다. 플라스틱 카드, 앱카드, 보안카드, ATM기에서 통장을 이용해서 거래할 때 통장 뒷면의 마그네틱 부분은 물론이고, 비밀번호와 이를 대체하는 생체정보도 거래지시에 사용되면 접근매체로 본다.

전자금융업자와 달리 법령상 주민번호 수집의무가 있는 금융회사들은 감독규정 제34조에 따라 접근매체 발급시 실명확인을 해야 한다. 계좌 개설, 카드 발급 시점에는 어차피 주민등록증 촬영·검증 프로세스를 두고 있기 때문에 비밀번호를 이때 설정하면 동 규정이 저절로 준수될 수 있다. 그런데 이미 실명확인되어 공인인증서와 보안카드를 보유한 고객이 생체정보를 추가로 등록할 때도 그것이 거래지시의 수단으로 쓰이는 것이라면 처음부터 다시 비대면 계좌 개설 과정을 거쳐야 한다는 것이 유권해석이다.[76] 앱 삭제 후 FIDO

76) 금융위 유권해석 190269. FIDO등록(발급) 시 접근매체 실명확인 관련 요청 (등록 2019. 8. 19. / 회신 2019. 11. 11.)

를 재등록할 때도 동일한 절차를 다시 거쳐야 한다고 했다. 이렇게 되면 전자금융업자의 앱에서는 기존에 등록한 비밀번호로 본인확인을 하고 FIDO를 등록하는 것에 비해, 금융회사 앱은 번거로운 절차가 된다.

혁신금융서비스(원래 안되는 것을 특별히 제한적으로 허용하는 제도로, 제6절에서 설명한다) 제7차에서는 '카드사 앱에 안면징보를 등록하고 구내식당이나 매점 같은 가맹점에서 카메라를 통해 안면으로만 결제하는 서비스'가 허용된 바 있다. 생체정보를 사용하는 것 자체는 이미 일반화된 것이고, 여기서는 비대면 계좌 개설 절차 없이 안면정보를 등록할 수 있도록 규제 적용을 면제한 것이다. 금융실명법의 취지는 금융거래를 실지명의로 하라는 것이지, 금융거래에 매번 실지명의 확인을 하라는 것이 아니라서 법에서도 '실명확인된 계좌에 의한 계속거래' 등은 적용을 제외하고 있다(제3조 제2항). 접근매체 발급은 그 자체가 금융거래도 아니고, 감독규정에 의해 실지명의 확인절차가 요구된 것이라 앞에서 살펴본 바와 같이 전자금융업자에게는 적용되지도 않는 것이다. 따라서 금융회사라 하더라도 최초 접근매체 발급 시에만 해당되고, 이후 접근매체 추가 시에는 적용되지 않는 것으로 해석하거나 감독규정을 변경하는 것이 타당하다. 그리고 실제 금융회사 앱에서 인증수단으로 지문을 추가할 때 꼭 비대면 계좌 개설 절차를 거치는 것도 아니어서 적용 기준도 의문이다.

제2항 인증서, 본인확인서비스, CI

가. 주민번호 법정주의

사업자가 다수 고객에게 서비스를 제공하는 과정에서 본인식별, 중복가입, 성별 확인 등을 하기 위해서는 개인별 key값으로 데이터를 관리해야 한다. 과거에는 이것을 모두 주민번호로 했다(물론, 수집·이용에 대한 동의는 받는다). 이렇게 모든 사업자가 주민번호를 가지고 있으면 어디 한군데에서 유출사고가 날 수도 있고, 남이 내 주민번호를 도용해서 로그인 할 위험도 커지는 것이기 때문에 정부에서는 2012년부터 주민번호의 수집을 최소화하는 방향으로 제도를 정비하였다.[77)]

먼저 온라인 영역부터 2012. 2. 17. 정보통신망법 개정을 통해(시행 2012. 8. 18.) 주민번호의 취급은 법률, 시행령 및 이에 준하는 효력을 가진 행정규칙에 별도로 근거가 있는 경우에만 할 수 있게 하였고, 같은 취지를 2013. 8. 6.자(시행 2014. 8. 7.) 개인정보법에 반영하여 오프라인에도 적용하였다. 기존에 보유하고 있던 주민번호는 법 시행일로부터 2년의 유예기간을 주어 파기하게 하였다.

> **정통망법 제23조의2 【주민번호의 사용 제한】** ① 정보통신서비스 제공자는 다음 각 호의 어느 하나에 해당하는 경우를 제외하고는 이용자의 주민번호를 수집·이용할 수 없다.
> 1. 제23조의3에 따라 본인확인기관으로 지정받은 경우
> 2. 법령에서 이용자의 주민번호 수집·이용을 허용하는 경우

---

77) 2012년 4월 주민번호 수집이용 최소화 종합대책(행안부, 방통위, 금융위 합동)

3. 영업상 목적을 위하여 이용자의 주민번호 수집·이용이 불가피한 정보통신서비스 제공자로서 방송통신위원회가 고시하는 경우

[전문개정 2012. 2. 17.]

부 칙 <법률 제11322호, 2012. 2. 17.>

제1조【시행일】 이 법은 공포 후 6개월이 경과한 날부터 시행한다.

제2조【주민등록번호 수집·이용 제한에 관한 경과조치】 ① 이 법 시행 당시 주민등록번호를 사용한 회원가입 방법을 제공하고 있는 정보통신서비스 제공자는 이 법 시행일부터 2년 이내에 보유하고 있는 주민등록번호를 파기하여야 한다. 다만, 제23조의2 제1항 각 호의 어느 하나에 해당하는 경우는 제외한다.

② 제1항에 따른 기간 이내에 보유하고 있는 주민등록번호를 파기하지 아니한 경우에는 제23조의2 제1항의 개정규정을 위반한 것으로 본다.

개인정보보호법 제24조의2【주민번호 처리의 제한】 ① 제24조 제1항에도 불구하고 개인정보처리자는 다음 각 호의 어느 하나에 해당하는 경우를 제외하고는 주민번호를 처리할 수 없다.

1. 법령에서 구체적으로 주민번호의 처리를 요구하거나 허용한 경우
2. 정보주체 또는 제3자의 급박한 생명, 신체, 재산의 이익을 위하여 명백히 필요하다고 인정되는 경우
3. 제1호 및 제2호에 준하여 주민번호 처리가 불가피한 경우로서 행정안전부령으로 정하는 경우

[본조신설 2013. 8. 6.]

부 칙 <법률 제11990호, 2013. 8. 6.>

제1조【시행일】 이 법은 공포 후 1년이 경과한 날부터 시행한다.

제2조【주민등록번호 처리 제한에 관한 경과조치】 ① 이 법 시행 당시 주민등록번호를 처리하고 있는 개인정보처리자는 이 법 시행일부터 2년 이내에 보유하고 있는 주민등록번호를 파기하여야 한다. 다만, 제24조의2 제1항 각 호의 개정규정의 어느 하나에 해당하는 경우는 제외한다.

② 제1항에 따른 기간 이내에 보유하고 있는 주민등록번호를 파기하지 아니한 경우에는 제24조의2 제1항의 개정규정을 위반한 것으로 본다.

나. i-PIN서비스[78)]

주민번호 법정주의를 시행하기 훨씬 이전부터 온라인에서 주민번호 대신 본인식별 대체수단을 제공하려는 노력이 있었다. 방통위에서 2005년 10월 만든 인터넷상의 개인식별번호(i-PIN)가 그것이다.

등록 및 이용방식이 공인인증서와 유사한데, i-PIN 사업자에게 신원확인 과정을 거쳐 ID·비밀번호를 설정해 둔 다음 온라인에서 본인확인이 필요할 때 ID·비밀번호 입력하는 것이다. i-PIN 사업자들은 각 ID별로 고유한 식별값을 생성해 두었다가 본인이 확인되면 그 식별값을 온라인사업자에게 제공하고, 온라인사업자는 그 식별값을 통해 이 사람이 누구인지, 중복가입한 것인지 확인할 수 있게 된다. i-PIN 사업자는 신용평가사들(서울신용평가정보, 나이스신용평가정보, 코리아크레딧뷰로)이다. 행안부에서 하는 공공아이핀은 2018. 10. 31.자로 중단되었다.

i-PIN은 단순한 식별값이 아니라 주민번호를 대체하기 위한 것이기 때문에, 최초 발급을 위해서 주민등록번호를 확인한다. i-PIN 발급 시 신원확인 방법으로는 '공인인증서', '휴대폰 본인확인', '대면확인'이 있는데, 공인인증서와 휴대폰은 최초 발급·개통 시 금융

---

78) 한국인터넷진흥원 2010년 6월 i-PIN 2.0 도입안내서

기관·통신사 대리점에서 주민등록증을 대면 확인하는 것이라서 인정되는 것이고, i-PIN 사업자의 대면 고객센터나 읍·면·동 사무소, 해외에서는 재외공관으로 주민등록증을 들고가서 발급받을 수도 있다. 주민번호 하나당 i-PIN ID를 한 개만 만들 수 있고, i-PIN ID 하나에 대해서 하나의 식별값이 존재하기 때문에 결과적으로 고유한 개인을 식별하는 주민번호의 대체수단 역할을 할 수 있게 개발된 제도인 것이다.

다. DI/CI

i-PIN은 단순히 본인이 확인되었다는 Y/N 결과에만 의미가 있는 것이 아니라 i-PIN 사업자가 이용자의 ID에 대응해서 생성해 둔 식별값이 핵심이다. 여기에는 DI(Duplication Information), CI (Connecting Information) 두 종류가 있다. 이것들은 무척 복잡하게 긴 난수화된 암호 같이 생겼는데(DI는 64byte, CI는 88byte), 본인 확인이 성공하면 i-PIN 사업자가 이용기관에 이 값을 주기 때문에 이용기관에서는 주민번호를 받지 않아도 고유값으로 개인을 식별할 수 있게 된다. 본래 개인별 고유식별값이 필요했을 뿐 주민번호 자체를 알아서 그것으로 무엇을 하려고 했던 것이 아니었기 때문이다. CI와 DI는 기업과 i-PIN 사업자 간에 주고받는 것이지, 개인이 직접 가입이나 로그인 용도로 사용하는 것이 아니다. 본인은 자기 CI/DI를 알 수 없다. 또한 기술적으로 주민번호로 다시 변경(복호화)할 수 없게 만들어져 있다. 그래서 남의 CI/DI를 알 수도 없지만, 이를 사용해서 남의 명의를 도용하기가 어려워 아직 사고 사례

가 알려진 바 없다.

DI는 하나의 i-PIN에 매칭되어 이용기관별로 각각 다른 DI가 생성된다. 즉, 특정 i-PIN 이용자의 ID·비밀번호 확인이 성공되었을 때 A사업자에게 제공되는 DI값과 B사업자에게 제공되는 DI값이 다르다. 각 사업자별로는 DI값이 고정되기 때문에 사업자가 자기 회원 식별, 중복확인을 하는 목적으로 사용하기는 충분하지만 사업자 간에 연계업무를 할 때 전혀 도움이 안된다. 예를 들면, 온라인 쇼핑몰에서 배송상태를 보여주려면 배송회사로부터 각 고객의 배송 정보를 받아야 하는데, 이때는 두 회사가 동일인을 같은 key로 식별할 수 있어야 하기 때문이다.

이렇게 사업자 간 연계 업무 시에 개인을 식별하는 (주민번호가 했던)역할을 충족하기 위해서 2010년 CI가 도입되었다. CI는 주민번호와 1:1 매치, 즉 사업자별로 달라짐이 없이 가입 탈퇴를 반복하더라도 같은 주민번호에는 계속 동일한 값이 부여된다. CI활용례는 너무나 많은데, 멤버십 통합 조회 서비스도 해당 앱서비스 사업자가 각사로부터 CI를 기준으로 멤버십 현황을 받아오기 때문에 가능한 것이다. 이름, 생년월일, 전화번호 등 여러 가지 정보를 조합해서 상호 식별할 수도 있지만 동명이인도 있고, 양쪽 모두 정확한 최신의 정보를 가지고 있어야 해서 한계가 있다.

라. 본인확인서비스

CI가 생기면서 i－PIN 사업자의 역할이 더욱 중요해짐에 따라, 2011년 정보통신망법에 i－PIN 사업자들을 본인확인기관으로 지정하고 관리할 수 있는 내용이 명문화되었다(안 제23조의3 신설).

> **정보통신망법 제23조의3【본인확인기관의 지정 등】** ① 방송통신위원회는 다음 각 호의 사항을 심사하여 대체수단의 개발·제공·관리 업무(이하 "본인확인업무"라 한다)를 안전하고 신뢰성 있게 수행할 능력이 있다고 인정되는 자를 본인확인기관으로 지정할 수 있다.
> 1. 본인확인업무의 안전성 확보를 위한 물리적·기술적·관리적 조치계획
> 2. 본인확인업무의 수행을 위한 기술적·재정적 능력
> 3. 본인확인업무 관련 설비규모의 적정성
>
> ② 본인확인기관이 본인확인업무의 전부 또는 일부를 휴지하고자 하는 때에는 휴지기간을 정하여 휴지하고자 하는 날의 30일 전까지 이를 이용자에게 통보하고 방송통신위원회에 신고하여야 한다. 이 경우 휴지기간은 6개월을 초과할 수 없다.
>
> ③ 본인확인기관이 본인확인업무를 폐지하고자 하는 때에는 폐지하고자 하는 날의 60일 전까지 이를 이용자에게 통보하고 방송통신위원회에 신고하여야 한다.
>
> ④ 제1항부터 제3항까지의 규정에 따른 심사사항별 세부 심사기준·지정절차 및 휴지·폐지 등에 관하여 필요한 사항은 대통령령령으로 정한다.
>
> [본조신설 2011. 4. 5.]

본인확인기관 지정이 되었음에도 i－PIN은 ID를 생성하는 가입과정이 허들로 작용하여 이용이 활성화되지 못했다. 그러던 중 법적으로 주민번호 취급이 금지되면서 2년 내에 CI/DI로 대체해야 하는

상황이 되었기 때문에 2013년 가입절차 없이 바로 이용할 수 있는 휴대폰 본인확인서비스를 도입하고, 이를 위해 통신사를 본인확인기관에 추가하였다.

본인확인기관 간에는 통신사가 개인을 확인하고 주민번호를 찾아서 i－PIN 사업자에게 전달하면, i－PIN 사업자가 CI를 알려주는 것으로 역할을 나누어 본인확인서비스 프로세스가 이루어진다.

〈본인확인서비스 업무 프로세스〉

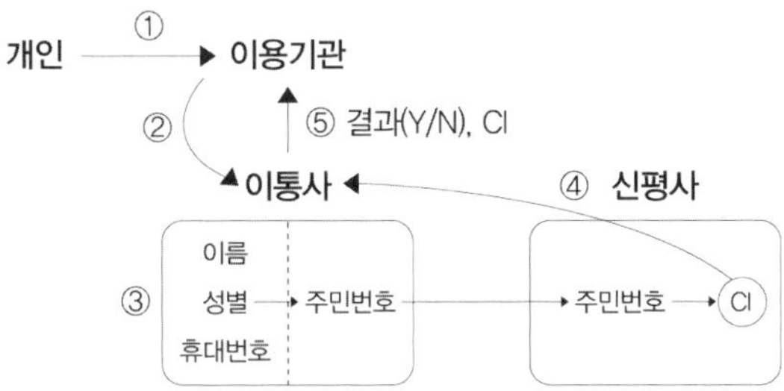

① 개인이 업무를 하려고 할 때 ② 사업자가 본인확인을 요구하게 되면 ③ 통신사의 창이 떠서 개인정보를 입력하게 한다. 통신사에서는 입력된 정보의 정확성을 확인하고 휴대폰 점유 인증까지 확인되면 주민번호를 찾아 신용평가사로 보낸다. ④ 신용평가사는 CI모듈을 통해 주민번호를 CI로 변경하여 통신사에 전달한다. ⑤ 통신사는 이용기관에 본인확인이 성공했다는 결과와 함께 CI를 제공하고, 이용기관은 CI를 DB테이블에 저장해 두기 때문에 다음번부터는 그 사람이 누구인지 알 수 있다.

2018년 신용카드사들도 본인확인기관에 추가되었는데, 이들은 통신사를 대체하는 위치에서 신용카드 정보 입력을 통해 본인을 확인하게 되고, 이용기관 및 신용평가사와의 업무 과정은 동일하다.

정통망법 제23조의3【본인확인기관의 지정 등】 ① 방송통신위원회는 다음 각 호의 사항을 심사하여 대체수단의 개발·제공·관리 업무(이하 "본인확인업무"라 한다)를 안전하고 신뢰성 있게 수행할 능력이 있다고 인정되는 자를 본인확인기관으로 지정할 수 있다.

1. 본인확인업무의 안전성 확보를 위한 물리적·기술적·관리적 조치계획
2. 본인확인업무의 수행을 위한 기술적·재정적 능력
3. 본인확인업무 관련 설비규모의 적정성

[본조신설 2011. 4. 5.]

본인확인기관 지정 등에 관한 기준(방송통신위원회 고시)

제2조【정의】 이 기준에서 사용하는 용어의 정의는 다음과 같다.

1. "본인확인기관"이라 함은 이용자의 주민번호를 사용하지 아니하고 본인을 확인하는 방법(이하 "대체수단"이라 한다)을 제공하는 자로서 법 제23조의3 제1항에 따라 방송통신위원회로부터 본인확인기관의 지정을 받은 자를 말한다.

3. "본인확인정보"라 함은 본인확인을 위하여 본인확인기관이 이용자에게 부여하는 식별정보(아이디, 휴대전화번호 등) 및 비밀정보(비밀번호 등)를 말한다.

9. "본인확인서비스"라 함은 본인확인정보를 이용하여 이용자를 안전하게 식별·인증하기 위해 본인확인기관이 제공하는 서비스를 말한다.

✦ 본인확인서비스와 인증서의 차이

전자서명법에 따르면 '인증서'란 '전자서명생성정보가 가입자에게 유일하게 속한다는 것을 증명하는 전자적 정보'이다. 이를 '소지증명'이라 하는데, 발급받으면서 설정한 비밀번호·생체정보를 입력했기 때문에 본인이 했다고 인정되는 것이다. 단순히 비밀번호를 썼다고 해서 인증서라고 하는 것은 아니고, PKI(Public Key Infrastructure)

기술로 만들어진 것을 인증서라고 한다. 공인인증서가 이 방식으로 만들어진 것이고(전자서명법 제2조 제3호 가~라목), 카카오페인증서를 비롯한 소위 인증서라고 하는 것들은 동일한 원리로 만들어진다. PKI에서는 '인증서'와 함께 '개인키(전자서명생성정보)'와 '공개키(전자서명검증정보)'를 한쌍으로 발급한다. 개인키는 암호화 상태로 소유자의 단말기에만 저장되어 있다. 이용자가 비밀번호·생체정보로 본인을 확인하면 – 인증서 발급기관의 서버에서 개인키를 복호화할 수 있는 passphrase를 단말기로 보내주고 – passphrase로 개인키가 깨워져서 전자문서가 암호화된다. 이것을 전자서명이라고 한다. 이용기관은 이렇게 생성된 전자서명값을 공개키로 복호화하면 전자문서 내용을 확인할 수 있다. 그 내용과 별도로 첨부된 전자문서 원문을 비교해서 내용이 변조되었는지 확인할 수 있다. 전자서명이 그 공개키로 풀렸다는 것은 거기에 대응되는 개인키가 사용되었음(본인이 그 문서에 서명했음)을 증명한다. 양 당사자가 같은 비밀번호를 공유하는 단순한 방식에서는 제3자가 일방으로부터 비밀번호를 탈취해서 상대방에게 본인인 척하는 것이 가능하다. PKI 방식은 이에 비하면 보안이 훨씬 강화된 것이다.

반면, 휴대폰 본인확인서비스는 가입 절차 없이 매번 정보를 입력하는 방식이다. 타인의 개인정보를 도용하고 그 휴대폰을 점유하고 있으면 본인인증이 가능하다는 점에서 전자서명으로는 사용되지 않는다.

과거에는 인증서가 필요할 때는 공인인증서, 본인확인을 하는 용도에는 휴대폰 본인확인서비스로 어느 정도 쓰임이 양분화되어 있었다. 그런데 카카오페이와 같은 사설인증서가 나오면서 본인확인과 전자서명 영역에서 동시에 쓰이게 되었다. 한편 휴대폰 본인확인서비스는 가입이 필요 없는 것이 장점이기도 하지만 자주 이용하게 되면서 매번 정보를 입력하는 것이 불편해졌고, 전자서명에 사용될 수 없다는 단점이 있다. 이를 극복하고자 통신사에서도 PASS앱이라는 인증서 형태의 서비스를 출시하여 양쪽 용도에서 같이 사용된다.

정리하면, 인증서는 미리 가입하고 비밀번호로 사용하는 것으로 부인방지 기능이 있어 본인확인뿐 아니라 전자서명에 사용될 수 있고, 근거법은 전자서명법이다. 전자서명법에서는 공인인증서의 부인방지 기능을 명시하고 있다. 사설인증서도 기술적으로는 부인방지 기능이 있지만, 법률에서 직접 효력을 기술하고 있지 않기 때문에 입증을 해야 한다.

본인확인서비스는 정통망법상 제도로 일회성으로 개인정보를 입력해서 본인을 확인하는 것이기 때문에 부인방지 기능은 없다. 대신 본인확인이 이루어지면 본인확인기관에서 주민번호 대체수단인 CI/DI를 제공해준다. 이용기관들은 주민번호를 수집하지 못하게 되었으므로 대신 CI를 받아서 개인식별, 중복확인과 연계 목적에 활용한다.

전자서명법 제2조 【정의】 이 법에서 사용하는 용어의 정의는 다음과 같다.

1. "전자문서"라 함은 정보처리시스템에 의하여 전자적 형태로 작성되어 송신 또는 수신되거나 저장된 정보를 말한다.

2. "전자서명"이라 함은 서명자를 확인하고 서명자가 당해 전자문서에 서명을 하였음을 나타내는데 이용하기 위하여 당해 전자문서에 첨부되거나 논리적으로 결합된 전자적 형태의 정보를 말한다.
3. "공인전자서명"이라 함은 다음 각 목의 요건을 갖추고 공인인증서에 기초한 전자서명을 말한다.
   가. 전자서명생성정보가 가입자에게 유일하게 속할 것
   나. 서명 당시 가입자가 전자서명생성정보를 지배·관리하고 있을 것
   다. 전자서명이 있은 후에 당해 전자서명에 대한 변경여부를 확인할 수 있을 것
   라. 전자서명이 있은 후에 당해 전자문서의 변경여부를 확인할 수 있을 것
4. "전자서명생성정보"라 함은 전자서명을 생성하기 위하여 이용하는 전자적 정보를 말한다.
5. "전자서명검증정보"라 함은 전자서명을 검증하기 위하여 이용하는 전자적 정보를 말한다.
6. "인증"이라 함은 전자서명생성정보가 가입자에게 유일하게 속한다는 사실을 확인하고 이를 증명하는 행위를 말한다.
7. "인증서"라 함은 전자서명생성정보가 가입자에게 유일하게 속한다는 사실 등을 확인하고 이를 증명하는 전자적 정보를 말한다.
8. "공인인증서"라 함은 제15조의 규정에 따라 공인인증기관이 발급하는 인증서를 말한다.

본인확인기관 지정 등에 관한 기준(방송통신위원회 고시)

제2조【정의】 이 기준에서 사용하는 용어의 정의는 다음과 같다.

2. "본인확인기관"이라 함은 이용자의 주민번호를 사용하지 아니하고 본인을 확인하는 방법(이하 "대체수단"이라 한다)을 제공하는 자로서 법 제23조의3 제1항에 따라 방송통신위원회로부터 본인확인기관의 지정을 받은 자를 말한다.
3. "본인확인정보"라 함은 본인확인을 위하여 본인확인기관이 이용자에게

부여하는 식별정보(아이디, 휴대전화번호 등) 및 비밀정보(비밀번호 등)를 말한다.

9. “본인확인서비스”라 함은 본인확인정보를 이용하여 이용자를 안전하게 식별·인증하기 위해 본인확인기관이 제공하는 서비스를 말한다.

제3항 CI와 관련된 현안

가. 연계업무의 증가

위에서 본 바와 같이 수년에 걸쳐 온라인과 오프라인 사업자들은 기 보유한 주민번호를 파기하고 CI로 대체하는 과정을 거쳐 현재 CI가 정착된 상태이다. 정부, 공공기관, 금융기관과 의료기관은 업무상 필요 때문에 개별 법령에 근거(의무 규정)를 두었으므로 주민번호로 업무를 할 수 있다.

정통망법 제23조의2 제2항에서 주민번호 수집근거가 있는 경우에도 가능하면 대체수단을 제공하도록 하고 있지만, 정통망법의 적용대상인 ‘정보통신서비스 제공자’는 ‘영리를 목적으로 … 하는 자’라고 정의되어 있으므로 정부부처와 공공기관들은 동법의 적용을 받지 않는다.

정통망법 제2조 【정의】 ① 이 법에서 사용하는 용어의 뜻은 다음과 같다. <개정 2004. 1. 29., 2007. 1. 26., 2007. 12. 21., 2008. 6. 13., 2010. 3. 22., 2014. 5. 28.>

3. “정보통신서비스 제공자”란 「전기통신사업법」 제2조 제8호에 따른 전기통신사업자와 영리를 목적으로 전기통신사업자의 전기통신역무를 이용하여 정보를 제공하거나 정보의 제공을 매개하는 자를 말한다.

제23조의2【주민등록번호의 사용 제한】 ① 정보통신서비스 제공자는 다음 각 호의 어느 하나에 해당하는 경우를 제외하고는 이용자의 주민등록번호를 수집·이용할 수 없다.

1. 제23조의3에 따라 본인확인기관으로 지정받은 경우
2. 법령에서 이용자의 주민등록번호 수집·이용을 허용하는 경우
3. 영업상 목적을 위하여 이용자의 주민등록번호 수집·이용이 불가피한 정보통신서비스 제공자로서 방송통신위원회가 고시하는 경우

② 제1항 제2호 또는 제3호에 따라 주민등록번호를 수집·이용할 수 있는 경우에도 이용자의 주민등록번호를 사용하지 아니하고 본인을 확인하는 방법(이하 "대체수단"이라 한다)을 제공하여야 한다.

[전문개정 2012. 2. 17.]

공공영역에서 민간과 상호 정보를 연계해야 하는 업무를 할 때는 동일한 key값이 필요하다. 금융기관, 의료기관은 주민번호를 가지고 있기 때문에 문제가 없지만 그 외 기관들과도 연계 업무가 점점 증가하고 있다. 이때는 두 가지 방법이 있는데, 민간에서 주민번호를 수집하거나 공공에서 주민번호를 CI로 변환하는 것이다. CI변환에 대해서는 바로 뒤에서 설명하기로 한다.

연계업무가 증가하는 이유는 다음과 같다. 먼저 핀테크업체들의 사업이 커지면서 소득공제 증빙 일괄 제출, 자금세탁방지제도의 고객확인 및 의심거래보고 등 금융회사들에 적용되던 업무 및 규제들이 이들에게도 필요해졌다. 이러한 업무가 '무기명 선불교통카드 소득공제 자료 보고' 같이 작은 범위로 이루어질 때는 그냥 주민번호를 수집하는 것으로 해결할 수 있었지만, 전자금융업자의 전체 회

원을 대상으로 하는 업무라면 결국 모두가 모두의 주민번호를 수집하는 상황이 될 것이다.

적극적인 행정서비스를 위해서도 공공영역과 민간영역 간 정보의 연계는 더욱 중요해지고 있다. 입영통지, 국민연금 안내, 범칙금 고지 등을 모바일고지로 대체하거나, 민원사무(각종 조회, 신청)에 공인인증서 외에 사설인증서도 사용할 수 있게 하려면 공공기관과 고지사업자 또는 인증서사업자가 동일한 개인 식별값을 가지고 있어야 한다. 또한 금융위에서 신용정보법 개정을 통해 도입한 마이데이터 사업은 여러 금융기관과 공공기관에 흩어져 있는 내 정보들을 하나의 앱에서 보여주는 것인데, 이때에도 앱 사업자와 각 기관 간에 동일한 식별값이 필요할 수밖에 없다.

나. CI일괄변환

CI일괄변환은 기관이 법률에 기해 보유하고 있는 주민번호를 직접 신용평가사에 전달하고 거기에 매칭되는 CI를 받아오는 것이다. 보통 한 개씩 건건이 하는 것이 아니라 뭉치로 이루어지므로 일괄변환이라고 한다. 본인확인기관의 업무는 '대체수단의 개발·제공·관리'이고, 본인확인서비스는 그중 하나일 뿐이기 때문에 신용평가사에서는 관리하고 있는 CI변환 모듈을 이용해서 이러한 업무를 할 수 있는 것이다. 비용은 한 건에 1원 정도 한다. 본인확인서비스를 통하면 CI를 확보할 수 있지만, 특히 정부와 공공기관들의 업무는 가입이 아니라 법률을 근거로 그냥 이루어지는 것이 많기 때문에 개인의 본인확인서비스 이용 과정을 통해서 CI가 확보될 기회가 제한적이다. 일부의 CI가 확보되어 있다 하더라도 통일된 업무처리를 위해서는 전체 회원의 CI가 있어야 하기 때문에, 금융회사에서도 CI변환은 필요할 수 있다. 일괄변환은 이용기관이 이미 보유하고 있는 주민번호에 대해서 대체수단인 CI를 추가로 취득하는 것이어서 정보주체의 동의를 받는 절차는 필요 없다(주민번호 폐기 시한이 도래할 무렵 민간사업자들이 보유한 기존회원의 주민번호를 같은 방법으로 CI로 변환한 바 있다[79]).

다만, 현재 다소 제한적으로 이루어지고 있는데, 본인확인기관을 감독하는 방통위에서 2018년 들어 돌연 신용평가사들에게 일괄변환 서비스를 중지시켰기 때문이다. 동 업무는 2019년 초 과기부 임시허가로 부분적으로 재개된 상태이다.

방통위가 일괄변환을 허용하지 않았던 논리는 본인확인기관 지정요건 중 하나가 '주민번호 대체수단의 안전성 확보 및 위·변조 방지 방안 마련'이고(관련 고시 별표 2), 그 취지에 따르자면 이용자가 인증에 성공한 결과를 확인한 뒤에 CI를 제공하는 것이 타당하다는 것이다.[80] 그러나 CI는 본인확인기관의 CI모듈을 통해 주민번호를 입력하면 변환되는 것이어서 이용자가 인증을 했는지와 CI의 정확성은 직접 상관이 없다. 그럼에도 방통위가 이런 결론을 내렸던 것은 CI제도에 대해서 (CI가 민간에 널리 정착된 상태가 위험한

79) 방송통신위원회·KISA, i－PIN 2.0 도입 안내서, p.30. 행정안전부 주민등록번호 수집 금지 제도 가이드라인, p.35

80) 2018. 8. 13.자 법률에 의해 보유한 주민번호를 CI로 일괄전환하는 것에 대한 질의 답변－국민신문고/방통위

것은 아닌지, 이용기관들 간의 연계가 활성화되면 독점적으로 CI를 유통해 왔던 본인확인기관의 입지가 잠식되는 것은 아닌지) 검토하겠다는 의중이 있었다.

일단은 전자정부 활성화를 위한 모바일고지를 위해서는 CI변환이 필수적이었기 때문에 (이름, 생년월일 정보만으로는 중복이 많고, 공공기관에서 최신화된 휴대번호 정보를 가지고 있는 것도 아니다) 계속해서 그 필요성이 제기되었고, 관련 업무는 과기부의 임시허가를 통해서 재개될 수 있었다.

임시허가는 '정보통신 진흥 및 융합 활성화 등에 관한 특별법' 제37조 제3항에 근거한 것으로 '규제 근거가 없거나 불명확'한 경우에 과기부를 통해 소관 부처의 협의를 거치고, 외부위원으로 구성된 신기술·서비스 심의위원회에서 심의·의결하는 절차를 가지고 있다. 현행 '본인확인기관 지정 등에 관한 기준(고시)'에는 '본인확인서비스'에 대한 업무 절차밖에 없고, 그렇다고 일괄변환이 정통망법이나 개인정보법 등의 법규에 배치되는 것은 아니므로 근거가 없거나 불명확한 규제 상태라고 본 것이다. 동 결정은 2년간의 임시허가이고, '정부와 공공기관이 모바일 전자고지를 하기 위해', 즉 문자나 카카오톡으로 전자문서를 발송하기 위한 연계 목적으로 CI가 필요한 경우에 일괄변환을 허용한다는 내용이다. 이렇게 해서 CI를 모바일고지사업자에게 전달하면 모바일고지사업자는 자기 회원의 CI와 비교하여 수신자를 특정한 다음 고지를 발송할 수 있다.

다양한 쌍방향 연계 업무를 커버하기 위한 CI일괄변환은 아직 정지되어 있는 상태이다. 모바일고지 외의 목적에 사용하려고 하거나 그 주체가 공공기관이 아닌 민간기관인 경우 임시허가를 벗어나게 되므로 별도의 신청 절차를 거쳐야 한다. 정보통신진흥법에 따르면 관계기관에서는 근거법령을 정비하기 위해 노력해야 하고, 법령 정비가 이루어지지 않은 경우 임시 허가는 1회 연장될 수 있다.

> **정보통신진흥법 제37조【임시허가】** ① 신규 정보통신융합등 기술·서비스를 활용하여 사업을 하려는 자는 다음 각 호의 어느 하나에 해당하는 경우 해당 기술·서비스의 시장출시 등 사업화를 위하여 과학기술정보통신부장관에게 임시로 허가등(이하 "임시허가"라 한다)을 신청할 수 있다. <개정 2018. 10. 16.>
> 1. 허가등의 근거가 되는 법령에 해당 신규 정보통신융합등 기술·서비스에 맞는 기준·규격·요건 등이 없는 경우
> 2. 허가등의 근거가 되는 법령에 따른 기준·규격·요건 등을 적용하는 것이 불명확하거나 불합리한 경우

방통위가 CI활용에 소극적인 것은 CI를 연계식별값이라는 본래 목적보다는 본인확인기관 업무의 산물이라는 관점에서 보기 때문이다. 그러나 이러한 접근은 매우 의문이다. 그 탄생배경을 봤을 때 CI는 주민번호 대체수단으로서 '본인식별'과 '연계' 목적을 안전하게 달성하고자 만들어진 것이다. 공공영역의 시스템이 주민번호 기반으로 되어 있으면 결국 법률상 보고(의무)로 인해서 민간에 주민번호 수집을 요구하는 것으로 이어질 수밖에 없다. 그렇게 하는 것보다는 공공영역에서도 일괄변환을 통해 주민번호는 되도록 업무처리에 이용하지 않는 것이 보안적으로도 좋을 것이다. 그동안 CI가 유출된 사고가 있었던 것도 아니고, 오히려 각 영역의 정보 연계

필요성이 증가하고 있는 시점이므로 일괄변환은 종전처럼 다시 허용되어야 할 것이다.

다. 공인인증서 폐지의 실효성 확보

2021. 6. 10.자로 전자서명법상 공인인증서 제도가 폐지되었다(법률 제17354호). 공인인증서 자체를 물리적으로 발급하지 못하는 것이 아니고, '공인인증기관'과 '공인인증서'라는 특별한 지위를 없애고 시장에서 선택할 수 있게 하려는 것이다. 이 취지가 실제로 실현될 수 있으려면, 다음 사항이 함께 고려되어야 한다.

(1) 개정 전자서명법 부칙

개정 법률 부칙은 다른 법률에서 '공인전자서명'을 사용하도록 한 부분을 '서명자의 실지명의를 확인한 전자서명'으로 일괄 개정하는 것으로 되어 있다. 전자서명법에서는 인증서를 차별하지 않는 것으로 변경되지만, 개별 법률상 공인인증서 사용이 의무인 곳들은 서명자의 실지명의를 확인한 전자서명만 사용해야 하는 제약이 남게 되는 것이다.

지금은 공인인증서가 처음 나왔을 때와 달리 CI가 주민번호 대체수단 역할을 하고 있기 때문에, CI를 기반으로 한 인증서가 실지명의 확인 인증서를 대체할 수 있는 기반이 마련되어 있다. 공공 영역에서도 이미 사설인증서 이용 사례가 나오기 시작한 상황이므로 어떤 경우에 어떤 방법을 사용할지는 해당 기관에서 정할 수 있도록 부칙 부분은 삭제하는 것이 타당할 것이다.

한편, 전자서명법 개정 이후에도 인증서 사업자의 주민번호 처리 근거는 필요하다. 공인인증기관은 (구)전자서명법 시행령에서 실지명의를 확인하고 공인인증서를 발급토록 했기 때문에 이를 근거로 주민번호를 수집할 수 있었다. 실지명의를 확인하는 방법도 시행령에서 구체적으로 정했는데, 대면 확인할 수도 있지만 금융회사의 계좌와 OTP를 통해 비대면 확인도 허용하였다(전자서명법 제15조, 시행령 제4조의3, 시행규칙 제13조의2).

개정 법률에서는 '공인인증기관'과 '공인인증서'라는 용어가 삭제되었기 때문에 '실지명의를 확인한 인증서' 발급에 대해서 새로 규정을 만들었다. 이에 따르면, 정통망법상의 '본인확인기관'만 실지명의 인증서를 발급할 수 있다. 발급절차는 대면 및 대면에 준하는 비대면 방식이 가능하다고만 할 뿐, 구체적으로 정하지 않는다(법문상 운영기준에 내용이 위임된 것 같지만, 운영기준에는 발급 시 신원확인 절차에 관한 내용은 전혀 없다).

본인확인기관은 두 종류가 있다. (i) 본인확인기관으로 의제되고 있던 공인인증기관은, 법적 근거가 없어졌기 때문에 새로 본인확인기관 지정을 받았다. 이들은 원래 하던 대로 하면, 당연히 실지명의 확인 인증서로 인정된다. (ii) 통신사 등 기존 본인확인기관은, 전자서명법상으로는 사설인증서 사업자 지위에 있었다. 그런데, 이들은 업무상 주민번호를 확인하고(카드사는 직접, 통신사는 대리점을 통해서), 그 주민번호를 이용해서 본인확인서비스를 해왔기 때문에 이들이 인증서를 발급하면 실지명의 인증서가 될 수 있다.

결과적으로, 개정 전자서명법은 '공인'이 아니라, '실지명의 확인' 기준으로 인증서를 구분하면서, 본인확인기관에게만 실지명의 확인 업무를 허용했기 때문에, 기존 본인확인사업자인 통신사의 인증서만 혜택을 본 측면이 있다. 본인확인기관이 아닌 사설인증서는 기존과 영업 범위에 차이가 없다.

(구)전자서명법 시행령 제4조의3【고유식별정보의 처리】 ② 공인인증기관은 법 제15조에 따른 공인인증서를 발급받으려는 사람의 신원 확인에 관한 사무를 수행하기 위하여 불가피한 경우「개인정보보호법 시행령」제19조에 따른 주민등록번호, 여권번호 또는 외국인등록번호가 포함된 자료를 처리할 수 있다. <신설 2017. 3. 27.>

(구)시행규칙 제13조의2【신원확인의 기준 및 방법】 ②공인인증기관은 공인인증서를 발급받고자 하는 자의 신원을 확인하는 때에는 직접 대면하여 그 자의 명의가 제1항의 규정에 의한 실지명의인지의 여부를 확인하고, 제13조의3의 규정에 의한 신원확인증표에 의하여 본인임을 확인하여야 한다. <개정 2006. 6. 30.>

④ 공인인증기관은「금융실명거래 및 비밀보장에 관한 법률」제2조 제1호 각 목에 따른 금융기관에서 실지명의가 확인된 전자금융거래 가입자가 공인인증서를 발급받으려는 경우에는 그의 동의를 받아 정보통신망을 통하여 신원을 확인할 수 있다. 이 경우 다음 각 호의 사항을 확인하여야 한다. <신설 2006. 6. 30., 2016. 1. 19.>

1. 전자금융거래 가입자의 계정(ID)과 그 비밀번호 또는 계좌번호와 그 비밀번호
2. 전자금융거래 가입자의 주민등록번호
3. 금융기관이 전자금융거래를 위하여 가입자에게 제공한 일회용 비밀번호(보안카드의 비밀번호를 포함한다) 또는 가입자 본인만이 알 수 있는 두 가지 이상의 정보

4. 제1호부터 제3호까지에서 규정된 사항 외에 전자금융거래 가입자의 신용카드 정보 등 신원을 확인할 수 있는 정보. 다만, 전자금융거래 가입자가 해외체류자, 법인, 단체, 외국인 또는 점자보안카드 사용자(해당 정보 확인에 동의한 점자보안카드 사용자는 제외한다)인 경우는 제외한다.

[본조신설 2002. 7. 11.]

(현)시행령 제9조 【신원확인의 방법】 ① 운영기준 준수사실의 인정을 받은 전자서명인증사업자가 법 제14조에 따라 전자서명인증서비스에 가입하려는 자의 신원을 확인할 때에는 다음 각 호의 구분에 따른 방법으로 한다.

1. 해당 전자서명인증사업자가 「정보통신망 이용촉진 및 정보보호 등에 관한 법률」 제23조의3 제1항에 따른 본인확인기관(이하 "본인확인기관"이라 한다)인 경우: 「금융실명거래 및 비밀보장에 관한 법률」 제2조 제4호에 따른 실지명의(이하 "실지명의"라 한다)를 기준으로 확인하는 방법. 다만, 가입하려는 자의 신원이 실지명의 기준으로 확인된 사실을 해당 전자서명인증사업자가 확인할 수 있는 경우에는 운영기준 준수사실의 인정을 받은 가입자 확인방법으로 할 수 있다.
2. 해당 전자서명인증사업자가 본인확인기관이 아닌 경우: 운영기준 준수사실의 인정을 받은 가입자 확인방법

(현) 시행규칙 제5조 【실지명의 기준의 신원확인 방법】 ① 운영기준 준수사실의 인정을 받은 전자서명인증사업자(「정보통신망 이용촉진 및 정보보호 등에 관한 법률」 제23조의3 제1항에 따른 본인확인기관인 경우만 해당한다)는 영 제9조 제1항 제1호 본문에 따라 전자서명인증서비스에 가입하려는 자의 신원을 확인할 때에는 그 자(법인이나 단체의 경우에는 해당 법인 또는 단체의 대표자를 말한다)를 직접 대면(운영기준에 적합한 것으로 인정받은 직접 대면에 준하는 비대면 방법을 포함한다)하여 「금융실명거래 및 비밀보장에 관한 법률 시행령」 제4조의2 제1항 각 호의 구분에 따른 증표·서류를 통해 확인한다.

(2) 사설인증서의 CI 활용

공인인증기관은 본인확인기관으로 의제된다(방통위 고시 본인확인기관 지정 등에 관한 기준 제13조). 본인인증이 됐다, 안됐다의 결과만으로 본다면 공인인증서는 이미 충분히 본인확인 기능을 하고 있다. 그럼에도 본인확인기관의 지위를 가지는 것은 중요한데, 대체수단인 DI/CI의 생성·제공 업무는 정통망법상 본인확인기관만이 할 수 있기 때문이다.

CI를 제공하는 기능은 이용기관에서 '신규 회원'을 본인확인 후 가입시키려고 할 때 꼭 필요한 것이다. 신규 회원은 아직 이용기관에 그 CI정보가 없기 때문에 본인확인서비스를 통해 확인이 성공되었을 때 CI를 받아두어야 이후 타 기관과 연계업무를 할 때 사용할 수 있기 때문이다.

사설인증서 사업자는 인증서를 발급하는 과정에서 본인확인서비스를 통해 CI를 받고 이를 기반으로 인증서를 구성하기 때문에 CI를 보유하고 있다. 그러나 본인확인 성공 여부만을 알려줄 수 있을 뿐이지, CI 자체를 이용기관에 제공할 수 없다. 방통위에서 CI를 만드는 것뿐 아니라 CI를 제공하는 것도 본인확인기관의 고유업무라고 보기 때문이다. 여기서 '제공'은 CI가 없는 이용기관에 CI를 최초로 주는 것을 말하고, CI를 보유한 기관끼리 주고받는 것은 연계행위여서 허용된다. 따라서 기 가입 회원의 본인확인이라든지(ex. 비밀번호 변경), 이용기관 쪽에서 먼저 CI를 제공하는 모바일고지 대행 같은 업무에는 활용될 수 있다. 반면, 신규 회원 가입 시 본인확인 용도로는 사용되기 어려워 영업에 제약이 있다.

현재의 본인확인기관 제도가 만들어졌을 무렵에는 사설인증서라는 것이 없어서 당시 이들의 CI활용에 대한 검토가 없었던 것은 당연하다. 그러나 사설인증서가 활성화되고 있고, 전자서명법에서 공인인증서가 폐지된다면 어차피 방통위 고시의 '공인인증기관의 본인확인기관 의제' 부분도 수정이 필요한 상황이다. 따라서 인증서 사업자가 일정한 요건을 갖추어서 본인확인기관으로 의제되거나 별도의 본인확인기관 지정절차를 거쳐서 CI를 제공할 수 있는 제도 마련이 함께 논의되어야 한다.

앞에서 설명한 바와 같이 본인확인 영역은 본인확인서비스와 인증서가 모두 사용될 수 있기 때문에 사업적으로 겹치는 부분이다. 본인확인도 하면서 CI도 받아서 활용해야 하는 시장의 수요는 정해져 있는데, 새로운 사업자가 추가되는 문제인 것이다. 기존 사업자인 통신사로서는 독점적 지위를 지켜야 하므로 민감한 부분이고, 사설인증서 사업자로서는 진입을 위해 중요한 부분이다. 현재까지 방송통신위원회의 입장을 보면 아무래도 본인확인기관의 주무부서로서 본인확인기관 중심의 정책을 펴는 경향이 있다. 반면 사설인증서를 활성화하겠다는 전자서명법은 과기부 소관인데, 과기부에서 그 목적을 잘 달성하려면 본인확인제도가 밀접한 관련이 있다는 점을 인지하고 같이 논의 테이블에 올려놓아 부처를 아우르는 검토가 될 필요가 있다.

본인확인기관 지정 등에 관한 기준 제13조【본인확인기관의 의제】「전자서명법」제4조에 따라 지정된 공인인증기관은 이 기준에 따라 지정된 본인확인기관으로 본다.

제 3 절

AML

AML(Anti-Money Laundering), 자금세탁방지라는 것은 FATF(자금세탁방지국제기구)에서 정한 국제기준에 따라 이루어지는 업무이다. 동 기구는 1989년에 설립되었으며 우리나라에서는 이를 이행하기 위해서 2001년 금융정보분석원을 설립하고, '특정금융거래정보의 이용 및 보고에 관한 법률'을 법제화하였다. 하위규정으로 자금세탁방지규정에서 상세한 내용을 정하고 있다. 자금세탁방지법이라는 말을 많이 쓰지만, 그런 이름의 법이 따로 있는 것은 아니다.

우리나라가 정회원으로 가입한 것은 2009년이다. 정회원으로 가입하여 주기적인 상호평가를 받는 것은 금융시장에 대한 대외 신인도를 높이는 것이기 때문에 특히 금융회사의 해외 영업활동에 도움이 될 수 있다고 한다.

FATF기준에 따르면 '자금이나 가치를 이전하는 서비스', '지급수단 발행 및 운영자'는 고객 확인(KYC, Know Your Custmer), 거래 모니터링, 의심거래보고(STR, Suspicious Transaction Report) 등의 업무를 이행하여야 한다. 특금법의 적용대상은 금융회사로 한정되어 있었으나, 2019년 우리나라에 대한 상호평가를 앞두고 2019. 4. 30.자 특금법 시행령 개정으로(시행 2019. 7. 1.) 전금법상 전자금융업자도 적용대상에 포함되었다(시행령 제2조 제13호 신설).

특금법의 적용에 있어서 가장 문제가 된 부분은 고객확인 방식이었다. 금융회사들을 대상으로 하고 있던 기존 시행령에서는 개인의 '실지명의', 즉 주민등록증의 확인을 요구하고 있었기 때문이다. 이에 대해서는 전자금융업자 전체가 모든 회원의 주민번호를 수집하게 하는 것에 무리가 있어 CI로 대체할 수 있게 하였다. 시행령 제10조의4 제1호 '실지명의'를 '실지명의(전자금융거래의 경우 금융정보분석원장이 정하여 고시하는 고객에 대해서는 실지명의 대신 성명, 생년월일 및 성별 등 금융정보분석원장이 정하여 고시하는 사항을 말한다)'라고 개정하여 예외근거를 마련해 두고, 업무규정에 CI를 추가함으로써 전자금융업자는 주민번호 수집 없는 현행 절차를 유지하는 것으로 정리한 것이다. 단, 이후 모니터링 과정에서 추가적인 고객확인이 필요한 경우 특금법을 근거로 주민등록증 확인을 요청해야 하고, 이를 거부하면 거래를 종료해야 한다.

특금법 제5조의2 【금융회사등의 고객 확인의무】 ① 금융회사등은 금융거래를 이용한 자금세탁행위 및 공중협박자금조달행위를 방지하기 위하여 합당한 주의(注意)로서 다음 각 호의 구분에 따른 조치를 하여야 한다. 이 경우 금융회사등은 이를 위한 업무 지침을 작성하고 운용하여야 한다. <개정 2014. 5. 28.>

1. 고객이 계좌를 신규로 개설하거나 대통령령으로 정하는 금액 이상으로

일회성 금융거래를 하는 경우: 다음 각 목의 사항을 확인

가. 대통령령으로 정하는 고객의 신원에 관한 사항

나. 고객을 최종적으로 지배하거나 통제하는 자연인(이하 이 조에서 "실제 소유자"라 한다)에 관한 사항. 다만, 고객이 법인 또는 단체인 경우에는 대통령령으로 정하는 사항

2. 고객이 실제 소유자인지 여부가 의심되는 등 고객이 자금세탁행위나 공중협박자금조달행위를 할 우려가 있는 경우: 다음 각 목의 사항을 확인

가. 제1호 각 목의 사항

나. 금융거래의 목적과 거래자금의 원천 등 금융정보분석원장이 정하여 고시하는 사항(금융회사등이 자금세탁행위나 공중협박자금조달행위의 위험성에 비례하여 합리적으로 가능하다고 판단하는 범위에 한정한다)

③ 제1항 각 호에 따른 확인 조치 등의 대상·기준·절차·방법과 그 밖에 필요한 사항은 대통령령으로 정한다.

④ 금융회사등은 고객이 신원확인 등을 위한 정보 제공을 거부하여 고객확인을 할 수 없는 경우에는 계좌 개설 등 해당 고객과의 신규 거래를 거절하고, 이미 거래관계가 수립되어 있는 경우에는 해당 거래를 종료하여야 한다. <신설 2014. 5. 28.>

⑤ 제4항에 따라 거래를 거절 또는 종료하는 경우에는 금융회사등은 제4조에 따른 의심되는 거래의 보고 여부를 검토하여야 한다. <신설 2014. 5. 28.>

[전문개정 2011. 5. 19.]

시행령 제10조의4 【고객의 신원에 관한 사항】 법 제5조의2 제1항 제1호 가목에서 "대통령령으로 정하는 고객의 신원에 관한 사항"이란 다음 각 호의 구분에 따른 사항을 말한다.

<개정 2013. 8. 6., 2015. 12. 30., 2018. 2. 27., 2019. 4. 30.>

1. 개인(다른 개인, 법인 그 밖의 단체를 위한 것임을 표시하여 금융거래

를 하는 자를 포함한다)의 경우: 실지명의(전자금융거래의 경우 금융정보분석원장이 정하여 고시하는 고객에 대해서는 실지명의 대신 성명, 생년월일 및 성별 등 금융정보분석원장이 정하여 고시하는 사항을 말한다), 주소, 연락처(전화번호 및 전자우편주소를 말한다. 이하 같다)

[본조신설 2005. 9. 27.]

[제목개정 2015. 12. 30.]

[시행일: 2019. 7. 1.] 제10조의4

특정금융거래정보 보고 및 감독규정 제22조의2【실지명의에 관한 사항】 ① 영 제10조의4 제1호에서 "금융정보분석원장이 정하여 고시하는 고객"이란 법 제5조의2 제1항 제2호에 해당하지 아니한 고객으로서 다음 각 호의 어느 하나에 해당하는 자(「전자금융거래법」 제28조 제1항 단서 및 같은 조 제2항 단서에 따른 「은행법」에 따른 은행과 금융회사를 포함한다)와 전자금융거래를 하는 고객을 말한다.

1. 「전자금융거래법」 제28조 제1항
2. 「전자금융거래법」 제28조 제2항 제1호부터 제4호
3. 「전자금융거래법 시행령」 제15조 제3항 제1호 및 제2호

② 영 제10조의4 제1호에서 "금융정보분석원장이 정하여 고시하는 사항"은 다음 각 호에서 규정하는 사항을 말한다.

1. 성명, 생년월일 및 성별
2. 「정보통신망 이용촉진 및 정보보호 등에 관한 법률」 제23조의2 제2항에 따른 대체수단 활용으로 생성된 연계정보
3. 전자금융거래를 위해 전자금융업자에 제공한 계좌번호(계좌번호가 없는 경우에는 참조가능한 번호를 말한다)

모니터링에 관해서 보건대 전자금융업자는 업무의 성격에 따른 모니터링을 수행하고 있다. 선불·직불전자금융업, 전자지급결제대행업에서는 '가맹점이 제대로 실체가 있는지, 허위거래를 가장하는 것

이 아닌지'를 가입 시의 서류와 매장·사이트 확인뿐 아니라 거래량 및 취소 건수 모니터링 등을 통해 사유를 파악하고, 필요에 따라 거래한도를 조정하거나 정산 지연, 담보 설정 등의 리스크 관리를 해야 한다. 정산금 지급이 이루어진 후 구매취소가 발생하면 다음 번 정산대금에서 상계하게 되는데, 특정 시점에 매출이나 취소가 급증하게 되면 미수가 발생할 수도 있기 때문이다. 회원에 대해서는 본인이 거래를 하는 것이 맞는지, 즉 '계정이 도용된 것이 아닌지'를 거래 패턴(개설과정이 일반폰보다 간소화된 알뜰폰 이용자, 송금서비스 집중 이용자 등), 위치정보 등을 통해 모니터링하는 데 중점을 두고 있다. 이것은 FDS(Fraud Detection System)라고 한다.

반면 특금법의 모니터링은 '자금 세탁 여부'이기 때문에 취지는 약간 다를 수 있다. 환금성 높은 재화를 다량 구입하거나 송금을 하는 행위를 통해서 자금세탁 시도를 할 수는 있지만, 선불·직불전자지급수단의 한도 자체가 제한되기 때문에 위험성은 금융회사에 비해 상대적으로 낮다. 이제 도입 초기이므로 송금 한도(선불전자지급수단의 법적 이용한도는 '발행권면 최고 200만 원'이어서 1일 또는 한달 누적 송금한도는 정해진 바 없다), 1인 다계정 허용 여부 등 구체적인 정책과 모니터링 방식은 서비스 특성에 맞게 사업자가 정립해 나가야 할 것이다.

참고로 우리나라의 간편결제사업자들은 휴대폰 명의인과 등록한 계좌·카드의 명의인이 동일해야 하는데, 미국의 Paypal, Venmo 같은 서비스에서는 동일성이 요구되지 않는다. 미국에서는 당초 휴대폰 개통 시 주민번호 확인을 하지 않기 때문이라고 한다.

제 4 절

금융기관 API의 활용

2019. 2. 25. 금융위원회에서는 '핀테크 및 금융플랫폼 활성화를 위한 금융결제 인프라 혁신방안'을 발표했는데, 금융결제망을 개방함으로써 핀테크 기업에게 사업 진출 기회를 주고 망 이용료 인하를 유도한다는 것이다.[81] 결제나 송금서비스는 결국 계좌에서 계좌로 자금이 이동하는 것이어서 은행망을 통해야 하는데, 개별 사업자들로서는 각 은행들과 펌뱅킹 계약을 하는 것부터 진입장벽이 되거나 계약을 하더라도 높은 비용이 문제된다.

좋은 서비스가 보다 저렴한 가격으로 나올 수 있으려면 결국 이러한 이체비용이 해결되어야 하기 때문에 금융위의 발표는 제2장에서 본 체크카드의 상황과 유사한 면이 있다. 단, 그 방식은 펌뱅킹 인프라사용을 전제로 그 수수료를 인하하는 것이 아니라 금융결제원의 (각 은행 API가 연결되어 있는)공동망을 이용하는 것으로 하였다.

81) 금융위 보도자료 2019. 2. 25. 핀테크 금융혁신을 위한 금융지주 간담회 개최결과. 2019. 2. 26. 개방형 금융결제망[오픈뱅킹] 구축, 핀테크 성장을 촉진하고 생활금융을 혁신하겠습니다.

가. 금융기관 API(Application Programming Interface)[82)]

'API'란 '특정 프로그램의 기능이나 데이터를 다른 프로그램이 접근할 수 있도록 미리 정한 통신규칙'을 말한다. API가 공개되면 그 기능이나 정보를 호출해서 다른 서비스를 만들 수 있다. 맛집 추천앱에서 T맵 지도로 위치를 보여준다든지, 온라인사이트에서 SNS계정으로 로그인 기능을 제공하는 등 매우 일반적인 것이다.

다만, 금융기관의 경우 그 업무가 라이선스 사업이라는 점과 금융거래 정보의 보안이 중요하다는 점에서 API를 개방할 일이 별로 없었는데, 점점 데이터 간 연결이 중요해지면서 세계적으로도 금융권 API 오픈에 대한 논의가 활발한 상태이다. 금융권 API는 금융결제망(지급결제·송금을 할 수 있는 실행형 API)에 관한 것과 금융데이터(거래내역·상품정보를 조회할 수 있는 조회형 API)에 관한 것으로 분류할 수 있다. 실행형 API라고 해서 직접 거래를 실행한다는 의미는 아니고, 전자금융거래의 실행을 요청하는 것이라고 보면 된다.

나. 마이데이터산업[83)]

개인별 거래내역 조회 API나 금융기관 상품목록 API를 이용하면 여러 금융기관 사이트들을 들락날락할 필요 없이 내 자산과 대출을 한곳에서 확인하고, 다수 금융기관들의 상품 가격이나 수익률을 비

---

82) 금융위 보도자료. 2019. 2. 22. [알기쉬운 핀테크] 금융권 Open API

83) 금융위 보도자료. 2018. 7. 19. 금융분야 마이데이터산업 도입방안 발표, 2018. 11. 22. 데이터 경제 활성화를 위한 신용정보산업 선진화 방안, 2019. 5. 1. 데이터 표준 API 워킹그룹을 구성·운영하여 금융분야 마이데이터의 조속한 정착을 지원하겠습니다.

교하는 서비스를 만들 수 있다. 현재는 스크린 스크래핑 기술을 사용하여 이런 기능을 구현하고 있다. '스크린 스크래핑'이란 금융기관 로그인에 필요한 이용자의 공인인증서 또는 아이디·비번 정보를 제공받아 그를 대신해 각 금융기관에 접속하고, 웹사이트 화면에서 보이는 데이터를 추출하여 가공된 형태로 보여주는 것이다. 이 방식에서는 사업자가 이용자의 접근매체에 접근권을 가지게 되고, 조회할 수 있는 정보와 분석의 패턴이 API로 직접 정보에 접근하는 것에 비해 제한적이다.

따라서 개인의 금융정보 자기결정권을 증진하고 데이터 활용 서비스를 활성화하기 위해서 금융위는 '마이데이터산업'을 도입하였다. 금융정보는 '신용정보'에 해당하기 때문에 해당 내용은 '신용정보의 이용 및 보호에 관한 법률'에 들어가게 되었으며, 2020. 2. 4. 공포되었다(2020. 8. 5. 시행). 동 법은 금융기관과 공공기관에 API 공개 의무를 부과하고, '본인신용정보관리업'을 신설하여 API를 이용한 서비스를 할 수 있도록 하고 있다. 본인신용정보관리업자는 자기정보 조회서비스를 바탕으로 데이터 분석 컨설팅, 신용정보 열람·정정·동의철회 요구의 권리행사 대리 업무, 상품 추천, 가입 중개, 로보어드바이저를 통한 투자 자문·일임 등을 부수업무(본업을 위해 소유하고 있는 인력·자산 또는 설비를 이용하는 업무) 또는 겸영업무(다른 법률에 의해 별도로 라이선스를 받아야 하는 업무)로 하게 된다.

API의 내용과 사용 비용, 접근 시 본인인증 방식, 부수업무와 겸영업무의 허용범위 등의 구체적 내용들은 시행령에서 정해질 예정이다. 조회서비스 자체는 수익을 내는 사업이라기보다는 금융상품 판매의 맥락을 만드는 의미가 커서 금융플랫폼 사업과 밀접한 관련을 가지고 있다. 동 라이선스는 핀테크사업자들뿐 아니라 금융회사도 받을 수 있는 것이어서 모두가 촉각을 곤두세우고 있는데, 감독당국의 재량이 많이 작용하는 '허가제'인데다 많은 부분이 시행령에 위임되어 있다. 자칫 비즈니스의 판도(누가 무엇을 어떻게 할 수 있는지) 자체를 금융위가 결정하고 통제하는 방향이 되지 않을까 하는 우려도 있는 것이 사실이다. 법 시행 후 6개월이라는 유예기간 이내에 허가를 받지 못하면 스크린 스크래핑을 통해 하고 있는 기존 조회서비스들은 바로 중단해야 한다. API를 오픈시킨다는 점에서는 분명 개방적인 정책이지만, 마이데이터가 먼저 도입된 유럽에서의 발단을 보면 미국 빅테크 기업들의 데이터 독점에 방어하는 의미도 있었던 것이 사실이다. 세부적인 내용도 중요하겠지만 무엇보다도 오픈 API 취지에 맞게 다양한 서비스가 나올 수 있도록 자율성을 보장하는 방향으로 제도의 틀이 만들어져야 할 것이다.

다. 오픈뱅킹[84)]

'오픈뱅킹'은 금융결제원을 통해서 출금·입금 이체 기능과 잔액·거래내역·계좌실명 조회 기능을 사용할 수 있는 API 인프라이다.

원래 2016년 8월 소규모 핀테크업체를 대상으로 '은행권 공동오픈플랫폼'이라는 이름으로 오픈되었다.[85)] 이때에는 펌뱅킹 계약을

84) 금융위 보도자료. 2019. 6. 20. 오픈뱅킹 현황 및 향후 일정(설명회)

85) https://www.open-platform.or.kr/main 은행권 공동오픈플랫폼 API 적용사례

체결하는 것 자체가 어려운 업체들에게 사업 기회를 준다는 의미로 시작했기 때문에 건당 수수료가 높게 책정된 편이다. 가장 많이 사용하는 출금 이체는 비용이 건당 500원이나 되었다. 몇몇 소액해외송금업자가 사용하고 있을 뿐이었는데, 핀테크사업의 성장으로 선불전자지급수단 운영의 근간이 되는 출금펌 수수료를 낮춰야 할 필요성이 대두되면서 참가자격을 확대하고 수수료를 낮추기로 한 것이다. 이용자격은 사행행위, 다단계, 가상화폐 등 일부 업무를 하는 업체를 제외하고 폭넓게 오픈되어 있다. 출금대행(지급인의 출금동의를 직접 받지 않고 수취인을 통해 전달받아 출금을 대행하는 펌뱅킹재판매 사업자), 납부서비스(EBPP에 한정되지 않고 수납기관이 재화나 용역의 제공 대가를 정기적·반복적으로 추심하는 경우를 모두 포함)는 이용대상에서 제외된다. 금융회사는 참여기관인 동시에 이용기관도 될 수 있다.

출금수수료만 생각하면 제로페이처럼 펌뱅킹 수수료를 깎아버리는 것이 직접적이지만 이는 개별 계약에 관여하는 안좋은 방식인데다가, 오픈뱅킹은 조회 기능, 카드사 참여까지 생각하는 더 넓은 개념의 인프라이다. 앞서 설명한 신용정보법의 금융기관 API 개방과도 관련되는데, 오픈뱅킹을 이용해서 조회서비스를 제공하는 것은 본인신용정보관리업 허가가 필요 없다.

핀테크사업자들은 은행들과 개별적인 펌뱅킹 계약을 체결할 필요 없이 금융결제원과의 계약을 통해서 이체서비스를 이용하게 되는데, 핀테크사업자가 직접 금융결제망에 연결되어 있는 것은 아니므로 주거래은행을 지정하여 정보를 전달하게 된다. 주거래은행에 정보전달만 의뢰하는 것이 아니라, 거기에 법인 계좌를 개설해두고 입출금을 하게 된다.

〈오픈뱅킹 프로세스〉

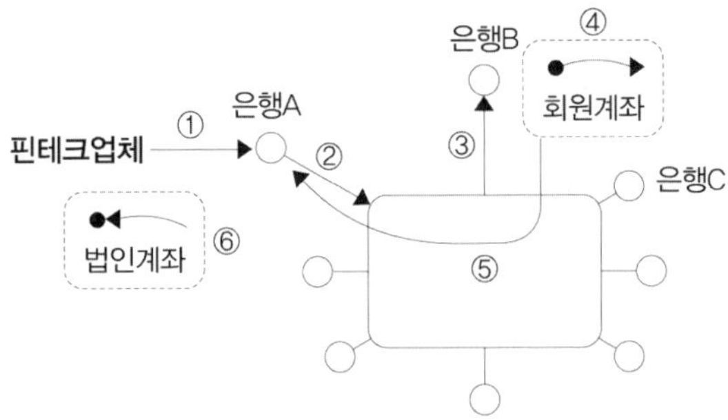

핀테크업체가 (B은행)회원계좌로부터 출금이체를 하는 경우를 예로 살펴보자. ① 핀테크업체가 주거래은행(A)에 출금을 요청하면, ② 금융결제원을 통해 ③ B은행에 요청이 전달된다. ④ 요청을 받은 B은행이 회원계좌에서 별단계정으로 출금해둔 뒤 ⑤ 금융결제원을 통해 A은행에 출금승인이 전달되면 ⑥ A은행은 자기 자금으로 핀테크업체 계좌로 입금한다. A은행과 B은행 간의 정산은 익일 차액결제에 포함되어 이루어진다.

입금이체는 핀테크사업자가 지급인으로서 제3자에게 계좌이체하는 경우이다. 그런데 펌뱅킹에서도 핀테크사업자가 여러 계좌의 돈을 주계좌로 모아서 주거래 은행에 지급지시를 하고, 이후 정보 전달과 수취인 계좌로의 자금이체는 금융결제원 차액결제 프로세스로 이루어지기 때문에 입금이체에 있어서는 오픈뱅킹과 펌뱅킹의 업무 과정이 차이가 없다.

오픈뱅킹의 수수료는 '처리대행비용'과 '주거래은행 수수료'로 구성되어 있다. 주거래은행 수수료는 각 업체가 주거래은행과 개별 협의해서 정하면 되는데, 면제되는 경우가 많다. 상대은행(위 설명에서 B은행)에게 지급해야 하는 처리대행비용은 출금 50원, 입금 40원으로 정해져 있다. 처리대행비용은 주거래은행이 대신 출금해서 전달해 준다.

현재의 펌뱅킹 수수료 수준은 개별 기업과 은행 간의 계약에 따라 다르기 때문에 일률적으로 말할 수 없지만, 출금펌은 평균 최소 100원 이상일 것이기 때문에 출금이체에 대해서는 상당한 수수료 절감 효과를 기대할 수 있다. 반면, 입금펌은 원래 비용이 낮아져 있는 상태이기 때문에 비용절감 의미가 별로 없는 부분이다.

수수료와 더불어 추가적 비용이 발생하는 부분은 '보증'이다.

펌뱅킹에서도 담보를 설정하는 경우가 있다. 추심이체는 추심인의 요청대로 처리해주는 것이고, 은행이 출금동의의 진위를 확인할 수 없다. 수취인은 출금동의 증빙을 금융결제원으로 보내는데, 금융결제원도 일단 보관만 한다. 그래서 출금사고에 대비하기 위한 장치를 요구하는 것이다. 펌뱅킹에서는 추심을 하는 법인의 모계좌가 당해 은행에 개설되어 있으므로, 주로 그 예금을 이용해서 일부 질권을 설정하거나 하루 지나고 출금할 수 있게 하는 식의 약정을 하게 된다. 은행들은 이런 장치를 통해 예금보유고를 유지하는 효과도 거둘 수 있게 된다.

그런데 오픈뱅킹 프로세스에서는 돈이 주거래은행으로 바로 이체되어 버리므로 대신 보증보험을 이용한다. 중소형 사업자가 플랫폼에 참여하기 위해서는 1일 (은행별로 구별하지 않은 총)출금한도를 정하고 그 200%에 해당하는 금액에 대해서 보증보험을 가입해야 한다. 새롭게 참여대상이 된 대규모핀테크사업자들은 이미 펌뱅킹 계약을 체결하고 있어 신뢰성이 높다는 점과 출금액수가 커서 같은 비율을 적용하면 부담이 커진다는 점을 감안하여 100~200% 사이에서 정하게 하였다. 그 비율은 평가기준에 따라 점수를 매겨 정해지는데 대부분 100%이다. 중소형 사업자와 다른 점은 개별 은행별로도 출금한도가 있다는 점이다. 특정 은행으로부터의 출금액이 한도액을 초과하게 되면 이후의 출금은 펌뱅킹 프로세스를 타면 될 것이다.

오픈뱅킹을 이용하더라도 위와 같은 한도 문제, 납부서비스 등 이용제한 서비스, 그리고 정보처리의 안전성을 고려한 시스템 분산 필요성 때문에 펌뱅킹은 병행하게 된다. 또한 증권사는 아직 오픈뱅킹 참가 전이므로 이용자 계좌가 증권사 계좌일 때는 당연히 당해 증권사와 펌뱅킹을 해야 한다. 이용자로서는 자기 계좌에서 핀테크사업자가 출금이체하는 것에 동의하는 것일 뿐, 그 프로세스가 펌뱅킹인지, 오픈뱅킹인지는 의미가 없기 때문에 각각에 대해서 따로 추심이체 동의를 해야 하는 것은 아니다.

✦ 금융결제원

금융결제원이 은행공동플랫폼을 운영하면서도 별도 수수료를 받지 않는 이유는, 금융회사들의 회비로 운영되는 비영리 사단법인이기 때문이다. 금융결제원은 한국은행에 예치한 지급준비금을 통해 차액결제를 하는 은행들을 정회원으로 하는 기관이다. 회비도 은행이 가장 많이 낸다.

증권사는 특별참가기관으로 분담금을 내고 일부 기능만 활용하는 입장이다. 증권사는 직접 계좌를 개설할 수 있고, 자본시장법 제40조 제4호에 따라서 투자자예탁금에 대한 전자자금이체 업무도 할 수 있지만, 개인 고객의 계좌에 대해서만 (금융결제원 차액결제망을 이용한) 대량이체 업무를 할 수 있다. 즉, 법인자금을 넣어두고 여러 곳으로 급여이체를 하거나, 다수로부터 요금을 자동납부받는 용도로는 증권사 계좌를 이용할 수 없다. 이는 은행의 법인자금 수신 기능을 보호하기 위한 것이다.

제 5 절

전자금융거래법 개정 논의

금융위는 2019년부터 전자금융거래법 라이선스 개편안을 발표한 바 있고,[86] '20. 11. 27. 금융위 의견이 종합된 개정안이 발의되었다.[87] '21. 3월 발간한 「핀테크 규제와 실무 2」에서 그 내용을 다루었으므로 그 부분을 인용하고, 라이선스와는 무관하지만 개념과 관련된 변경 부분을 살펴보기로 한다.

〈현재 전자금융업〉

- **전자자금이체업**: 계좌 및 계정 간 자금이체 업무. 현재는 수신기관들이 계좌 간 이체만 하고 있음. 간편송금은 선불 라이선스로 이루어지고 있음.
- **선불전자금융업**: 계좌나 유무상 포인트로 충전해서 결제에 사용할 수 있는 지급수단 발행 및 정산 업무. 충전금 양도 및 환불 개념을 활용해서

86) 금융위 보도자료. 2019. 2. 25. 핀테크 금융플랫폼 활성화를 위한 금융결제 인프라 혁신방안, 금융위 보도자료. 2019. 2. 26. 개방형 금융결제망[오픈뱅킹] 구축, 핀테크 성장을 촉진하고 생활금융을 혁신하겠습니다.

87) 정부입법이 아니라 의원입법 형식이기 때문에 국회 의안정보시스템에서만 검색 가능하다(의안번호 2105855호).

간편송금(계정송금, 계좌송금) 서비스도 하고 있음.

- **직불전자금융업**: 계좌 기반으로 실시간 지급수단을 발행하여 결제에 제공하는 업무
- **전자지급결제대행업(PG)**: 지급수단을 직접 발행하지 않고 지급수단발행사업자와 판매자 사이에서 정산해주는 업무
- **결제대금예치업(에스크로), 전자고지결제업(EBPP)**: PG와 동일하게 중간에서 자금을 처리해주는 업무인데, 구매확정 시까지 대금 보관, 고지업무 병행이라는 특징이 있음.
- **전자화폐업**: 계좌나 유무상 포인트로 충전해서 결제에 사용할 수 있는 지급수단 발행 및 정산 업무. 현실사업자 없음.

〈개정안〉

- **종합지급결제사업자**: 계좌 직접 발급, 해당 계좌로 직접 금융결제망 참가하여 자금이체서비스 제공(다른 라이선스 업무를 포괄)
- **대금결제업**: 지급수단 발행해서 결제 처리하고, 정산까지 마무리하는 업무. 전자지급수단은 어차피 계좌에서 즉시 충전이 되기 때문에 선직불 구별 의미가 없어서, 선불전자금융업과 직불전자금융업을 대금결제업으로 통합
- **결제대행업**: 지급수단 발행하지 않고, 정산만 하는 업무. PG·에스크로·EBPP도 구별 의미가 없으므로 라이선스 통합
- **자금이체업**: 정의 자체는 현재 전자자금이체업과 동일하나 등록제에서 허가제로 바뀜.
- **지급지시전달업**: 계좌이체 지시를 결제중계시스템(금결원)에 전달하는 정보처리 업무

자금이체업은 허가제, 종합지급결제업은 자금이체업자 중에서 요건을 갖추면 지정하고, 나머지는 등록제이다.

가. 종합지급결제업

종합지급결제업은 B2C로 계좌를 오픈하고 결제망에 직접 참여하는 것이다. 자본금은 200억 원이고 차액정산을 위해 은행에 예치금도 따로 필요하다. 직접 계좌를 발급함으로써 펌뱅킹이나 오픈뱅킹을 통하지 않고, 직접 금융결제원을 통해 이체업무를 할 수 있다. 그런데 이 계좌는 일반계좌와 개설절차도 동일한데 이자지급은 할 수 없어서, 이용자에게 어떤 유인이 있을지는 의문이다. 결제리워드를 계좌로 넣어주는 것은 가능하다. 사업자 입장에서도 대출업무를 할 수 있는 것도 아니고, 해당 계좌에 돈이 충분치 않으면 어차피 다른 계좌에서 출금해서 채워야 결제나 송금을 처리할 수 있기 때문에 선불전자지급수단에 비해 출금비용 절감 효과도 크지 않을 수 있다. 이미 오픈뱅킹으로 입출금 API가 개방된 상태여서 활용성에 대해서는 사업자별로 검토가 필요할 것이다. 카드사가 많은 관심을 가지고 있는데, 결제 계좌 명목으로 고객을 유치하여 일정 금액을 채워놓게 함으로써, 선불사업자와 유사한 lock-in 효과를 얻을 수 있기 때문이다.

전자금융거래법(안) 제36조의4【종합지급결제사업자의 지정 등】 ① 금융위원회는 자금이체업자(대통령령으로 정하는 겸영전자금융업자를 포함한다. 이하 이 조에서 같다) 또는 자금이체업자가 되려는 자로서 다음 각 호의 기준을 모두 충족하는 자를 종합지급결제사업자로 지정할 수 있다.

1. 「상법」에 따른 주식회사일 것
2. 200억 원 이상으로서 대통령령으로 정하는 금액 이상의 자기자본을 갖출 것

3. 이용자의 보호가 가능하고 하려는 업무에 대한 충분한 전문인력과 전산설비 등 물적 시설을 갖추고 있을 것
4. 그 밖에 위험관리 능력 등을 고려하여 대통령령으로 정하는 기준

제36조의5【종합지급결제사업자에 대한 특례】 ① 종합지급결제사업자는 이용자에게 계좌를 개설하여 주는 방법으로 전자지급거래청산기관, 그 밖에 대통령령으로 정하는 기관을 이용하는 전자자금이체에 관한 업무를 할 수 있다. 이 경우 제6조의3과 「금융실명거래 및 비밀보장에 관한 법률」 제3조부터 제4조의3까지 및 제6조부터 제8조까지의 규정은 종합지급결제사업자에 준용한다.

나. 지급지시전달업

현재 금융결제원의 지시형 API는 이용기관이 자기계좌를 가지고 있으면서 입·출금하는 것만 가능한데, 정보만 전달하는 API를 만들어서 이용권한을 부여하는 것이다. 자금을 직접 처리하지 않고도 개인 이용자에게 계좌이체 서비스를 제공할 수 있게 되므로, 본인신용정보관리회사는 통합조회서비스와 연계할 것이고, 은행들도 타행 to 타행 이체서비스에 활용할 것이다.

이 업무는 전자금융거래를 위한 정보처리만 한다는 점에서 VAN 업무와 유사한 성격을 가진다. VAN사업자는 전자금융거래법상 '전자금융보조업자(금융회사 또는 전자금융업자를 위하여 전자금융거래를 보조하거나 그 일부를 대행하는 업무를 행하는 자 또는 결제중계시스템의 운영자로서 금융위원회가 정하는 자)'에 해당한다. VAN망이 이용되는 대표적인 업무는 카드사와 가맹점 간 결제이고,

CD기에서 계좌이체나 출금을 할 때 정보를 처리하는 CD·VAN 업무도 있다. 전자금융거래법상 전자금융보조업자는 라이선스 업무는 아니고, 카드 VAN은 여신전문금융업법에서 부가통신업자로 등록하게 되어 있다. 이러한 기존 VAN 업무가 지급지시전달업의 개념에 포섭될 수 있으므로, 금융위는 보도자료에서 지급지시전달업은 오픈뱅킹 API(금융결제원 결제중개시스템)를 이용하는 경우에만 적용된다고 설명한 바 있다.

지급지시전달업은 MyPayment라는 명칭으로 많이 홍보되고 있다. 여기서의 Payment는 구매에 대응하는 결제라는 의미가 아니라, 자금을 이동시킨다는 의미로 이해된다. 결제는 구매자와 판매자 사이에서 결제요청을 처리하고 대금을 정산해주는 업무로서, 가맹점 모집도 하고 결제정보를 처리할 수 있는 인프라도 마련해야 한다. 지급지시전달업은 개인이 하는 계좌이체 요청을 실시간 처리하는 것이어서 이 라이선스를 받는 것만으로 결제사업이 될 수는 없다. 다만, 지금도 개인 간 송금 형식으로 대금을 지급하는 일부 사례들이 있으므로, 그런 의미에서는 결제 목적으로도 사용될 수 있을 것이다.

> **개정(안) 제2조【정의】** 6. "지급지시전달업"이란 전자적 장치를 통하여 지급인의 계좌가 개설된 금융회사 또는 종합지급결제사업자에게 지급인의 지급지시를 전달하는 것을 영업으로 하는 것을 말한다.
>
> **전자금융거래법 제2조【정의】** 5. "전자금융보조업자"라 함은 금융회사 또는 전자금융업자를 위하여 전자금융거래를 보조하거나 그 일부를 대행하

는 업무를 행하는 자 또는 결제중계시스템의 운영자로서 「금융위원회의 설치 등에 관한 법률」 제3조에 따른 금융위원회(이하 "금융위원회"라 한다)가 정하는 자를 말한다.

여신전문금융업법 제2조【정의】 8의2. "신용카드등부가통신업"이란 신용카드업자 및 신용카드가맹점과의 계약에 따라 단말기 설치, 신용카드등의 조회·승인 및 매출전표 매입·자금정산 등 신용카드등의 대금결제를 승인·중계하기 위한 전기통신서비스 제공을 업으로 하는 것을 말한다.

8의3. "부가통신업자"란 신용카드등부가통신업에 대하여 제27조의2에 따라 금융위원회에 등록을 한 자를 말한다.

다. 자금이체업

지금도 '전자자금이체업'으로 동일한 제도가 있는데, 실제로 금융회사 외에 전자금융업자가 따로 등록한 경우는 없다. 선불전자금융업자들은 충전금을 양도·환불하는 개념을 이용해서 간편송금 서비스를 하고 있기 때문이다. 개정안에서는 '선불전자지급수단의 발행·양도 및 환급 기능을 결합하여 전자자금이체와 동일한 목적을 달성할 수 있도록 하는 행위'를 명시적으로 금지함으로써 자금이체업이 별도로 필요해졌다. 그런데 라이선스를 허가제로 올린 것은 별론으로, '전자자금이체'의 정의를 기존과 동일하게 두다 보니 현재 이루어지고 있는 간편송금 실무를 포섭하지 못하는 부분이 있다.

전자자금이체는 송금인과 수취인 계정 모두 '금융회사에 연결'되어 있어야 한다는 조건이 있다. 본인명의의 계좌 또는 카드를 인증하거나, 더 나아가 계좌로부터 출금동의를 해 두어야 한다는 것일까? 현재 선불전자금융업에서는 금융회사 연결이 필수가 아니다. 이러한 편리성은 간편송금의 가장 큰 장점으로 꼽혀왔다. 비금융회사가 계정 기반의 송금 업무를 하는 것에 대해서 자금이체업 라이선스를 따로 받는 만큼, 의미가 애매한 조건은 삭제해야 할 것이다. 대신, 개정안 제18조에서 선불전자지급수단에 대해서 '이용자의 신원이 확인된 것'이라는 표현을 쓰고 있으므로, 전자자금이체도 이용자의 신원이 확인된 계정에 대해서만 허용하는 방법이 있다. 전자금융업자는 본인확인기관을 통한 신원확인으로 고객확인을 하고 있기 때문이다.

법 제18조는 현재도 있는 규정으로, '전자화폐 등의 양도성'에서 '선불전자지급수단의 양도성'으로 전자화폐만 삭제한 것이다. 제2항에서 양도나 담보 제공 시 '발행자의 중앙전산시스템을 경유'하도록 하면서, '실지명의가 확인되지 아니하는 경우 그러하지 아니하다'는 단서를 두고 있다. 개정안은 여기서 '실지명의 확인'을 '이용자의 신원확인'으로 변경한 것이다. 전자금융업자는 어차피 실지명의 확인을 하지 않기 때문에 의미있는 구별 기준은 기명과 무기명이다. 전자금융감독규정(별표 3)에서 기명식과 무기명식의 한도를 차등하고 있기 때문이다. 현재는 실지명의가 확인되거나 예금계좌와 연결되어 발행된 선불전자지급수단만 기명식으로 보고, 그 외에는 신원이 확인된 것도 무기명으로 분류한다. 개정안에서 그 외의 부분에서 '이용자의 신원확인'을 언급한 내용은 없다. 제18조 제2항의 문구 수정은 감독규정상 기명, 무기명 구별 기준을 이용자의 신원확인 여부로 변경하기 위한 포석이 아닐까 한다. 전자자금이체에서도 이 부분을 차용하면 될 것이다.

개정(안) 제2조【정의】 12. “전자자금이체”라 함은 지급할 목적으로 금융회사 또는 종합지급결제사업자에 개설된 계좌나 자금이체업자에 개설된 계정(금융회사에 연결된 계정으로 한정한다. 이하 같다)에서 다른 계좌나 계정으로 전자적 장치에 의하여 금융회사 또는 자금이체업자에 대한 지급인이나 수취인의 지급지시에 따라 자금을 이동하게 하는 것을 말한다.

개정(안) 제36조의3【전자금융업자 등의 행위규칙】 ② 전자금융업자(겸영전자금융업자를 포함한다)는 전자금융업을 수행하는 경우에는 다음 각 호에서 정하는 행위를 하여서는 아니 된다.

4. 대금결제업자(종합지급결제사업자를 포함한다)가 하는 행위로서 선불전자지급수단의 발행·양도 및 환급 기능을 결합하여 전자자금이체와 동일한 목적을 달성할 수 있도록 하는 전자지급거래에 관한 업무를 이용자에게 제공하는 행위

개정(안) 제18조【선불전자지급수단의 양도성】 ① 선불전자지급수단 보유자는 발행자와의 약정에 따라 선불전자지급수단을 타인에게 양도하거나 담보로 제공할 수 있다.

② 제1항의 규정에 따라 선불전자지급수단을 양도하거나 담보로 제공하는 경우에는 반드시 발행자의 중앙전산시스템을 경유하여야 한다. 다만, 이용자의 신원이 확인되지 아니하는 선불전자지급수단의 경우에는 그러하지 아니하다.

라. 소액후불 결제

전자금융업자에게 소액후불결제 업무가 허용된다. 한도는 30~50만 원 선으로 논의되고 있다. 통신사가 정보통신망법에 따라서 하는 통신과금서비스의 한도는 100만 원이다.

> **개정(안) 제35조【겸영업무】** ① 전자금융업자(겸영전자금융업자, 그 밖에 대통령령령으로 정하는 전자금융업자를 제외한다. 이하 이 조에서 같다)는 다음 각호의 업무를 할 수 있다.
> 2. 재화 또는 용역의 대가의 지급을 위하여 하는 업무로서 선불전자지급수단의 충전잔액이 부족한 경우에 그 부족분에 대하여 전자금융업자 스스로의 신용으로 가맹점에게 그 대가를 지급하는 업무(그 업무에 관하여 금융위원회로부터 승인을 받은 경우로 한정하며, 이하 "후불결제업무"라 한다)

개정안은 정의규정들도 수정하였다. 선불전자금융업과 직불전자금융업 라이선스는 대금결제업으로 통합되었으나, 선·직불전자지급수단의 정의는 여전히 존재한다.

> **개정(안) 제2조【정의】** 13. "직불전자지급수단"이란 이용자가 가맹점으로부터 재화 또는 용역을 제공받고 그 대가를 지급할 목적으로 전자적 방법에 따라 금융회사 또는 종합지급결제사업자의 계좌나 자금이체업자의 계정에서 자금을 이동하게 하는 등의 방법으로 재화·용역의 대가를 지급할 수 있도록 금융회사 또는 전자금융업자가 발행한 증표(자금을 융통받을 수 있는 증표를 제외한다) 또는 그 증표에 관한 정보를 말한다.
> 14. "선불전자지급수단"이라 함은 이전 가능한 금전적 가치가 전자적 방

법으로 저장(이하 "충전"이라 한다)되어 발행된 증표 또는 그 증표에 관한 정보로서 다음 각 목의 요건을 모두 갖춘 것을 말한다.

가. 발행인 외의 제3자(발행인과 대통령령으로 정하는 특수관계에 있는 자는 제외한다)로부터 재화 또는 용역을 구입하고 그 대가를 지급하는데 사용될 것

나. 발행인은 재화·용역의 대가를 지급하는데 사용되도록 하기 전에 이용자로부터 충전의 대가를 지급받을 것. 이 경우 발행인, 그 밖에 대통령령으로 정하는 자가 이용실적 등에 따라 이용자에게 적립한 후 재화 또는 용역을 구매할 수 있도록 경제상의 이익을 부여하는 경우에는 해당 이용실적 등을 충전의 대가의 지급으로 본다.

다. 가목에 따른 사용으로 해당 증표 또는 증표에 관한 정보를 보유하게 되는 제3자가 그 저장된 금전적 가치에 대하여 현금 또는 예금으로 교환하여 줄 것을 발행인에게 청구할 수 있는 권리일 것

라. 다목에 따른 권리가 해당 증표 또는 증표에 관한 정보에 표시될 것

선불과 직불의 차이는 재화 또는 용역의 제공과 대금 지급 시점의 관계이다. 이때 대금 지급은 가맹점이 돈을 받는 기준이 아니라 이용자가 돈을 지불하는 기준이다. 그런 의미에서 현행 규정은, 직불은 '재화 또는 용역의 제공과 대금 지급을 동시에' 하는 것으로 정의하였고, 선불은 시점을 언급하지 않지만 충전금의 존재 자체가 이미 사용하기 전 지불되었음을 의미한다 할 수 있다.

그런데 개정안에서는 직불의 정의에서 '동시'를 삭제하고, 오히려 선불의 정의에 '사용하기 전에 대가를 지급받음'을 명시하였다. 사용하기 전에 대가를 지급받는다고 하면서 무상선불도 포함해야 하기 때문에, 이용실적을 충전 대가의 지급으로 본다는 말까지 덧붙였다. 그럼에도 이용실적이 없는데 마케팅 목적으로 먼저 지급하는

것은 어떻게 설명되는지 의문이 생긴다. 그리고 직불은 '계좌나 계정에서 자금을 이동하게 하는 방법으로 대가를 지급한다'는 것만 남게 되었는데, 이것은 직불만의 특징이 아니라 선불이나 후불도 마찬가지일 수 있다.

이러한 변경은 모바일 선불이 부족금을 즉시충전하여 결제하는 것을 직불의 성격으로 보고 정의를 명확히 해보려는 것으로 짐작된다. 그러나 이 경우에도 충전금 잔액과 신규충전 금액이 복합결제되기 때문에 어차피 선불과 직불 어느 하나로 완벽히 설명할 수 없다. 앞에서 살펴보았듯이, 결제금액 만큼만 결제시점에 출금되는 것이 아니면 선불로 분류하는 것이 성격에도 맞으므로 현재의 문구가 더 좋아 보인다.

선불전자지급수단 정의(제14호 다목)에서 현금이나 예금과의 교환성을 개념에 포함시키고 있다. 전자화폐는 100% 환금성이 특징이었지만, 선불전자지급수단은 성격이 다양해서 환급은 약정에 따라서 이루어지는 것이다. 법 제19조에서는 80% 사용했거나 약정한 사용을 지원하지 못하게 되었을 경우 금전으로 환급해야 한다는 조항을 따로 두고 있다. 전액 환불을 선불전자지급수단에 공통으로 강제하는 것은 부적절하므로 삭제되어야 할 것이다.

제 6 절

규제개혁 샌드박스

규제에는 해석으로 풀 수 있는 쟁점도 있지만 문언이 명확해서 규정을 개정해야 하는 경우도 많다. 특히 금융관련 업무는 라이선스 기반이기 때문에 먼저 해도 된다는 규정을 만들어 놓고 해야 하는 경우도 있다. 그리고 해석의 문제라 하더라도 담당자로서는 기존 업무관행이나 유권해석과 다르게 허용하는 것이 부담이 될 수 있을 것이다.

많은 새로운 서비스가 나오는 상황에서 일일이 규정을 개정하는 것이 시간이나 절차상 어렵고, 유권해석만으로 가능할지 애매한 경우가 있다는 문제점을 해결하기 위해서 먼저 시행하고 규정을 정비할 수 있도록 하는 제도가 마련되었다. 이것을 일단 시험적으로 자유롭게 해본다는 의미로 통칭하여 '샌드박스(Sand Box)' 제도라고 한다. 대표적인 것이 과기부와 금융위의 샌드박스 제도이다. 양 부처의 샌드박스 제도는 2019년 법률에 명시되면서, 법문에 배치되는 사안도 허용할 수 있는 근거가 마련되었다. 예외를 허용하기 위해서 예외를 허용할 수 있다는 내용의 법을 만든 것이다.

가. 정보통신진흥 및 융합 활성화 등에 관한 법률

과기부는 (1) 근거규정이 없거나 기존 해석이 불합리한 경우 먼저 허가하고 행정관청이 사후적으로 제도를 보완하도록 하는 '임시허가'와 (2) 법령상으로는 배치되는 점이 있다고 하더라도 ('다른 법령의 규정에 의하여 허가등을 신청하는 것이 불가능한 경우') 일단 제한적으로 실시하면서 계속 여부를 판단받도록 하는 '실증 규제특례' 제도를 운영하고 있다. 특히 실증 규제특례는 2018. 10. 16.자 개정(2019. 1. 17. 시행)으로 신설된 것이다. 임시허가와 실증특례는 기본적으로 2년을 기간으로 하고, 1회 연장이 가능하다. 안건에 대한 심의·의결은 신기술·서비스심의위원회(과기부장관을 위원장으로, 민간위원 1/2 이상으로 구성)에서 한다.

모바일 전자고지를 위한 공공기관 CI일괄변환이 임시허가로 허용된 사례인데, 동 제도를 이용하면 과기부에서 관계부처(이 사례에서는 본인확인기관제도의 운영 부서인 방통위)와 협의해 준다는 장점도 있다. 어떤 업무에 관계된 부처나 부서가 다수인 경우 사업자가 입장이 다른 각각을 별도로 협의하는 과정이 어렵기 때문에 이렇게 하나의 통로가 마련되면 편리해지게 된다.

정보통신진흥법 제2조【정의】 ① 이 법에서 사용하는 용어의 뜻은 다음과 같다.

2. "정보통신융합"이란 정보통신 간 또는 정보통신과 다른 산업 간에 기술 또는 서비스의 결합 또는 복합을 통하여 새로운 사회적·시장적 가치를 창출하는 창의적이고 혁신적인 활동 및 현상을 말한다.

제3조의2 【우선허용·사후규제 원칙】 ① 누구든지 신규 정보통신융합등 기술·서비스를 활용하여 사업을 할 수 있으며, 국가와 지방자치단체는 신규 정보통신융합등 기술·서비스를 활용하는 과정에서 국민의 생명과 안전을 저해하는 경우에 이를 제한할 수 있다.
② 국가와 지방자치단체는 정보통신융합등 기술·서비스 관련 소관 법령 및 제도가 제1항의 원칙에 부합하게 정비되도록 노력하여야 한다.

제10조의2 【신기술·서비스심의위원회 운영 등】 ① 과학기술정보통신부장관은 제37조에 따른 임시허가와 제38조의2에 따른 실증을 위한 규제특례에 관한 사항을 전문적으로 심의·의결하기 위하여 신기술·서비스심의위원회(이하 "심의위원회"라 한다)를 구성·운영한다.

제37조 【임시허가】 ① 신규 정보통신융합등 기술·서비스를 활용하여 사업을 하려는 자는 다음 각 호의 어느 하나에 해당하는 경우 해당 기술·서비스의 시장출시 등 사업화를 위하여 과학기술정보통신부장관에게 임시로 허가등(이하 "임시허가"라 한다)을 신청할 수 있다.
<개정 2018. 10. 16.>
1. 허가등의 근거가 되는 법령에 해당 신규 정보통신융합등 기술·서비스에 맞는 기준·규격·요건 등이 없는 경우
2. 허가등의 근거가 되는 법령에 따른 기준·규격·요건 등을 적용하는 것이 불명확하거나 불합리한 경우

③ 과학기술정보통신부장관은 제1항에 따른 신청 또는 제2항에 따른 요청이 있는 경우 관계기관의 장과 협의하고 그 결과를 포함하여 심의위원회에 상정하여야 하며 심의위원회의 심의·의결을 거쳐 해당 신규 정보통신융합등 기술·서비스에 대하여 임시허가를 할 수 있다. 이 경우 과학기술정보통신부장관은 신규 정보통신융합등 기술·서비스의 안정성 확보 및 이용자 보호 등을 위하여 필요한 조건을 붙일 수 있다.
<신설 2018. 10. 16.>

⑤ 임시허가의 유효기간은 2년 이하의 범위에서 대통령령으로 정한다. 다만, 유효기간의 만료 전에 임시허가의 대상이 되는 신규 정보통신융합등 기술·서비스에 대한 허가등의 근거가 되는 법령이 정비되지 아니한 경우 과학기술정보통신부장관은 유효기간을 1회 연장할 수 있으며, 이 경우 유효기간을 연장받으려는 자는 유효기간 만료 2개월 전에 과학기술정보통신부장관에게 신청하여야 한다. <개정 2018. 10. 16.>

⑥ 관계기관의 장은 제5항에 따른 임시허가 유효기간의 만료 전에 해당 신규 정보통신융합등 기술·서비스에 대한 허가등의 근거가 되는 법령이 정비되도록 노력하여야 한다. <신설 2018. 10. 16.>

제38조의2【실증을 위한 규제특례】 ① 신규 정보통신융합등 기술·서비스를 활용하여 사업을 하려는 자는 다음 각 호의 어느 하나에 해당하여 사업 시행이 어려운 경우 해당 기술·서비스에 대한 제한적 시험·기술적 검증을 하기 위하여 과학기술정보통신부장관에게 관련 규제의 전부 또는 일부를 적용하지 않는 실증을 위한 규제특례를 신청할 수 있다.

1. 신규 정보통신융합등 기술·서비스가 다른 법령의 규정에 의하여 허가등을 신청하는 것이 불가능한 경우
2. 허가등의 근거가 되는 법령에 따른 기준·규격·요건 등을 적용하는 것이 불명확하거나 불합리한 경우

③ 과학기술정보통신부장관은 제1항에 따른 신청이 있는 경우 제5항에 따른 관계기관의 장의 검토와 심의위원회의 심의·의결을 거쳐 실증을 위한 규제특례를 지정할 수 있다. 이 경우 과학기술정보통신부장관은 실증을 위한 규제특례에 조건을 붙일 수 있다.

④ 제3항에 따른 실증을 위한 규제특례의 유효기간은 2년 이하의 범위에서 대통령령으로 정한다. 유효기간은 1회에 한정하여 연장이 가능하며, 유효기간을 연장받으려는 자는 유효기간 만료 2개월 전에 과학기술정보통신부장관에게 신청하여야 한다.

[본조신설 2018. 10. 16.]

나. 금융혁신지원특별법

2019. 4. 1. 시행된 신설 법률이다. 이에 따르면 법규에 명확한 허용 근거가 없거나 해석이 모호한 경우 '혁신금융서비스(기존 금융서비스의 제공 내용·방식·형태 등과 차별성이 인정되는 금융업 또는 이와 관련된 업무를 수행하는 과정에서 제공되는 서비스)'로 지정받으면 서비스를 개시할 수 있다. 동법 제17조에서 혁신금융서비스에는 ① 사업 또는 사업자의 인허가·등록·신고 ② 사업자의 지배구조·업무범위·건전성·영업행위 ③ 사업자에 대한 감독·검사와 관련된 금융 법령을 적용하지 않는다고 한 것은 기존 법규나 감독 선례와 배치되더라도 허용할 수 있다는 점을 밝힌 것이다. 이 제도의 취지가 법규 정비의 필요성이 확인된 사안에 대해서는 절차에 소요되는 시간을 아끼겠다는 것이기 때문이다.

신규 서비스들은 기존 금융기관과 핀테크사업자의 협업으로 이루어지는 경우가 많다. 핀테크사업자 또는 금융기관이 단독으로 하는 서비스는 혁신금융서비스 지정만 받으면 되지만, 제휴 모델이면서 핀테크사업자의 역할이 금융기관의 업무위탁 가능 범위를 벗어날 여지가 있으면 '지정대리인(금융회사가 혁신금융서비스 시범 운영을 위하여 제3자의 용역 또는 시설 등을 활용하는 행위)'도 같이 받으면 된다.

혁신서비스는 금융위가 회차를 나누어서 모집공고를 할 때 신청한다. 지정된 서비스는 금융위 홈페이지에 공개된다. 혁신금융서비스도 기본적으로는 2년 범위 내에서 허용하고 1회 연장할 수 있다. 그 지정은 혁신금융심사위원회(금융위원장을 위원장으로, 외부위원등으로 구성)에서 심사하고, 관련 행정부처의 동의를 거쳐(대상이 금융서비스이기 때문에 다수의 사안에서는 다른 관련부처가 없을 것이다) 금융위가 한다.

동법 제21조에 따르면 혁신금융서비스를 지정기간 이후에도 계속하기 위해서는 관련법령에 따른 인·허가 등을 받아야 하고, 그 인·허가를 받은 경우에는 법 제23조에 따라 최대 2년간 배타적 운영권을 가진다. 아직 지정 초기여서 배타적 운영권이 발생한 사례가 없기 때문에 어떤 경우가 이러한 보호를 받는지 명확하지 않다. 핀테크사업자가 개발한 독특한 비즈니스를 후발 (특히 대형) 사업자가 그냥 카피할 수 있다는 점 때문에 넣은 조항이다. 그런데 배타적 운영권을 줄 때는 매우 신중해야 할 것이다. 어떤 서비스 프로세스를 혁신서비스로 신청했다는 것은 현행 법규에서 인·허가를 받기 어려웠다는 것인데, 그 법규가 불합리하다고 판단되어 서비스를 승인했다면 빨리 제도를 정비해서 일반적으로 허용하는 것이 타당하기 때문이다. 그동안 지정된 사례들을 보더라도 아이디어 자체가 특수하기보다는 규제 때문에 하지 못하고 있던 것들이다. 보험영역에서는 가입절차상 고지·설명 의무, 3만 원 이상의 이익 제공 금지 규제가 예외 처리된 상품들이 혁신서비스로 지정되었다. 이들 상품 자체가 독창성이 있다면 이미 생명보험협회와 손해보험협회에서 운영하고 있는 배타적 사용권 제도(3개월에서 최대 1년까지)가 있다. 기술적인 내용이라면 특허 제도를 이용하면 된다.

그럼에도 금융혁신지원특별법은 과기부의 임시허가제와 비교할 때 서비스의 혁신성과 사업자의 자격을 심사해서 개별적인 특혜를 준다는 느낌이 강하기 때문에 위와 같은 규정이 존재하는 것이다. 정보통신진흥법은 '우선허용·사후규제' 원칙을 선언하고 있고, 임시허가에 혁신성 같은 요건을 따로 두지 않으며, '관계기관의 장은 임시허가 만료 전에 해당 법령이 정비되도록 노력해야 한다'고 되어 있다(법령 정비에는 국회 또는 타부처 협의가 필요하므로 관계기관 장에게 정비 의무를 확정적으로 부여할 수 없음은 당연하다). 반면 금융혁신지원특별법에서는 '혁신금융심사위원회는 금융위원회 및 관련 행정기관에 법령의 제·개정을 권고할 수 있다'고 하여 제도 정비 자체에 대해서는 다소 소극적인 표현을 사용하면서도 혁신금융서비스의 지정 요건에 대해서는 상세히 규정하고 있다. 특히 '해당 금융서비스가 기존의 금융서비스와 비교할 때 충분히 혁신적인지 여부'라는 요건은 판단하는 자의 재량이 개입할 여지가 많은 부분이다. 금융감독원 혁신금융서비스 지정 매뉴얼에 따르면(9면) 혁신성의 주요 심사 내용은 ① 해당 금융서비스가 기존 금융시장에서 제공되고 있는 서비스와 유사성이 없고, 실질적인 차별성이 충분히 인정되는지 여부(해당 금융서비스가 기존 서비스와 획기적으로 차별된다는 관련 전문가의 의견을 참고할 수 있음) ② 해당 금융서비스가 획기적으로 고도화될 수 있는 잠재력이 있다고 판단되는지 여부라고 설명되어 있다. 특허의 요건이 신규성(국내외에서 공지, 공용, 문헌 공지, Web 공개를 하지 않은 것), 진보성(종래의 기술을 바탕으로 당업자가 용이하게 도출할 수 없는 발명일 것), 산업상 이용가능성(반복 생산이 가능)인데, 일단 유사한 면이 있다. 규제의 완화는 보통으로는 안되고 특허를 받을 정도로 혁신적인 경우만 고려해 볼 수 있다는 것인가? 다행히 실제 지정 사례들을 보면 꼭 그렇게 운영되고 있는 것 같지는 않지만, 금융이 기본적으로 규제산업이고 대부분의 안건이 금융위에서 스스로 자기 규제를 완화하는 것이기 때문에 과기부 소관 제도에 비해 보수적인 시각은 확실하다(과기부는 규제기관이 아니기 때문에 각 안건마다 외부의 규제기관이 협의 상대방으로 존재하는 구조이다).

금융혁신지원특별법 제2조 【정의】 4. "혁신금융서비스"란 기존 금융서비스의 제공 내용·방식·형태 등과 차별성이 인정되는 금융업 또는 이와 관련된 업무를 수행하는 과정에서 제공되는 서비스를 말한다.

5. "혁신금융사업자"란 제5조에 따라 혁신금융서비스 지정 신청을 한 회사로서 제4조에 따라 금융위원회가 혁신금융서비스로 지정한 금융서비스를 제공하는 회사를 말한다.

제4조 【혁신금융서비스의 지정】 ① 금융위원회는 제13조에 따른 혁신금융심사위원회의 심사와 제5조에 따른 혁신금융서비스 지정 신청과 관련 있는 행정 권한을 가지는 기관(이하 "관련 행정기관"이라 한다)의 동의를 거쳐 2년의 범위 내에서 혁신금융서비스를 지정할 수 있다.

② 제1항에 따라 혁신금융서비스로 지정하는 경우 다음 각 호의 사항을 포함하여야 한다.

1. 해당 혁신금융서비스의 종류, 내용 등 업무 범위에 관한 사항
2. 해당 혁신금융서비스 이용자의 범위 등 업무 대상에 관한 사항
3. 해당 혁신금융서비스의 업무방법에 관한 사항
4. 자료제출, 검사 등 감독에 관한 사항
5. 금융관련법령 중 적용이 배제되는 규정 등 규제 적용의 특례에 관한 사항
6. 혁신금융서비스 지정의 효력기간(이하 "지정기간"이라 한다) 등 그 밖에 금융위원회가 필요하다고 인정하는 사항

③ 금융위원회는 제1항의 지정을 하는 경우 금융소비자 보호, 금융시장 및 금융질서의 안정 등을 위하여 필요한 조건을 붙일 수 있다.
④ 제1항에 따라 혁신금융서비스 지정을 받은 자는 대상 서비스의 변경, 서비스의 추가, 사정의 변경, 그 밖에 정당한 사유가 있는 경우에는 그 사유를 소명하는 서면을 제출함으로써 금융위원회에 제2항 및 제3항에 따른 사항의 변경 또는 취소를 신청할 수 있다. 이 경우 금융위원회는 2개월 이내에 변경 또는 취소 여부를 결정하고, 그 결과를 지체 없이 해당 혁신금융사업자에 서면으로 알려야 한다.

제13조 【혁신금융심사위원회의 설치 및 구성 등】 ① 금융위원회는 제5조에 따른 혁신금융서비스 지정 신청 사항을 심사하기 위하여 혁신금융심사위원회를 둔다.
② 혁신금융심사위원회는 위원장 1명을 포함한 25명 이내의 위원으로 구성하며, 혁신금융심사위원회의 위원장은 금융위원회 위원장이 된다.
③ 혁신금융심사위원회 위원은 금융위원회 소속 공무원 중에서 대통령령으로 정하는 사람과 다음 각 호에 해당하는 사람을 포함하여 금융위원회 위원장이 임명하거나 위촉한다.

1. 혁신금융서비스 지정 심사와 관련된 중앙행정기관의 차관 또는 차관급 공무원으로서 해당 기관의 장이 지명하는 사람
2. 대학교 부교수 이상으로 또는 기술·금융 관련 연구소에서 7년 이상 근무하였거나 근무하고 있는 사람
3. 기술·금융 관련 업계에서 임직원으로 7년 이상 근무하였거나 근무하고 있는 사람
4. 법률 분야에 대한 학식과 경험이 있는 사람으로서 7년 이상의 경력이 있는 사람
5. 소비자보호 분야에 대한 학식과 경험이 있는 사람으로서 7년 이상의 경력이 있는 사람
6. 그 밖에 대통령령으로 정하는 사람

④ 혁신금융심사위원회는 다음 각 호의 기준을 고려하여 혁신금융서비스 지정 신청을 심사한다.

1. 해당 금융서비스를 제공하려는 자가 국내 금융시장에서 주된 활동을 하는 것을 목표로 하고 있는지 여부
2. 해당 금융서비스가 기존의 금융서비스와 비교할 때 충분히 혁신적인지 여부
3. 해당 금융서비스의 제공에 따라 금융소비자의 편익이 증대되는지 여부
4. 이 법에 따른 규제 적용의 특례 없이도 금융관련법령에 따라 해당 금융서비스를 제공할 수 있거나, 특례를 적용할 경우 특례가 적용되지 않는 규제를 회피하거나 우회하는 결과를 초래하는지 여부
5. 신청자가 해당 금융서비스를 적절히 영위할 자격과 능력을 갖추었는지 여부
6. 영위하고자 하는 금융서비스의 범위 및 업무방법이 구체적이며 사업계획이 타당하고 건전한지 여부
7. 다음 각 목의 금융소비자 보호 및 위험 관리 방안 등이 충분한지 여부
   가. 이용자의 범위 또는 이용자 수, 건별 거래 금액의 한도, 고객별 거래 횟수 등에 대한 제한 방안
   나. 제20조 제1항 및 제2항에 따른 위험 고지 및 동의 수령 방안
   다. 제28조에 따른 분쟁 처리 및 조정 방안
   라. 지정기간 동안 발생할 수 있는 금융소비자 피해 및 위험을 예방하기 위한 방안
   마. 책임보험 가입 등 손해배상책임의 이행을 보장하기 위한 방안
   바. 지정기간 종료 이후 발생할 수 있는 금융소비자 피해 및 위험을 예방하기 위한 방안
   사. 그 밖에 개인정보의 보호 및 처리 등 금융소비자 보호 및 위험 관리 등을 위하여 필요한 사항으로서 금융위원회가 정하여 고시하는 사항
8. 해당 금융서비스로 인하여 금융시장 및 금융질서의 안정성이 현저히

저해될 우려 등이 있는지 여부

9. 해당 금융서비스가 금융관련법령의 목적 달성을 현저히 저해할 우려 등이 있는지 여부

⑤ 혁신금융심사위원회는 혁신금융서비스 지정기간 만료 이후 혁신금융서비스를 지속적으로 제공하기 위하여 필요하다고 인정하는 경우 금융위원회 및 관련 행정기관에 법령의 제·개정을 권고할 수 있다.

⑥ 그 밖에 혁신금융심사위원회의 구성 및 운영에 필요한 사항은 대통령령으로 정한다.

제16조【혁신금융사업자의 업무범위】 혁신금융사업자는 다음 각 호의 어느 하나에 해당하는 경우 제4조에 따라 지정받은 범위 내에서 해당 혁신금융서비스를 영위할 수 있다.

1. 혁신금융서비스에 적용되는 기준·요건 등이 금융관련법령에 없거나 관련 규정을 혁신금융서비스에 적용하는 것이 적합하지 아니한 경우
2. 혁신금융서비스의 허용 여부가 불명확하거나 혁신금융서비스를 영위할 수 있는 근거가 되는 금융관련법령이 없는 경우

제17조【혁신금융사업자에 대한 규제 적용의 특례】 ① 혁신금융사업자가 지정기간 내에 영위하는 혁신금융서비스에 대해서는 사업 또는 사업자의 인허가·등록·신고, 사업자의 지배구조·업무범위·건전성·영업행위 및 사업자에 대한 감독·검사와 관련이 있는 금융관련법령의 규정 중 제4조 제2항 제5호에 따라 특례가 인정되는 규정은 적용하지 아니한다.

② 제1항에도 불구하고 금융위원회는 제4조 제2항 제5호에 따라 특례를 인정할 경우 금융소비자의 재산, 개인정보 등에 회복할 수 없는 피해가 예상되거나 금융시장 및 금융질서의 안정성이 현저히 저해될 우려 등이 있는 금융관련법령상 규정에 대하여 특례를 인정할 수 없다.

제21조【혁신금융사업자의 인·허가 등의 신청 등】 ① 혁신금융사업자는 지정기간 만료 이후에 금융관련법령에 따라 해당 혁신금융서비스를 계속해서 영위하기 위하여 지정기간 만료 이전에 금융관련법령에 따른 인·허가

등을 신청할 수 있다.

② 제1항에 따라 혁신금융사업자가 인·허가 등을 신청하는 경우, 혁신금융심사위원회는 다음 각 호의 요건을 모두 고려하여 해당 인·허가 등의 요건 중 일부 또는 전부의 충족 여부에 대한 의견을 금융위원회 및 관련 행정기관에 제시할 수 있다.

1. 혁신금융심사위원회가 제18조에 따라 제출된 보고서에 대한 평가 등을 토대로 혁신금융서비스 지정 목적이 달성되었다고 판단할 것
2. 혁신금융사업자가 혁신금융심사위원회에 지정기간 중에 유예되었던 금융규제를 준수할 수 있음을 입증하는 서면을 제출하였을 것

③ 제1항에 따라 인·허가 등을 받은 혁신금융사업자는 해당 금융관련법령에 따라 금융업 등을 영위할 수 있다. 다만, 혁신금융서비스 지정기간 중 체결된 거래에 대해서는 그 이행이 완료될 때까지 이 법을 적용한다.

제23조【배타적 운영권】 ① 혁신금융사업자는 제4조 제1항에 따른 지정을 거쳐 제21조에 따라 인·허가 등을 받은 경우 혁신금융서비스를 배타적으로 운영할 권리(이하 "배타적 운영권"이라 한다)를 가진다.

② 제1항에 따른 배타적 운영권은 인·허가 등을 받은 날부터 2년의 범위에서 금융위원회 및 관련 행정기관이 정하는 기한까지 존속한다.

③ 혁신금융사업자는 제2항에 따른 배타적 운영기간 중에 다음 각 호에 해당하는 행위를 하거나 할 우려가 있는 자에 대해 금융위원회 및 관련 행정기관에 배타적 운영권 보호에 관한 조치를 요구할 수 있다.

1. 해당 혁신금융서비스와 내용·방식·형태 등이 실질적으로 동일한 금융서비스를 제공하는 행위
2. 해당 혁신금융서비스의 명성을 침해하면서 이와 유사한 서비스에 직접 또는 간접적인 방법으로 상업적으로 이용하는 행위

④ 금융위원회 및 관련 행정기관은 혁신금융사업자가 제3항에 따른 요구를 한 경우 배타적 운영권의 보호를 위하여 제3항 각 호에 해당하는 행위를 하거나 할 우려가 있는 자에 대하여 해당 서비스의 시정 또는 중지 명

령을 할 수 있다.

제25조【지정대리인에 대한 업무위탁】 ① 금융위원회는 혁신금융서비스의 시범 운영을 위하여 금융회사의 업무위탁(금융회사가 인·허가 등을 받은 금융업을 영위하기 위하여 제3자의 용역 또는 시설 등을 계속적으로 활용하는 행위를 말한다)을 받아 처리할 수 있는 자(이하 "지정대리인"이라 한다)를 지정할 수 있다.

제30조【면책】 혁신금융심사위원회 위원, 금융위원회와 관련 행정기관 소속 공무원, 금융감독원 및 지정 감독기관 소속 임직원은 이 법에 따른 업무를 고의 또는 중대한 과실 없이 적극적이고 능동적으로 처리한 경우 불이익한 처분을 당하지 아니한다. 다만, 사적 이익을 추구하거나 부당한 청탁을 받아 혁신금융사업자 또는 이해관계가 있는 개인, 기관, 단체에 특혜를 준 경우에는 그러하지 아니하다.

법 시행 후 1년간 혁신금융서비스 지정 건수는 195건으로 금융회사들과 플랫폼사업자들이 어떤 새로운 시도를 하려는지 방향성을 볼 수 있다.[88] 각 사례들은 원래였다면 안되는 것이었으니, 어떤 이유 때문에 못했던 것인지를 살펴보는 것도 의미가 있다. 시행령과 감독규정뿐 아니라 모범규준, 가이드라인, 표준약관 등을 통한 규제들이 있고, 또 어떤 것들은 기준이 없다는 이유로 하지 못하고 있음을 알 수 있다. 다수 사업자들로부터 동일한 내용의 신청이 많았던 아래 경우들에 대해서는 규제 정비 계획이 발표되었다.

88) 금융위 보도자료. 2020. 1. 23. 규제 샌드박스 발전방안－시행 1년 평가와 향후 보완대책

〈동태적 규제개선 과제 예시〉

	정비대상 규제	관련 규정	일정
①	최초가입 후 동일 보험상품 재가입 시 설명의무 면제	보험업감독규정	규정 개정 완료 ('19년 10월)
②	신용조회업 진입요건 정비	신용정보법	법률 개정 완료 ('20년 1월)
③	간편결제 관련 출금동의 방식 다양화	전금법 시행령 및 감독규정	'20. 上
④	대출모집인 1사 전속 규제	대출모집인 모범규준	'20. 上
⑤	소수단위 해외주식 매매 허용	자본시장법령	'20. 上
⑥	소액해외송금 중개업 근거 마련	외국환거래규정	'20년 3분기
⑦	온라인 플랫폼을 통한 금융투자 상품권 판매 허용	자본시장법령 (유권해석)	'20. 下

①번은 공항에 가면 기존에 가입했던 여행자보험 알림이 떠서 원클릭으로 가입할 수 있는 모델이다. 보험은 가입 시 설명의무가 엄청 많아서 안되었던 것이다. 보험영역은 이외에도 상품, 모집에 대한 규제가 많아 여러 건이 지정되어 있다. 보험TM에 AI를 도입하여 보험상담부터 청약까지 하는 서비스의 경우, 현행 규정상 보험모집자격이 설계사, 대리점, 중개사, 보험회사 임직원에게 있다는 이유로 유권해석에서는 기각당하고[89] 혁신금융서비스로 지정을 받았다.

②번은 개인의 휴대폰요금 납부내역, 개인사업자의 가맹점 매출 및 휴폐업 정보 등을 통해서 대출 시 기존 신용등급 외의 판단자료로 제공하겠다는 것이다. 카드사처럼 대출기관에서 직접 할 수도 있고, 플랫폼사업자가 대출상품을 추천하면서 대출기관과 연계하여 할 수도 있는 업무이다. 신용도·신용거래능력을 평가할 수 있는 정보를 제공하는 행위는 신용정보회사

89) 금융위 유권해석 190194. 전화를 이용한 통신판매 시 표준상품설명대본 설명 방식에 대한 유권해석 의뢰(등록 2019. 6. 14. / 회신 2019. 9. 17.)

만 할 수 있기 때문에 특례 적용이 필요했다. 개정 신용정보법(2020. 8. 5. 시행)에 따르더라도 이러한 행위는 여전히 라이선스 업무임은 동일하나 요건이 다소 완화되었다. 카드사가 개인사업자신용평가회사 라이선스를 받을 수 있게 되었고, 비금융정보만 취급하는 개인신용정보평가업이 신설되었다.

③번은 전자금융거래법상 추심이체 출금동의 방식이 서면, ARS, 전자문서(공인·사설인증서), ARS로 한정되어 있기 때문에 쇼핑몰사업자가 계좌등록을 간편하게 유도하기 위해서 SMS인증을 이용할 수 있도록 한 것이다.

④번은 모바일앱을 통해 여러 금융기관의 대출 금리를 비교해서 추천하는 서비스이다. 대출상품의 금리 범위를 단순노출하는 광고는 지금도 할 수 있다. 그러나 특정인의 인적정보를 금융기관에 제공하고 금액·금리를 받아와서 보여주는 것은 대출 모집행위로 평가되는데, 현행 대출모집인 제도에서는 대출모집인이 1개 금융회사 하고만 위탁계약을 할 수 있다. 은행 간의 과도한 경쟁을 방지하기 위해서 만들었던 제도인데, 금융플랫폼에서 상품을 비교하고 선택하는 방향성과는 맞지 않아 이 모델만 10개 넘게 지정되었다.

⑤번은 신한카드 결제 시 자투리 금액으로 신한금투에서 자기가 미리 지정해 둔 해외우량 주식을 사는 것이다. 1주 미만 거래를 처리하기 위해서는 증권사가 해당 주식을 소유하고 고객별 권리를 계산해 주어야 하기 때문에 예탁자계좌부에 증권사 소유분과 투자자 소유분을 구분하도록 한 규정 등을 예외처리하였다. 일반화되면 구글이나 테슬라 같은 주식을 만 원, 10만 원씩도 살 수 있는 것이다.

⑥번은 외국환거래규정이어서 기재부 소관이다. 소액해외송금은 건당 지급 및 수령 각 미화 5천 불, 동일인당 연간 지급 및 수령 누계 각 미화 5만 불을 한도로 비금융회사에서 할 수 있는 외국환서비스이다. 은행에서는 각각의 송금을 SWIFT(미국과 유럽 은행들이 국가 간 자금거래를 위해서 설립한 국제은행 간 통신협회)망을 통해 처리하므로 수수료가 비싸고, 처리에 시간이 걸린다. 해외의 송금업자와 제휴하여 개별 거래 요청들을 모았다가 처리하면(Pooling) 송금 건수를 줄일 수 있고, 주는 돈과 받는 돈의

상호 상계도 가능하여 수수료를 줄일 수 있다. 현재는 가상화폐를 이용한 정산 금지로 은행을 통해 SWIFT망을 사용해야 하는 한계에서 벗어나지는 못하고 있다. 어쨌든 이 서비스가 효율을 거두려면 다수의 해외업체들과 제휴하고 있어야 한다. 그래서 소액해외송금업자가 자신의 해외 협력 네트워크를 (직접 이용자에게 서비스를 제공하는 것과 별개로) 다른 국내 소액해외송금업자에게 제공하는 B2B서비스를 하겠다는 것이 지정 내용이다. 외국환거래법(법 제8조, 시행령 제15조의2)에서 소액해외송금이 '대한민국과 외국 간의 지급 및 수령과 이에 수반하는 외국통화의 매입·매도'라고 정의되어 있어서 '송금 중개업'은 현행 규정상 근거가 없다고 본 것이다.

⑦번은 온라인쇼핑몰이나 카카오선물하기 같은 플랫폼에서 금융투자상품권을 구매해서 선물할 수 있는 것이다. 이러한 상품권 판매행위가 자본시장법상 투자중개업에 해당한다고 볼 여지가 있어 특례 적용을 위해 혁신금융서비스 신청을 한 것이다. 보험에 대해서도 유사하게, 보험가입 쿠폰을 파는 것이 보험모집이 아니라는 점을 확인한 지정 사례가 있다. 선물을 받은 사람은 그 특정 증권사·보험사 사이트에 접속하고, 자기가 상품을 골라서 가입절차를 밟아야 한다. 따라서 쿠폰이 법률상 금융상품에 해당하지 않음은 일단 당연해 보인다. 오히려 서비스면에서 어떤 편리점이 있는지 의문이 들기는 한다. 기업들은 이것저것 새로운 시도들을 하는 것이고, 그러는 와중에 다수가 이용하는 성공사례가 나오는 것이 사업일 것이다.

과기부와 금융위에서 임시허가와 혁신서비스의 지정 사례들을 계속 발표한다고 해서 개별적으로 심사하는 것 자체가 주요 업무라고 오해하면 안 될 것이다. 양 제도의 결은 약간 다르지만 원래는 심지어 법규가 개정되지 못한 상황에서도 서비스를 할 수 있게 하려는 우선 허용, 사후 규제의 적극적인 방향성을 담고 있는 것이다. 당장은 심의 절차가 법규 개정과 비교하면 빠른 트랙이 될 수는 있겠지만, 앞으로 안건들이 계속 증가하게 되면 신속하고 효율적인 처리가 점점 중요할 것이다. 그런 면에서 몇 건이 허용되었는지 못지 않게 어떤 것이 어떤 이유로 기각되었는지, 그리고 허용된 사례들은 어떤 규제 때문에 굳이 이 절차가 필요했던 것인지와 관련 규제가 빠르게 정비되었는지가 중요할 것이다.

핀테크 서비스에 있어서 '혁신성'은 어떤 완성된 상태의 특정 지점이 아니라 계속해서 나아가는 방향성이다. '소비자 편익'은 소비자 판단에 맡기면 되는데, 이것도 혁신금융서비스 요건으로 되어 있다. 2019년 초 국무조정실에서는 '규제 정부 입증 책임제'라는 것을 발표했는데, 특히 새로운 서비스의 허용 여부를 판단할 때는 '꼭 이 서비스를 막아야 할 이유가 있는지'를 심사하고, 담당 부서에서 반대사유의 타당성을 입증하지 못하면 허용하는 방식으로 운영되어야 한다. 그렇게 된다면 행정 업무를 처리하는 방향성에 전반적인 영향을 미치고, 굳이 샌드박스로 가기 전에 해결되는 건이 많아지면서 선순환이 될 수 있을 것이다.

공무원들이 민간서비스와 이용자 간에 발생하는 개별적인 문제에 대해서 책임을 질 이유가 없다. 무슨 일이 생길 때마다 무조건 법이 없어서 또는 감독이 부족한 탓이라고 비난하면 점점 더 방어적인 업무를 하게 만드는 것이다. 금융혁신지원특별법에서는 심사위원과 금융위·금감원 담당자들이 고의 또는 중과실 없이 동법에 따른 업무를 적극적이고 능동적으로 처리한 결과로 인해 불이익한 처분을 당하지 않는다는 면책 규정을 두고 있다. 당연한 것 같은 내용이 이렇게 명문화된 것을 보면 그쪽도 상당한 애로사항이 있는 것 같다. 근본적으로는 공공영역에서의 업무 방식, 평가 방식, 감사원의 감사 기준 더 나아가 채용 방식 같은 것들이 바뀔 부분이 있을 것이다. 이 분야에 대해서 새로운 시대에 맞는 연구와 정책이 기대된다.

제도에 대한 제언

편리하고 새로운 서비스를 제공하고 이를 통해 기회를 창출하려는 노력은 계속 있어 왔다. 상내방의 휴대전화번호를 입력해서 송금하는 것도 2001년 SK텔레콤에서 '전자화폐' 라이선스를 기반으로 현재의 선불전자지급수단 양도와 유사한 '모네타캐시'라는 서비스를 제공한 바 있다. 결과적으로 활성화되지는 못했는데, 이런 사례가 한둘은 아닐 것이다.

혁신적인 서비스가 모두 성공하지 못하는 데는 여러 가지 이유가 있을 것이다. 모네타캐시는 2004년 사고(타인의 계좌번호, 계좌 비밀번호로 모네타캐시에 가입한 후 동 계좌에서 자금 인출)가 나는 바람에 서비스가 중단되었다.[90] 은행들은 사고 이후 SK텔레콤과 계약을 해지하였다. 전화번호 송금의 편의성을 이어나가기 위해 SKT 계정정보를 금융결제원에서 이관받아 은행이 서비스하는 방안이 논의되었으나, 개인정보제공 문제 등으로 실행되지는 않았다. 네이버에서는 이미 수년 전에 공인인증서 정보를 받아(스크린 스크래핑으로) 금융기관 거래내역을 일괄조회하는 서비스를 잠시 선보였는데, 금융회사들의 반발로 곧 중단했다.

이렇게 이용자의 필요성뿐 아니라 기존 사업자의 견제, 인프라 사용 문제가 모두 맞아야 하는 것이므로 그 속에서 기업과 사업가들은 치열하게 고민하고 있다. 그리고 비즈니스 세계는 냉정하다. 열심히 하고 있다고 그 서비스를 써주지는 않는다. 외국서비스라고

---

90) 지급결제 정보 2004-6호 우리나라의 모바일 지급결제 서비스 현황

안 쓰고, 국내서비스라고 쓰고 하지도 않는다. 소비자들은 그냥 좋은 것을 이용하는 것이다.

사실 정부의 할 일도 기본적으로 같다. 국가는 규제기관이기 이전에 IT와 핀테크 서비스의 소비자이다. 민간의 기술들을 적절히 이용해서 스스로의 업무절차를 개선하는 것이 가장 우선일 것이다. 국가기관에서 사설인증서 사용을 확대하고, 세금통지를 전자고지로 대체하는 등 그 업무에서 시범을 보이면 관련 산업을 활성화하는 효과는 자연히 있게 된다. 사업이나 기술개발은 정부의 전문 분야가 아니므로, 반드시 필요한 국책사업이 아니고서야 운동장에서 직접 공을 차는 것은 바람직하지 않다.

원클릭결제가 가능해진 것이 불과 2015년이고, 모바일고지는 2018년 시작되는 등 핀테크라는 것은 매우 최근에 시작된 것이다. 시작된 사업들이 모두 아직 투자 단계이고, 계속해서 더 많은 새로운 사업들이 나올 것이다. 각 서비스에 딱 맞는 법령이 없는 것은 당연하다. 법령이 없는 것은 절대 문제가 아니다. 핀테크 서비스들은 기존에 있는 은행, 증권, 보험, 카드 등을 이용하는 방식의 문제이기 때문에 꼭 규정을 만들어야 할 수 있는 것은 아니다. 다만, 금융회사의 현행 프로세스를 규율하는 세부적인 내용들과 맞지 않을 수 있는데, 새로운 허가규정을 신설하느니 기존 금지규정을 삭제하는, 꼭 필요한 금지 규정 외에는 자율을 허용하는 시각이 필요하다. 최근의 여러 가지 제도 논의와 관련해서 다음과 같이 의견을 정리해 본다.

첫째, 관이 산업을 주도한다는 의식이어서는 안될 것이다. 자칫 신용카드처럼 정부가 키웠다가 일일이 규제하는 관계가 될 수가 있다.

우버, 그랩, 페이팔, 아마존, 알리페이 등 규제혁신의 청사진에서 계속 인용되고 있는 해외의 성공한 핀테크 서비스들은 정부가 기획해서 만들어진 것이 아니다. 그것을 하라는 제도가 있어서가 아니라 그것을 못하게 하는 규제가 없었기 때문에 시장에서 자생적으로 생겨서 경쟁을 통해 살아남은 서비스들이다.

2019년 4월 발표된 '포괄적 네거티브 규제 전환'도 같은 취지로서 동 원칙은 2019. 7. 17. 시행되는 행정규제기본법 개정안에도 반영되어 있다.[91] 규제에 있어서 '네거티브'라는 말은 '금지규정이 없으면 할 수 있다'는 의미이기 때문에 자율성을 보장하는 방식이다. 오히려 '포괄적'이라는 말은 주의해야 한다. 당연히 여기서는 신기술과 서비스를 승인할 때 폭넓게 보겠다는 좋은 의미로 사용된 것이겠지만 일단 개념이 넓어지면 결국 소관부처의 감독 대상이 되고, 어떤 의무가 생겼을 때 (원래 의도는 그렇지 않았더라도) 모두에게 준수의무가 생기게 된다. 예를 들어 전자상거래법-전자상거래, 전자금융거래법-전자지급결제대행업 개념이 포괄적이라는 것은 앞에서 본 바 있고, 신용정보법의 '신용정보'도 매우 포괄적이어서 해당 정보를 취급하는 사업자들은 전부 신용정보법 규제를 받게 되어 있다. 향후에 포괄적 네거티브 규제가 얼마나 성공적인지의 판단은 결과적으로 정부와 감독당국의 개입여지와 권한이 얼마나 축소되어 있는지를 보면 된다.

---

91) 국무조정실 보도자료 2019. 4. 18. 포괄적 네거티브 규제전환

어떤 규제들은 서비스를 하고 못하고의 문제까지는 아닌 것들도 있다. 예를 들어, 전자금융업자에게 AML이 적용되면서 주소 수집 의무가 생겼는데, 수집을 하라면 할 수 있기는 하다. 그럼에도 그 주소가 진위를 검증할 수 있는 것도 아닌데, 무슨 소용이 있을까 하는 의문을 가져볼 수는 있다. 핀테크 서비스는 작은 불편을 해소하기 위한 사소한 프로세스 개선에서 출발했다는 것을 기억해야 한다. 편리에서 출발한 것은 진화를 하면서 어느새 새로운 가치를 창출할 수 있다. 예를 들면, 간편송금 덕분에 목욕탕에서 현금이 없어도 때를 밀 수 있게 되었다. 핀테크는 새로운 발명이 아니라 현재 이용하는 금융서비스가 조금씩 발전하는 것이기 때문에 기존 금융회사의 프로세스를 형평성 논리에 따라 똑같이 적용하는 것이 판단 기준이 되면 변화가 어렵다. 꼭 종전 방식이어야 하는지를 규제당국에서 입증하는 입증책임 전환의 시각으로 접근하고, 형평성은 전금업자에게 규제를 더하는 것이 아니라 금융회사들도 같이 규제를 완화함으로써 달성되어야 한다. 사실 금융회사들이야말로 금융사업의 근간이자 핀테크의 엄연한 주체이다.

국내법의 적용을 받지 않는 (그러나 국내소비자들을 상대하는) 해외기업들이 상대적으로 이득을 본다고 하여 '기울어진 운동장' 이야기를 하기도 하는데, 이 부분도 해외업체를 규제하는 것으로는 절대 해결이 어렵다. 현실적으로 동등한 규제와 감독을 하기도 어려울 뿐 아니라 넓어진 규제가 결국 국내사업자들에게 적용되기 때문이다. 최근 방통위에서 넷플릭스를 겨냥해 규제를 강화하겠다고 하자, 온라인동영상 스트리밍 서비스 업체들이 오히려 반대하면서 국내 기업 규제를 완화해 달라고 주장하고 있는 것이 그 예이다.

둘째, 자체 경쟁력이 중요한 비즈니스에서 '소상공인 보호', '일자리 창출' 같은 정무적 관점으로 지나치게 개입하는 것은 효과도 얻지 못하고 부작용만 낳기 때문에 좋지 않다.

금융위가 카드수수료를 인하하면서 추산한 수치를 보면 물론 카드사 전체로 보면 몇천억 원 효과가 맞지만, 각 가맹점당 돌아가는 효과는 별로 크지 않았다. 2015년 조정으로 연간 140만 원(연매출 2억 원 이하 가맹점)과 210만 원(연매출 3억 원 이하 가맹점), 2017년 조정으로 연간 80만 원(연매출 2~5억 원 가맹점) 수준으로 추정되는 수준이다(2019년 조정에 대해서는 가맹점 1개당 기대효과 수치 자료가 없다).[92] 그리고 이 과정에서 대형가맹점에 대한 수수료가 인상되었다. 카드사, 자동차, 병원 같은 대형가맹점들도 모두 근로자로 구성되어 있고, 각자 영역에서 보안이나 신규사업 투자를 위해 돈이 필요하다.

핀테크 서비스는 이제 시작 단계이다. 우리끼리 네가 크네, 내가 크네 할 때가 아니다. 외국의 애플, 구글, 유튜브, 에어비앤비, 페이스북 같은 사업자들은 이미 국내 이용자들을 대상으로 서비스를 하고 막대한 수익을 올리고 있다. 카드사 수수료와 VAN수수료를 깎는데 집중하고 있는 동안 국제브랜드사들은 국내카드사들의 해외진출을 계약으로 막아놓고, 국내결제에 대해서까지 수수료를 가져가고

92) 금융위원회 보도자료. 2015. 11. 2.자 전국 238만 개 신용카드가맹점의 수수료 부담이 대폭 완화됩니다, 2017. 6. 14.자 매출액 5억 원 이하 소상공인들의 카드수수료 부담을 대폭 완화하여 양질의 일자리 창출을 지원하겠습니다(우대수수료 적용 대상을 확대하는 여전법 시행령 개정 추진).

있다. 사업에 집중할 수 있도록 자율성을 주고, 기본 인프라가 되는 기간통신망, 금융결제망의 공정한 사용환경을 조성해준다면 경쟁을 통해 산업이 활성화되면서 자연스럽게 필요한 일이 생기고 인력이 그쪽으로 할당되는 선순환이 일어날 것이다.

셋째, 소비자 보호를 보는 시각이다.

어떤 분야에서 이용자가 늘어나는 조짐을 보이면 발생할 수 있는 문제와 민원을 미리 고민해서 미리미리 규제를 준비한다. 대비를 하는 것은 필요하지만 단 한 건의 민원도 용납하지 않겠다는 것보다는 기업이 소비자에게 책임을 지도록 하고, 일반적으로 적용되는 법규의 제정은 그 업무의 본질적인 성격과 맞는 것인지, 반드시 필요한 것인지 따져서 신중히 해야 할 것이다.

어떤 사고가 한번 나거나 민원이 발생하면 이를 일반화하여 법을 만들고, 전체 사업자를 규제하는 접근 사례가 매우 많다. 2018년 11월 KT아현지사 화재로 잠시 통신망이 불통된 일이 있었다. 그 직후 통신사 장애에 대비한다고 하여 전자금융업자의 서비스망을 2개 기간통신사업자와 계약하도록 하는 내용의 전자금융거래법 개정안 3개[93]가 동시 발의되었다. 와우! 이런 식으로 발의되어 쌓여있는 법들이 엄청 많다. 전자금융업자들은 이미 카드사, 은행 등 주요 외부기관들과 보조회선 설치, VAN망 다중화 등을 하고 있는데, 계약된 이동통신사업자의 통신망이 다운되는 경우까지 대비하기 위해서는 통신사를 2개 이상 사용해야 한다는 것이다. 그렇게 하더라도 이용자인 소비자나 가맹점이 이용하는 통신이 두절되면 어차피 서

93) 의안번호 2018134, 2018167, 2018196

비스 장애는 발생될 수밖에 없건만, 이러한 사례는 투입되는 비용과 보호하려는 이익 간 비례의 원칙이 간과되고 있음을 보여준다. 자꾸 이렇게 되는 데는 무슨 일이든 정치적으로 이용하는 여의도의 역할도 있겠지만, 당락에 연연하는 것은 정치의 생리이기 때문에 어쩔 수밖에 없는 부분도 있다. 별 관계가 없는 것까지 무조건 공무원과 감독기관을 탓하는 우리의 태도가 이들을 더욱 정치적으로, 더욱 방어적으로 만들어서 부메랑으로 돌아온다는 점을 돌아볼 필요가 있다.

기업의 소비자와 규제당국의 소비자가 따로 있지는 않을 것이다. 기업은 당연히 그 서비스를 이용할 사람들을 최우선으로 생각한다. 치열한 경쟁이다. 중국에 알리페이, 위챗페이 2개 밖에 없지만 서로 경쟁하느라 수수료가 저렴하다. 개인정보와 보안 문제 역시 기업가치를 지키기 위해서 핵심적인 부분이다. 기술이 발전하고 업무방식이 변하고 있는데, 현재 전자금융감독규정은 전자금융업자들의 인터넷망 분리 방식과 무선통신망 사용에 대해 일률적으로 정해 놓고(전자금융감독규정 제15조), 보안인력의 인원수(제62조), IT부서 운영 시 역할 분담(제26조)까지도 규제하고 있다. 특히 이런 기술적인 부분들은 전문영역이어서 공론화되기도 어려운 면이 있는데, 해외기업들이 어떻게 하고 있는지를 참조해서 (마치 인터넷 최저가 보상제 같이) 그 규제가 없이도 업무가 잘 되고 있다면 우리도 없애는 방식으로 해보는 것도 한 방편일 것이다.

[쉬어가는 만화코너]

규제의 완화, 규제의 혁신

안돼! 가족이 같이 시간을 보내야지.

그래… 앞으로 몇 번이나 가겠어.
가족이 함께 할 시간이…
아빠가 모처럼 말한 건데 가자~

오늘

1시 반까지 짐 싸놓고 있어.
용아, 이제 가야돼. 그만 일어나라.
나, 안갈껀데.
야!
그걸 지금 말해? 기차표 다 사놨는데!
뭐! 나는 원래 안간다고 했잖아!
하, 이 인간보소. 그래, 왜 안간다는지 이야기나 들어보자!

일요일날 친구 만나서 숙제해야 된다는데, 몇 시에 누구 만나냐니까 이제 약속을 할 꺼라고 했다. 나머지들도 다 뭐…그냥 가기 싫다는 것.

와, 나는 저 나이 때 엄빠가 어디 가자고 하면 안 간다는 건 없었는데…(애가 집 어지르는 거는 엄마말 안들은 업보라고 인정할 수 있는데, 이건 아니다)

"잔말 말고 따라와."라고 하려다, 문득!

모든 작위 또는 부작위 의무는, RW(reverve−why) 테스트를 해야된다는 것이 나의 평소 주장이었다.

작위 의무에 대해서는, 안하면 왜 안되지.

부작위 의무에 대해서는, 하면 왜 안되지.

이 질문에 대해서, 정말 심각한 이유를 댈 수 없다면, 그 의무는 폐기되어야 한다.

그렇다면, RW법칙을 이 상황에 적용해 봤을 때,

용용이가 경주에 안가면 절대로 안될 이유는 없다.

중1이면 혼자 못 있을 나이도 아니고, 할머지 집도 바로 옆인데….

reverse-why-test

못갈 이유도 없지만, 안가면 안될 이유도 없다.

자유 선진 사회에서의 행동반경은, 못갈 이유가 없다(또는 가는 것이 감내 가능하다)는 것에 기반해서 결정되면 안되고, 그보다 넓어야 한다.

"규제는 우리 모두의 머릿속에 있다.
나부터 다시 생각해보자."

각주 리스트

금융규제민원포털 better.fsc.go.kr에 금융위 유권해석(법령해석)과 금감원 비조치의견(특정행위에 대한 제재 여부)이 공개되어 있습니다. 따라서 특별히 비공개인 경우를 제외하고는 제3자도 검색해서 볼 수 있습니다. 다만, 안타깝게도 검색어나 조문으로 검색이 잘 되지 않습니다. 금감원의 과거 행정지도 공문에 대한 비조치의견 문의는 그 답변이 '현재 유효하다', '현재 유효하지 않다'는 결론만 있고, 어떤 내용이었는지 히스토리 파악이 되지 않습니다. 문의한 그 회사만 알겠죠. 이런 자료들이 조금 더 잘 검색될 수 있도록 시스템 개선이 된다면 실무를 하는 회사들에 큰 도움이 될 것입니다. 정확히 유권해석 일련번호를 알면 '회신현황' tab에서 바로 찾을 수 있지만, 그렇지 않으면 그냥 기존 사례들을 클릭클릭하면서 혹시 비슷한 게 있는지 쭉 훑어야 하니까요. 지금도 클릭해야 하는 바닥수가 271개이고, 계속해서 새로운 사례가 쌓이고 있으므로 빨리 검색기능이 개선되었으면 좋겠네요.

책에서 인용한 유권해석의 일련번호와 등록/회신 일자를 함께 기재해 두었습니다. 때로는 등록일과 회신일의 차이가 큰 것도 있습니다. 질문 당시에는 사실상 허용되지 않았던 것이 나중에 상황변화로 가능해진 것입니다. 2014. 12. 31.까지의 유권해석은 '회신사례' – '과거회신사례(2014 이전)'에서 찾아야 합니다. 2015년도부터는 최근회신사례로 분류되어 있는데, 일련번호는 2016년부터 부여되었으므로 2015년 유권해석은 등록일자를 가지고 찾으시면 됩니다.

각주 1

토스 서비스의 '모바일머니'가 전자금융거래법상 '선불전자지급수단'에 해당하는지 여부(150001)

등록일 2015. 1. 2. / 회신일 2015. 1. 28.

[질의요지]

(1) ㈜○○토스 서비스의 '모바일머니'가 전자금융거래법상 '선불전자지급수단'에 해당하는지 여부

(2) ㈜○○토스 서비스 이용 회원의 '비회원'에 대한 선불전자지급수단의 '양도' 처리를 위해 ㈜○○이 금융회사에 비회원 계좌로의 거래지시를 하는 것이 전자금융거래법상 '전자자금이체' 업무에 해당하는지 여부

[회답]

(1) 토스 서비스의 '모바일머니'가 전자금융거래법상 '선불전자지급수단'에 해당하는지는 불분명합니다.

(2) '모바일머니'가 전자금융거래법상 '선불전자지급수단'에 해당한다고 가정할 때, ㈜○○이 당해 전자금융거래 이용자의 '모바일머니' 환급 처리를 위해 금융회사에 대해 '지급지시'를 하는 행위 자체는 '전자자금이체' 업무에 해당하지 않습니다.

[이유]

(1) 토스 서비스의 '모바일머니'는 이전 가능한 금전적 가치가 전자적 방법으로 저장되어 발행된 증표 또는 증표에 관한 정보인 것으로 보입니다. 다만, 토스 서비스의 '모바일머니'가 ㈜○○ 외의 제3자로부터 재화 또는 용역을 구입하고 그 대가를 지급하는데 사용되며, 구입할 수 있는 재화 또는 용역의 범위가 2개 업종 이상인지를 확인할 수 없어 선불전자지급수단에 해당하는지 판단이 어려우나, 상기 요건을 모두 충족할 경우 '선불전자지급수단'에 해당합니다.

(2) 현행 전자금융거래법상 단순히 ㈜○○은 금융회사에 비회원 계좌로의 거래지시만을 행하며, 전자적 장치에 의한 자금의 이체는 금융회사가 수행하는 경우 전자자금이체 업무 수행자는 '금융회사'로 보아야 하며, ㈜○○이 전자자금이

체업무를 하고 있다고 볼 수 없습니다.

(3) 다만, 금융위원회는 전자금융거래법 개정을 통해 실질적인 금융거래의 효과가 '전자자금이체'에 해당할 경우 '전자자금이체업자'로 규율하는 방안 등을 추진 중인 바 향후 영업을 함에 있어 참고하시기 바랍니다.

각주 2

계좌to계좌 서비스의 법적 성질과 수수료 수취의 적법성에 관한 질의(180129)

등록일 2018. 3. 26. / 회신일 2018. 5. 2.

[질의요지]

(1) 지급 고객과 수취인(판매인)이 재화 구입 또는 용역 이용 시 QR코드 또는 Link를 통하여 앱에 접속한 후 은행에 대한 지급인의 지급지시에 따라 자금을 이체하는 "계좌to계좌 서비스"가 「은행법」 제27조의 '내국환' 및 「전자금융거래법」상 '전자자금이체'에 해당하는지 여부

(2) "계좌to계좌 서비스"의 법적 성격을 내국환 또는 전자자금이체로 보더라도 환 업무는 은행의 고유업무로서 「은행법」상 겸영업무 신고대상에 해당하지 않는지 여부

(3) "계좌to계좌 서비스"에서 지급인과 수취인의 동의하에 재화 구입 또는 용역 이용 시 정한 특정 금액에 한해 구매 확정 전까지 일시적으로 지연이체의 효과를 내는 경우가 「전자금융거래법」에 위반되는지 여부 및 은행이 위 서비스 이용에 따른 수수료를 수취하는 것이 「은행법」에 위반되는지 여부

[회답]

(1) 귀사의 "계좌to계좌 서비스"는 이용자와 가맹점 간에 전자적 방법에 따라 금융회사의 계좌에서 자금을 이체하는 방법으로, 「전자금융거래법」상 '직불전자지급수단'에 해당하는 것으로 판단됩니다.

(2) "계좌to계좌 서비스"가 「전자금융거래법」상 '전자자금이체'에 해당하는 경우 별도의 부수·겸영 업무 신고가 불필요하나, '직불전자지급수단'에 해당하는 경우 은행은 그 업무를 운영하려는 날의 7일 전까지 해당업무를 겸영업무로 신고하여야 합니다.

(3) 지급인과 수취인의 동의하에 재화 또는 용역의 구매확정 전까지 일시적으로 가상계좌 등을 통해 지급을 지연시키는 방식은 「전자금융거래법」에 위반되지 않는 것으로 판단됩니다.

[이유]

(1) "계좌to계좌 서비스"가 은행의 가맹점에서 재화나 용역의 제공과 그 대가의 지급을 동시에 이행하기 위해 별도의 가맹점 계약을 통해 사용되는 경우 직불전자지급수단*에 해당하는 것으로 판단됩니다.

* "직불전자지급수단"이라 함은 이용자와 가맹점 간에 전자적 방법에 따라 금융회사의 계좌에서 자금을 이체하는 등의 방법으로 재화 또는 용역의 제공과 그 대가의 지급을 동시에 이행할 수 있도록 금융회사 또는 전자금융업자가 발행한 증표 또는 그 증표에 관한 정보를 말한다(「전자금융법」 제2조 제13호).

- 직불전자지급수단은 금융회사 등이 발행한 증표 또는 증표에 관한 정보를 말하며, 앱(App)을 통해 서비스가 구현되고 자금을 지급하는 방식도 포함된다고 볼 수 있습니다.

(2) 「전자금융거래법」상 직불전자지급수단 발행 및 관리업은 「은행법」 제28조 제1항 제2호 및 같은 조 제2항 제2호에 따라 그 업무를 운영하려는 날의 7일 전까지 겸영업무로 신고하여야 합니다.

각주 4

신용카드가맹점 모집 해당 여부

등록일 2015. 7. 20. / 회신일 2015. 8. 25.

[질의요지]

(1) 결제대행업체가 자신이 신용카드 등에 의한 거래를 대행하는 물품의 판매자 등을 모집하는 것이 「여신전문금융업법」상의 신용카드가맹점 모집에 해당되는지 여부

[회답]

(1) 결제대행업체가 물품의 판매 또는 용역의 제공 등을 하는 자를 모집하는 행위는 「여신전문금융업법」상의 신용카드가맹점 모집에 해당되지 않습니다.

[이유]

(1) 「여신전문금융업법」 제2조 제5호 나목은 '신용카드업자와의 계약에 따라 신용카드회원등에게 물품의 판매 또는 용역의 제공 등을 하는 자를 위하여 신용카드등에 의한 거래를 대행하는 자'를 '신용카드가맹점'으로 정의하고 있습니다.

- 따라서 결제대행업체를 통해 신용카드 거래를 하는 자로서, 신용카드업자와의 가맹점 계약 체결 없이 단순히 물품의 판매 또는 용역의 제공 등을 하는 자는 신용카드가맹점에 해당한다고 보기 어렵고,
- 이에 따라 결제대행업자가 물품의 판매 또는 용역의 제공 등을 하는 자를 모집하는 행위는 신용카드가맹점 모집에 해당되지 않습니다.

(2) 다만, 결제대행업체의 경우에도 「여신전문금융업법」상 규정된 가맹점모집인의 등록요건(「여신전문금융업법」 제16조의3)을 갖추면 가맹점모집인이 될 수 있으며,

- 이에 따라 신용카드가맹점을 모집하는 것은 가맹점모집에 해당할 수 있습니다.

각주 6

가맹점수수료 0% 적용 관련 질의(170326)

등록일 2017. 7. 20. / 회신일 2017. 9. 29.

[질의요지]

(1) 지방자치단체가 설립·경영하는 국공립학교를 「여신전문금융업감독규정」 별표 5, 구분 1의 '국가·지방자치단체가 신용카드업자와 직접 계약을 체결한 경우'로 보아 가맹점수수료 적격비용을 차감 조정(가맹점수수료 0%)할 수 있는지 여부

[회답]

(1) 국공립학교의 학부모부담금 신용카드 납부와 관련하여 가맹점수수료율 결정 시 적격비용을 차감 조정하는 방안은 신중히 검토하여 결정할 필요가 있다고 생각됩니다.

[이유]

(1) 「여신전문금융업감독규정」 제25조의4 제1항에 따르면 신용카드업자는 신용카드가맹점이 부담하는 것이 합당한 비용(이하 "적격비용"이라 한다)만을 가맹점수수료율 산정에 반영하여야 하며,
- 대형 신용카드가맹점에게 부당하게 낮은 가맹점수수료율을 적용하지 않도록 하여야 합니다.

(2) 다만, 「여신전문금융업감독규정」 제25조의4 제2항 단서 및 별표 5 제1호에 따르면 국가·지방자치단체가 신용카드업자와 직접 계약을 체결한 경우 해당 신용카드가맹점에 대해서는 해당 가맹점의 특수성을 고려하여 적격비용을 차감 조정할 수 있습니다.

(3) 국공립학교의 학부모부담금에는 실질적인 재화 또는 용역의 공급자가 국가·지자체가 아닌 민간 업체에 해당하는 급식비, 현장학습비, 우유비 등의 거래 금액도 포함되어 있는 점을 감안할 때
- 해당 거래와 관련한 가맹점수수료율 결정 시 적격비용을 차감 조정하는 방안은 신중히 검토하여 결정할 필요가 있다고 생각됩니다.

각주 7

전자금융거래법(전자금융감독규정) 전용회선 사용 관련(160658)

등록일 2016. 5. 11. / 회신일 2016. 6. 3.

[질의요지]

(1) 금융회사(보험사)에서 이용자가 보험료 납부를 위하여 전자금융업자(PG사)의 전자지급결제대행서비스를 이용하게 될 경우 보험사와 PG사 간의 서비스 연계는 전용회선을 사용하여야 하는지 여부

[회답]

(1) 이용자의 보험료 납부 중계 등 PG업 고유의 업무를 수행하기 위해 금융회사를 가맹점으로 연결하는 PG업자는 해당 금융회사의 전자금융보조업자에 해당되지 않아 전용선 사용의무는 없습니다.

[이유]

(1) 「전자금융감독규정」 제60조 제1항 제5호에서는 금융회사와 전자금융보조업자와의 연결 시 전용회선을 사용토록 하고 있습니다.

- 이때 전자금융보조업자란 금융회사의 전자금융업무와 관련된 정보처리시스템을 해당 금융회사를 위하여 운영하는 사업자입니다.

(2) 질의하신 거래 프로세스에서 전자금융업무 수행주체는 PG업자이고, 이때의 금융회사는 가맹점으로서 기능하는 것으로 해당 금융회사의 전자금융업무를 PG업자가 대신 운영하는 것이 아닙니다.

각주 13

카드상품 부가서비스 축소 관련

등록일 2015. 12. 4. / 회신일 2016. 1. 14.

[질의요지]

(1) 신용카드사가 부가서비스를 축소 변경하고자 할 경우, 부가서비스를 축소 변경하여 해당 상품의 수익성이 개선되는 경우도 가능한지 여부

[회답]

(1) 부가서비스를 축소하여 수익성이 개선되는 경우도 부가서비스 변경의 사유에 포함하여 확대 해석이 가능한지 여부는 각 카드 상품의 부가서비스 변경 시마다 개별적으로 판단할 사항으로 보입니다.

[이유]

(1) 「여신전문금융업감독규정」 제25조 제2항 제3호에 따르면 신용카드업자는 신용카드등의 신규 출시 이후 출시 당시의 부가서비스를 축소 변경하지 않고 5년 이상 경과하였고, 현재의 부가서비스를 유지할 경우 해당 상품의 수익성 유지가 어려운 경우에는 부가서비스 변경이 가능합니다.

- 동 규정이 '수익성 유지가 어려운 경우'로 제한하는 이유는 무분별한 부가서비스 축소로 인한 소비자 피해를 예방하고자 하는 목적이며, 또한 부가서비스 남발은 카드사 수익성 및 건전성 등에 영향을 미치므로 카드사에서도 카드상품 출시에 신중을 기하도록 하고자 하는 취지입니다.

(2) 부가서비스를 축소하여 수익성이 개선되는 경우도 부가서비스 변경의 사유에 포함하여 확대 해석이 가능한지 여부는 각 카드 상품의 부가서비스 변경 시마다 동 변경이 본 규정의 취지에 부합하는지 여부 등에 따라 개별적으로 판단할 사항으로 보입니다.

각주 16

대형신용카드가맹점에 대한 VAN수수료 인하 혜택 제공 가능 여부(170489)

등록일 2017. 11. 24. / 회신일 2018. 3. 13.

[질의요지]

(1) "부가통신업자가 대형신용카드가맹점에 부가통신서비스를 제공함에 있어 일반 중소형가맹점에 비해 일부 원가구성 항목(가맹점모집인 지급수수료, 전산설비 유지비용 등) 중 일부의 서비스 원가를 낮추었다면 일반 중소형가맹점에 비해 낮은 VAN수수료를 책정할 수 있는가?"

(2) "위 (1)에서 특정 대형신용카드가맹점에 관해 낮은 VAN수수료를 책정할 수 있다면 신용카드업자는 낮아진 VAN수수료 절감액 내에서 해당 대형신용카드가맹점에 가맹점수수료율 할인 등의 혜택을 제공하여도 '「여신전문금융업법」 제24조의2 제3항'에서 금지하고 있는 '부당한 보상금등' 제공 행위에 해당하지 않는가?"

(3) "위 (2)의 사례가 '부당한 보상금등'에 해당하지 않을 경우, 신용카드업자가 절감된 VAN수수료 전액을 가맹점수수료 산정에 반영하지 않고 절감된 비용의 일부만을 반영하고 일부는 자신의 수익으로 삼는다면 이것이 가맹점수수료 산정기준에 위반되지 않는가?"

(4) "위 (2)의 사례가 '부당한 보상금등'에 해당하지 않는다면 신용카드업자가 아닌 부가통신업자가 낮아진 VAN서비스 원가를 이유로 직접 대형신용카드가맹점에 금전 등의 혜택을 제공하는 것도 '부당한 보상금등' 제공행위에 해당하지 않는가?"

[회답]

(1) 「여신전문금융업법」에서는 VAN수수료의 산정에 대하여 별도로 규정하고 있지 않으며,
- VAN수수료는 부가통신서비스 원가, 서비스제공 내용 등을 반영하여 신용카드업자와 부가통신업자 간 계약에 따라 결정될 수 있습니다.

(2) 부가통신업자가 신용카드가맹점에 대한 서비스제공 수준 축소 등을 통해 서비스 원가를 절감하여 해당 가맹점의 거래와 관련한 VAN수수료를 낮게 책정하였다면,

- 「여신전문금융업감독규정」 제25조의4 제1항 제1호에 따라 신용카드업자는 해당 신용카드가맹점에 대한 가맹점수수료율 산정에 VAN수수료 절감액을 반영할 수 있습니다.
- 다만, VAN수수료 절감액이 대형신용카드가맹점의 거래상 우월적 지위를 반영하여 객관적으로 공정·타당하다고 인정되는 수준의 절감액을 초과하여 과나하게 책정되었다면,
  - VAN수수료 절감액에서 부당하게 과다 책정된 금액은 같은 감독규정 제25조의4 제1항 제4호에 따라 상기 가맹점수수료율 산정에 반영되어서는 아니 될 것입니다.

(3) VAN서비스 축소 등에 기인한 VAN수수료 절감에 따라 신용카드업자가 신용카드가맹점에 대해 가맹점수수료율을 산정하는 경우, VAN수수료 절감액 중 해당 신용카드가맹점과 카드사가 기여한 부분, 즉 종전에 부가통신업자가 제공하는 서비스 중 가맹점과 카드사가 직접 수행하게 되는 서비스의 비용 수준 등을 고려하여 가맹점수수료에 합리적으로 반영하는 것이 타당합니다.

(4) 객관적으로 공정·타당하다고 인정되는 수준의 부가통신서비스 원가 절감액은 VAN수수료 절감을 통하여 신용카드업자의 가맹점수수료율 산정에 반영되는 것이 적절하다고 판단되며,

- 신용카드업자 또는 부가통신업자가 대형신용카드가맹점에게 가맹점수수료와 별개로 금전 등의 혜택을 제공하는 것은 「여신전문금융업법」 제24조의2 제3항에서 금지하는 행위에 해당될 소지가 있습니다.

각주 20

전자금융업 등록 관련 질의

일련번호 110237

[질의요지]

(1) 전자금융거래법 제2조 제14호 나목의 2개 업종이 자사를 포함해서 2개 업종인지 여부

(2) 전자금융거래법 제2조에 따라 가맹점을 계약사(제휴사)로 본다면 비항공 소진 계약사(제휴사)를 최대 10개사까지 유지하는 경우 전자금융업자 등록이 면제되는지 여부

[회답]

(1) 전자금융거래법 제2조 제14호의 선불전자지급수단은 발행인 외의 제3자로부터 재화와 용역을 구입하고 그 대가를 지급하는데 사용되고, 발행인을 제외한 중분류상 2개 업종 이상에 해당하여야 합니다.

(2) 전자금융거래법 시행령 제15조 제4항 제2호 '가맹점 수가 10개 이하일 것'에 해당할 경우 전자금융업자 등록이 면제됩니다. 문의하신 가맹점 수는 동일법인은 1개 가맹점으로 보며, 동일법인이 아닌 대리점이나 자영사업자도 1개 가맹점으로 봅니다. 계약사(제휴사)의 가맹점 수는 법인여부, 대리점이나 자영사업자 포함 여부 등에 따라 판단할 사항으로 보입니다.

각주 21

전자금융업의 등록의무 면제 관련 질의

일련번호 120211

[질의요지]

(1) 전자금융거래법 제28조 및 동법 시행령 제15조의 등록의무 면제 조항 중 제2항에서 의미하는 가맹점의 의미가 '선불전자지급수단을 발행하는 자와 가맹계약을 체결한 자'로서 자연인과 법인으로 해석하여야 하는지, 아니면 선불전자지급수단의 요건과의 관련성을 고려하여 '업종' 또는 '사업장 수'로 해석하여야 하는지 여부

[회답]

(1) 전자금융거래법 제2조 제20호에서 「"가맹점"이라 함은 금융기관 또는 전자금융업자와의 계약에 따라 직불전자지급수단이나 선불전자지급수단 또는 전자화폐에 의한 거래에 있어서 이용자에게 재화 또는 용역을 제공하는 자로서 금융기관 또는 전자금융업자가 아닌 자를 말한다」라고 정의되어 있습니다. 따라서 귀하께서 질의하신 전자금융거래법 시행령 제15조 제4항 제2호의 가맹점 수는 계약에 의한 자연인 또는 법인의 수임을 알려드립니다. 이와 관련하여 가맹계약을 체결한 자연인 또는 법인의 수가 10개 이하이면 등록의무 면제에 해당됨을 알려드립니다.

각주 22

선불전자지급수단 발행 및 관리를 위한 전자금융업 등록 필요 여부

일련번호 140183

[질의요지]

(1) 전자금융업자 등록 신청을 하지 않은 경우 전자금융감독규정 제42조에 따른 총발행잔액 산정 방법
(2) 일부 금액을 사용하거나 유효기관이 경과한 선불전자지급수단의 미상환잔액 산정 방법
(3) 이용자가 미리 직접 대가를 지불하지 아니한 금액과 대가를 지불한 금액이 혼합되어 있는 경우 전체 금액에 대하여 지급보증을 받으면 등록 면제가 가능한지 여부
(4) 유효기간이 지난 선불전자지급수단에 기록된 잔액도 전자금융거래법(제19조)에 따른 환급 대상이 되는지 여부

[회답]

(1) 등록 신청을 하지 않아도 되는 사업자의 경우 매분기 초일을 기준일로 하여 직전 연도 1분기부터 기준일 직전 분기까지 각 분기 말 미상환 발행잔액의 단순평균을 총발행잔액으로 산정합니다. 만약, 매분기 초일을 기준으로 산정한 총발행잔액이 30억 원을 초과할 경우 해당일부터 전자금융업자 등록 의무가 발생합니다.
(2) 전자금융거래법 제19조(선불전자지급수단의 환급)의 대상이 되는 금액, 즉 선불전자지급수단에 기록된 잔액이 미상환 잔액입니다(선불전자지급수단에 저장된 잔액의 유효 기간 등에 대해서는 미리 약정한 바에 따릅니다).
(3) 이용자가 미리 직접 대가를 지불한 선불전자지급수단에 대해서는 책임 이행을 위하여 상환보증보험에 가입하더라도 전자금융업 등록 면제의 대상에 포함되지 않습니다.
(4) 보유자가 선불전자지급수단에 기록된 잔액의 환급을 청구하는 경우에는 미리 약정한 바에 따라 환급하여야 합니다.

각주 23

전자금융업 등록면제 요건 질의

일련번호 130231

[질의요지]

(1) 법 제28조 제3항 제1호 나목에 따라 총발행 "잔액"이 30억 원 이하면 되는 것인지, 캐시 총발행금액이 얼마인지는 무관한 것인지 여부

(2) 법 제28조 제3항에서의 "총발행잔액"을 계산할 때 상품 구매 고객에게 적립해 준 금액이 포함되는 것인지, 아니면 적립금은 제외되고 "발행하여 판매되는 금액"만을 의미하는 것인지 여부

[회답]

(1) 전자금융거래법 제28조 제3항 제1호 나목에서 등록이 면제되는 요건은 총발행잔액을 기준으로 30억 원 이하이어야 합니다. 총발행금액과 총발행잔액은 의미가 상이함을 알려드립니다.

(2) 전자금융거래법 제28조 제3항 제1호 나목의 총발행잔액을 계산할 때 이용자가 미리 직접 대가를 지불하지 아니한 적립금은 포함되지 않습니다. '이용자가 미리 직접 대가를 지불하지 아니한 적립금'에 대하여는 법 제28조 제3항 제1호 다목에 따라 상환보증보험 등을 가입하여야 합니다.

각주 25

전자금융거래법 제19조의 '선불전자지급수단'에 무상 증정한 선불전자지급수단이 포함되는지 여부

등록일 2015. 8. 25. / 회신일 2015. 9. 8.

[질의요지]

(1) 고객이 미리 대가를 지급하지 않은 마일리지성 선불전자지급수단의 경우에도 「전자금융거래법」 제19조에 따른 환급 의무가 적용되는지 여부

[회답]

(1) 고객이 미리 대가를 지급하지 않은 마일리지성 선불전자지급수단의 경우에는 「전자금융거래법」 제19조에 따른 환급 의무가 적용되지 않습니다.

[이유]

(1) 「전자금융거래법」 제28조 제4항은 고객이 미리 대가를 지급하지 않은 마일리지성 선불전자지급수단 발행자에 대해서는 같은 법 제19조에 따른 환급 의무의 적용을 면제하고 있으며, 마일리지성 선불전자지급수단의 경우 고객 마케팅 수단으로서의 특성의 감안할 때 법 제19조에 따른 선불전자지급수단의 환급 의무를 적용하는 것은 부적절하기 때문입니다.

각주 27

선불카드로 선불전자지급수단(상품권업종) 사용 가능 여부(180217)

등록일 2018. 6. 4. / 회신일 2019. 2. 15.

[질의요지]

(1) 기존 선불카드 구매·충전 방식(신용카드 / 현금) 外 선불카드로 선불카드 또는 선불전자지급수단의 구매·충전이 가능한지 여부

[회답]

(1) 선불카드로 선불카드 또는 선불전자지급수단을 구매·충전하는 것은 선불카드의 결제 범위에 해당한다고 보기 어렵습니다.

[이유]

(1) 「여신전문금융업법」(이하 '여전법') 제2조 제8호에서는 선불카드의 결제 범위를 물품과 용역의 구매로 한정하고 있지는 않으나,
  • 「선불카드 표준약관」 제12조에 따라 선불카드 소지자 등은 선불카드 발행권면금액 또는 충전금액의 100분의 60(1만 원 이하의 경우 100분의 80) 이상 사용한 경우 선불카드 잔액에 대해 환불을 요청할 수 있는 점을 감안할 때
  • 선불카드의 환불에 준하는 거래는 선불카드의 결제 범위에 해당하지 않는 것으로 보는 것이 타당하다고 생각됩니다.

(2) 선불카드로 다른 선불카드를 구매·충전하는 것은 충전되는 선불카드가 환불이 가능한 상태인 경우 실질적으로 선불카드의 환불과 동일한 거래가 가능하며,
  • 선불카드 간 잔액 이전의 수단으로 악용될 소지가 있으므로 선불카드의 결제 범위에 해당한다고 보기 어렵습니다.

(3) 또한 선불카드로 선불전자지급수단을 충전하는 것은 선불전자지급수단에서 선불카드로 실시간 충전하는 것이 허용되는 상황에서,
  • 선불카드로 선불전자지급수단을 충전한 후 이를 다시 선불카드로 충전할 경우 사실상 선불카드 간 잔액 이전이 가능하므로 여전법상 허용되기 어렵다고 판단됩니다.

각주 28

모바일송금 서비스의 신용 결제 허용 여부(160660)

등록일 2016. 5. 11. / 회신일 2016. 7. 8.

[질의요지]

(1) 휴대폰 애플리케이션을 통한 모바일송금 서비스를 모바일 선불카드의 구입·양도·환급의 방식으로 운용하는 행위가 가능한지 여부

[회답]

(1) 귀사에서 문의한 상품은 외형적으로 선불카드의 발급 및 양도, 환급의 형태를 취하고 있으나 실질적으로 재화와 용역의 판매를 수반하지 않는 신용카드 결제에 해당할 소지가 있어 「여신전문금융업법」(이하 "여전법")상 허용하기 어려움을 알려드립니다.

[이유]

(1) 귀사에서 문의한 상품은 외형적으로 모바일 선불카드의 발급(신용카드 결제)·양도·환급의 형태를 보이고 있으나 실질적으로는 신용카드 결제를 통하여 개인 간 대금을 송금하는 것과 동일한 것으로 판단됩니다.

- 실질적인 신용카드 결제임에도 불구하고 물품의 판매와 용역의 제공 등이 수반되지 않고 있기 때문에 '물품의 판매와 용역의 제공 등이 없이 신용카드로 결제한 것처럼 꾸미는 행위', '신용카드로 실제 매출금액 이상의 거래를 하는 행위'를 제한하고 있는 여전법상 취지에 부합하지 않을 수 있습니다.

각주 29

비조치의견 요청(170103)

등록일 2017. 3. 6. / 회신일 2017. 9. 19.

[질의요지]

(1) 본 신청인은 선불전자지급수단 발행 및 관리업을 영위하고자 하는데, 이용자가 타인에게 양도받은 선불전자지급수단을 자신의 신용카드 결제 대금 정산에 사용가능한 해당 신용카드사의 포인트로 전환하여 사용하는 것이 「전자금융거래법」 또는 「여신전문금융업법」상 제재대상이 되는지 여부

[회답]

(1) 귀사가 출시하려는 선불전자지급수단을 통한 거래는 「여신전문금융업법」에서 금지하는 신용카드를 통한 금전채무의 상환 또는 자금 융통에 해당할 소지가 있습니다.

[이유]

(1) 귀하가 출시하려는 선불전자지급수단의 이용자는 신용카드 결제로 선불전자지급수단을 충전하고, 충전 금액을 신용카드사의 포인트로 전환한 다음 해당 포인트로 신용카드 이용대금을 정산함으로써,

- 실질적으로 신용카드 결제로 카드사에 대한 금전채무인 신용카드 이용대금을 상환할 수 있습니다.

(2) 이는 신용카드 결제를 통한 금전채무의 상환을 금지하는 「여신전문금융업법」 제2조 제3호 또는 신용카드 거래를 통한 자금 융통의 중개·알선을 금지한 동법 제70조 제3항 제2호의 위반 소지가 있습니다.

각주 30

선불전자지급수단의 신용카드 활용 가능 여부에 대한 법령해석 요청(180356)

등록일 2018. 9. 19. / 회신일 2019. 2. 14.

[질의요지]

(1) 신용카드 결제로 충전받은 선불전자지급수단을 신용카드 포인트처럼 사용하여 결제하는 서비스 시행 가능 여부

[회답]

(1) 타인의 신용카드 결제로 충전받은 선불전자지급수단을 신용카드 이용대금 정산에 활용하는 행위는 여전법령에서 금지하는 행위로 보기 어렵습니다.

(2) 다만, 여전법 시행령 제1조의2 제2항 제7호에 따라 개인신용카드 회원이 신용카드로 선불전자지급수단을 충전하는 경우 충전 한도는 선불카드와 상품권 구입한도를 포함하여 월 1백만 원 내에서 운영되어야 하며,

- 동 서비스가 신용카드를 통한 불법적인 자금융통 수단으로 악용되는 것을 방지하기 위해 신용카드 충전액은 다른 결제수단(계좌이체, 체크카드 등) 충전액과 분리하여 양도 및 송금을 제한하여야 하고, 전자금융거래법 등 타법에 따른 절차 및 관련 금융약관을 준수하여야 합니다.

[이유]

(1) 우선, 귀사가 시행하려는 서비스는 타인의 신용카드 결제로 충전받은 선불전자지급수단을 신용카드 이용대금 정산에 활용하는 방식으로 이해됩니다.

(2) 금융위원회는 타인의 신용카드 결제로 선불전자지급수단을 충전하는 방식에 대하여 「여신전문금융업법」에서 직접적으로 제한하고 있지 않으므로 허용된다고 해석한 바 있으며,

- 이를 통해 충전된 선불전자지급수단을 신용카드 이용대금 정산에 활용하는 방식도 여전법령에서 금지하는 행위로 보기 어렵습니다.

(3) 다만, 여전법 시행령 제1조의2 제2항 제7호에 따라 개인신용카드 회원이 신용카드로 선불전자지급수단을 충전하는 경우, 충전 한도는 선불카드와 상품권 구입한도를 포함하여 월 1백만 원 내에서 운영되어야 하며,

- 동 서비스가 신용카드를 통한 불법적인 자금융통 수단으로 악용되는 것을 방지하기 위해 신용카드 충전액은 다른 결제수단(계좌이체, 체크카드 등) 충전액과 분리하여 양도 및 송금을 제한하여야 하고, 전자금융거래법 등 타법에 따른 절차 및 관련 금융약관을 준수하여야 합니다.

각주 31

제휴사의 선불전자지급수단을 신용카드 이용요금 결제수단으로 사용할 수 있는지 여부(170422)

등록일 2017. 9. 28. / 회신일 2018. 1. 5.

[질의요지]

(1) 아래와 같은 단계에 따라 당사의 신용카드 이용요금을 제휴사의 선불전자지급수단으로 자동으로 선결제할 수 있는 서비스가 가능한지 여부

① 통상적인 신용카드 승인 절차에 따라 승인 및 신용이용한도 차감

② 고객과 사전 협의한 조건에 따라 자동으로 고객이 보유한 제휴사의 선불전자지급수단으로 신용카드 이용금액 선결제

③ 선결제 처리 완료 후 본건 신용카드의 이용한도 복원

④ 만약, 본건 신용카드의 이용금액보다 고객이 보유한 제휴사 선불전자지급수단 잔액이 부족할 경우 통상적인 신용카드 승인절차에 따라 승인 및 신용이용한도 차감

– 고객은 제휴사의 앱을 통해 자유롭게 자동 선결제 등록 및 해지를 할 수 있음.

[회답]

(1) 귀사가 출시하려는 상품은 선불전자지급수단과 신용카드의 복합 상품으로서

• 카드사는 가맹점에 결제 대금을 우선 지급하고 신용카드회원으로부터는 결제일에 대금을 사후 수취함에 따른 신용위험 등을 이유로 가맹점에 카드수수료를 부과하는 것이며, 이에 따라 「여신전문금융업법」(이하 "여전법") 제18조의3 제1항 및 같은 법 감독규정 제25조의4 제1항 제1호는 "신용카드가맹점이 부담하는 것이 합당한 비용"만을 수수료율에 반영하도록 규정하고 있는데,

– 해당 상품의 경우 선불전자지급수단으로 신용카드 이용금액이 선결제됨으로써 줄어든 '신용위험에 따른 비용'을 카드수수료에 반영하지 않고 일률적으로 부과하게 된다는 점,

• 소비자는 선불전자지급수단과 신용카드의 복합 상품을 이용하면서도 신용카드의 본질적인 기능인 '대금결제 지연에 따른 신용공여 혜택'을 받지 못하게 된다는 점 등을 고려할 때,

(2) 해당 상품은 여전법상 카드사 및 신용카드의 본질적인 기능을 훼손할 수 있으므로 허용하기 어렵습니다.

각주 32

전자금융거래법상 선불전자지급수단의 발행권면 한도의 기준이 되는 "실지명의"의 구체적 의미(160823)

등록일 2016. 8. 18. / 회신일 2018. 10. 29.

[질의요지]

(1) 「전자금융거래법」상 선불전자지급수단의 발행권면 한도의 기준이 되는 "실지명의"의 구체적 의미

* 「정보통신망 이용촉진 및 정보보호 등에 관한 법률」 제23조의3에 따른 본인확인기관에서 부여하는 연계정보(CI: Connecting Information)를 활용하여 본인여부를 판단할 수 있는지

[회답]

(1) 「전자금융거래법」상 기명식 선불전자지급수단이란 ① 「금융실명거래 및 비밀보장에 관한 법률」 제2조 제4호에 따른 실지명의로 발행되거나, ② 예금계좌와 연결되어 발행된 경우를 의미합니다.

- 따라서 「정보통신망 이용촉진 및 비밀보장에 관한 법률」상 본인확인기관에서 부여하는 고유번호만으로는 전자금융거래법상 규정하고 있는 실지명의의 요건을 충족하지 않는 것으로 판단됩니다.

[이유]

(1) 「전자금융거래법 시행령」 제13조는 「금융실명거래 및 비밀보장에 관한 법률」 제2조 제4호에 따른 실지명의로 발행된 선불전자지급수단의 발행권면 최고한도를 200만 원으로 규정하고 있으며, 「전자금융감독규정」 별표 3은 선불전자지급수단 발행권면 최고한도의 기준이 되는 기명식 선불전자지급수단을 실지명의가 확인되거나 예금계좌와 연결되어 발행된 선불전자지급수단으로 규정하고 있습니다.

(2) 「전자금융거래법 시행령」 제31조 제3항에 따라 금융회사 또는 전자금융업자는 선불전자지급수단의 발행에 관한 사무 등을 수행하기 위하여 불가피한 경우 주민등록번호 등이 포함된 자료를 처리할 수 있습니다.

각주 33

기명식 선불전자지급수단 관련 법령 유권해석 요청(170448)

등록일 2017. 10. 20. / 회신일 2018. 2. 2.

[질의요지]

(1) 기명식 선불전자지급수단을 발행함에 있어 「전자금융감독규정」 별표 3에서 규정하고 있는 "예금계좌와 연결되어 발행된 선불전자지급수단"의 의미는 무엇인지

* 이용자가 실물카드 등을 모바일 앱에 등록하고, 본인확인 및 ARS 추심이체 출금동의를 통해 이용자의 요구불예금 등 계좌와 연동시키는 선불전자지급수단 서비스를 출시할 계획

[회답]

(1) 기명식 선불전자지급수단과 관련하여 「전자금융감독규정」 별표 3에서 규정하고 있는 "예금계좌와 연결되어 발행된 선불전자지급수단"에는 이용자의 일반 요구불예금 등과 같이 이미 개설된 계좌에서 선불전자지급수단의 충전이 이루어지도록 연결된 경우 등이 포함됩니다.

[이유]

(1) 「전자금융거래법 시행령」 제13조 제1항은 실지명의로 발행된 선불전자지급수단의 발행권면 최고한도를 200만 원으로 정하고 있으며, 「전자금융감독규정」 별표 3에서는 기명식 선불전자지급수단을 "실지명의가 확인되거나 예금계좌와 연결되어 발행된 선불전자지급수단"으로 규정하고 있습니다.

(2) 상기의 선불전자지급수단 서비스와 관련하여, 이용자가 특정 기업에서 제공하는 모바일 앱에 가입했다는 사실만으로는 기명식 선불전자지급수단의 요건을 충족했다고 보기 어려우나,

- 이용자가 모바일 카드(선불전자지급수단)를 발급받거나 배송받은 실물카드를 모바일 앱에 등록한 후, 동 카드에 대해 추심이체 출금동의 등의 절차를 거쳐 이용자의 예금계좌와 연결하는 경우, 이는 기명식 선불전자지급수단에 해당한다고 볼 수 있을 것입니다.

각주 41

전자금융업 등록 관련 문의

일련번호 120214

[질의요지]

(1)「전자금융거래법」 제28조 제2항 제3호의 등록 의무 대상자인지 여부
(2)「전자금융거래법」 제28조 제2항 제4호의 등록 의무 대상자인지 여부

[회답]

(1) 선불전자지급수단의 등록 여부 관련 자기 상품의 판매 이외 타인의 상품 위탁 또는 대리 등 판매행위가 있다면 등록할 필요가 있다고 판단됩니다.
(2) PG 등록여부 관련 자금의 수수 및 정산 등 업무수행에 따라 등록하셔야 합니다.

각주 42

1. 전자금융업 등록 및 신고 관련 질의

일련번호 120216

[질의요지]

(1) 구매자의 결제대금을 당사가 보관하고, 일정 주기로 판매자에게 정산지급을 시행하는 경우 '전자금융거래법과 그 시행령'에 따라서 전자금융업 신고를 해야 하는 것인지, "선불전자지급수단발행업", "전자지급결제대행업(PG)", "결제대금예치업(ESCROW)" 등을 모두 등록해야 하는 것인지, 일반 상품 판매 거래에서 외부 PG사를 이용 중이며, 오픈마켓 사업 시, 현재 전자금융업 신고등록된 외부 PG사를 이용해서 전자결제를 시행하더라도, 당사가 판매자에게 지급하는 대금을 지급하는 주체인 경우 전자금융업 신고대상인지 여부

[회답]

(1) 전자지급결제대행업만 등록함, 전자금융업 신고대상에 해당함.

[이유]

(1) "전자지급결제대행업무"에 해당되므로 "전자지급결제대행업"으로 등록하여야 합니다. 언급한 "선불전자지급수단발행업", "결제대금예치업(ESCROW)"은 해당하지 않습니다. 일반상품 판매거래에서 외부 PG사를 이용해서 결제를 시행하더라도 그 결제대금을 PG사로부터 받아 판매자에게 지급한다면 이는 결제단계에 관여하는 것으로 간주되어 "전자지급결제대행업자"로 등록하여야 합니다. 참고로 PG사로부터 직접 판매자로 입금되어 오픈마켓이 정산에 관여하지 않는다면 이는 등록면제 사항입니다.

2. 소셜커머스 운영사업자의 전자지급결제대행에 관한 업무 등록에 대한 문의

일련번호 130216

[질의요지]

(1) "「전자금융거래법」 제28조 제2항 제4호(전자지급결제대행에 관한 업무)의 등록의무대상자"인지 여부

[회답]

(1) 「전자금융거래법」 제2조(정의) 제19호에 의거 "전자지급결제대행"이라 함은 전자적 방법으로 재화의 구입 또는 용역의 이용에 있어서 지급결제정보를 송신하거나 수신하는 것 또는 그 대가의 정산을 대행하거나 매개하는 것을 말합니다. 반면, 「전자금융거래법」 제28조(전자금융업의 허가와 등록) 제3항 제2호에 의거 자금이동에 직접 관여하지 아니하고 전자지급거래의 전자적 처리를 위한 정보만을 전달하는 업무 등 대통령령이 정하는 지급결제대행에 관한 업무를 수행하는 자는 등록하지 아니하고 업무를 행할 수 있습니다.

각주 43

자기 명의로 위탁판매를 하는 수탁자(통신판매업자)의 PG 해당 여부(190014)

등록일 2019. 3. 21. / 회신일 2019. 5. 16.

[요청대상 행위]

(1) 위탁계약에 따라 수탁자(통신판매업자)가 자기 명의로 온라인상에서 재화를 판매하고 이에 대해 위탁자에게 정산대금을 지급하는 것이 「전자금융거래법」 상의 전자지급결제대행에 해당하는지 여부

[판단]

(1) 판매 형태(위탁판매, 판매중개 등)와 관계없이 제3자를 위해 전자적 방법으로 재화의 구입 또는 용역의 이용에 대한 대가의 정산을 대행하거나 매개하는 경우 「전자금융거래법」상 전자지급결제대행에 해당합니다.

[판단이유]

(1) 「전자금융거래법」상 '전자지급결제대행'이라 함은 전자적 방법으로 재화의 구입 또는 용역의 이용에 있어서 지급결제정보를 송신하거나 수신하는 것 또는 그 대가의 정산을 대행하거나 매개하는 것을 말합니다(제2조 제19호).
- 동 규정은 재화나 용역의 판매형태를 구분하고 있지 않고 있으므로, 통신판매업자가 위탁자를 위해 그 대가의 정산을 대행하거나 매개한다면 전자지급결제대행에 해당됩니다.

각주 44

정산대행 서비스만 제공할 경우 전자금융거래 약관 관련 절차 준수 여부

등록일 2017. 9. 18. / 회신일 2017. 12. 1.

[요청대상 행위]

(1) 사용자인증 및 결제대행서비스를 제공하는 전자지급결제대행업자와의 제휴를 통해 가맹점을 대상으로 정산대행 서비스를 제공하는 경우, 이용자에게 전자금융거래에 관한 약관을 명시하고 동의를 구하여야 하는지 여부

[판단]

(1) 전자지급결제대행업을 영위하는 제휴업체로부터 전자금융거래정보를 수신하여 가맹점에 정산대행 서비스를 제공할 경우, 이용자에게 약관을 명시하고 약관과 관련하여 법규에서 정한 절차를 준수하여야 할 것으로 보입니다.

[판단이유]

(1) 금융회사 및 전자금융업자는 「전자금융거래법」 제24조, 제25조 등에 따라 전자금융거래의 계약 체결에 있어 약관을 명시하고 사본을 교부하거나, 미리 금융감독원에 보고하는 등 관련 법규에서 정한 절차를 준수하여야 합니다.

(2) 전자지급결제대행 업무와 관련하여 가맹점에 대해 정산대행 업무를 수행하며 전자금융거래정보를 처리한다면, 전자지급결제대행에 관여하여 이용자에게 전자금융업무를 제공하는 것으로 볼 수 있으므로 이용자에게 약관을 명시하는 등 약관과 관련하여 법규에서 정한 절차를 준수하여야 할 것으로 보입니다.

※ 여기에서의 "가맹점"은 신청인의 표현에 따른 것으로 전자지급결제대행업자가 정산대행서비스를 제공하는 대상을 의미하며, 전자금융거래법 제2조 제20호에서의 "가맹점"과는 다른 개념입니다.

각주 46

비조치의견 요청(160983)

등록일 2016. 11. 3. / 회신일 2017. 8. 11.

[질의요지]

(1) 당사는 신용카드, 계좌이체, 선불전자지급수단과 연결된 '스마일페이'라는 간편결제 시스템을 운영하고 있고, 향후 스마일페이와는 별도로 계좌이체 전용 간편결제 서비스인 A페이(가칭)를 출시할 예정임.

(2) 당사는 A페이로 결제하는 고객에게 결제금액의 약 2% 상당의 당사 마일리지 포인트를 적립해주려고 하는데,

- 해당 포인트 적립이 신용카드가맹점이 신용카드회원을 불리하게 대우하는 것을 금지한 「여신전문금융업법」 제19조 제1항에 위반되는지 여부

[회답]

(1) 귀사가 신용카드 결제 고객에게 다른 결제수단을 이용하는 경우보다 포인트 적립, 할인 혜택 등에서 불리하게 대우할 경우 「여신전문금융업법」 제19조 제1항 위반 소지가 있습니다.

[이유]

(1) 「여신전문금융업법」 제19조 제1항에 따르면 신용카드가맹점은 신용카드로 거래한다는 이유로 신용카드회원을 불리하게 대우하지 못하며,

- 「여신전문금융업법」 해당 조항에서 '불리한 대우'의 의미가 가격차별에 국한된다고 보기는 어렵다고 판단됩니다.

(2) 귀사가 A페이를 통하여 계좌이체 결제 고객에게 제공하려는 혜택과 스마일페이 등을 통하여 신용카드회원에게 제공하는 혜택을 비교할 때,

- 신용카드 결제 고객이 계좌이체로 결제하는 경우보다 포인트 적립, 할인 혜택 등에서 불리하게 대우받는 것으로 판단된다면,
- 귀사는 A페이를 출시할 경우 「여신전문금융업법」 제19조 제1항을 위반하게 될 소지가 있습니다.

각주 48

선불전자지급수단에 대한 이자지급 가능 여부(160760)

등록일 2016. 6. 27. / 회신일 2016. 7. 28.

[질의요지]

(1) 선불전자지급수단으로 취급되는 포인트를 발행 관리하고 있는데, 충전한 유상 포인트에 대하여 보유기간에 따라 이자를 지급하는 것이 가능한지와 가능하다면 별도 등록 등이 필요한 것인지 여부

(2) 「전자금융거래법」 제28조에 따른 전자금융업자로서 선불전자지급수단에 이자 등을 지급하는 것이 「은행법」상 은행업 인가를 요하는 행위인지 여부

[회답]

(1) 「전자금융거래법」은 선불전자지급수단을 발행 및 관리하는 전자금융업자가 이용자가 유상으로 충전한 선불전자지급수단의 보유기간에 따라 이자를 지급하는 것을 금지하고 있지 않으며, 이를 위하여 별도의 전자금융업 등록 등이 필요하지 않습니다.

(2) 전자금융업자가 선불전자지급수단에 대한 이자 등을 지급하는 행위만으로는 「은행법」 제2조 제1항 제1호에 따른 은행업에 해당한다고 보기 어려우므로, 해당 업무만을 위하여 「은행법」 제8조에 따른 인가를 받을 필요는 없습니다.

[이유]

(1) 선불전자지급수단은 이전가능한 금전적 가치가 전자적 방법으로 저장·발행되어 재화 또는 용역의 구입과 대가 지급에 사용되는 수단으로,
   - 포인트, 마일리지 등 이용자가 직접 대가를 지급하지 아니한 경우에도 선불전자지급수단에 해당될 수 있습니다.
   - 따라서 전자금융업자가 이용자가 미리 충전한 선불전자지급수단에 이자 등을 지급하고 지급한 이자가 재화 또는 용역의 구입 등에 사용되는 경우 선불전자지급수단에 포함될 수 있을 것으로 판단됩니다.

(2) "은행업"이란 예금을 받거나 유가증권 또는 그 밖의 채무증서를 발행하여 불특정 다수인으로부터 채무를 부담함으로써 조달한 자금을 대출하는 것을 업

(業)으로 하는 것을 말합니다(「은행법」 제2조 제1항 제1호).

- 질의하신 사항만으로는 해당 행위가 불특정 다수인과의 여·수신 관계가 있다고 보기 어려우므로 은행업에 해당하지 않는다고 판단됩니다.
- 다만, 전자금융업자가 해당 행위 이외에 선불전자지급수단 예치금액을 재원으로 불특정 다수에게 대출 등의 행위를 하는 경우에는 「은행법」에 따른 인가가 필요한 은행업에 해당할 가능성이 있음을 알려드립니다.

각주 49

간편결제(핀테크) 업체 전용 적금 상품 개발(170344)

등록일 2017. 8. 4. / 회신일 2018. 12. 26.

[질의요지]

(1) 「간편결제업체(전자금융업자)」가 서비스 이용고객의 선불충전 자금을 수납받아 적금 운용 후 고객에게 추가 포인트 적립·할인쿠폰 등의 부가서비스를 제공하는 것이 유사수신행위에 해당하는지 여부

[회답]

(1) 질의하신 내용으로 볼 때 동 부가서비스 제공행위가 유사수신에 해당될 가능성이 있으나, 위 내용만으로는 법 적용 요건을 상세히 알 수 없어 확정적으로 답변드릴 수가 없음을 양해바랍니다.
다만, 유사수신행위 규제에 관한 법률 위반 여부는 수사기관 등이 당해 행위에 대한 구체적 사실관계를 확정한 후 최종적으로는 법원 등 사법당국이 동 행위의 영업성, 행위의 목적, 규모, 회수 기간, 태양 등 여러 사정을 종합적으로 고려하여 사회통념에 따라 판단하여야 할 사항임을 알려드립니다.

[이유]

(1) 유사수신행위법 제2조 및 제3조에 따라 다른 법령에 따른 인가·허가를 받지 아니하거나 등록·신고 등을 하지 아니하고 불특정 다수인으로부터 자금을 조달하는 것을 업으로 하면서 원금보장약정 등을 하는 경우 유사수신행위법 위반으로 처벌됩니다.
대상회사는 다른 법령에 따른 인가·허가를 받지 아니하거나 등록·신고 등을 하지 아니하고 불특정 다수의 고객들로부터 자금을 수납받아 간편결제 서비스 외에 소위 '저금통'이라는 적금과 유사한 상품을 제공함으로써 고객으로부터 받은 자금을 운용한 이후 본인 포인트 적립분 이외에 추가 포인트 적립분을 제공할 것을 약속하고 있는바, 이는 유사수신행위에 해당된다고 볼 여지가 있습니다. 다만, 위 내용만으로는 법 적용 요건을 상세히 알 수 없어 확정적으로 답변드릴 수가 없음을 양해바랍니다.

각주 51

전산장애를 대비한 체크카드 승인편의 서비스가 여신전문금융업법상 '직불카드' 정의 조항에 위배되는지 여부

등록일 2015. 9. 10. / 회신일 2015. 10. 21.

[질의요지]

(1) 전산장애 발생 시 고객편의를 위해 "일시적으로 운영하는 체크카드 가승인 프로세스"가 「여신전문금융업법」 제2조 제6호의 '직불카드' 정의 범위에 포함되는지 여부

[회답]

(1) 체크카드 가승인 서비스가 일상적이고 반복적으로 경제적 이득 획득을 위해 제공되지 않고, 전산장애와 같이 제한적인 상황에서 지급결제 시스템 안정화를 위해 제공되는 점 등을 감안 시 직불카드의 정의 조항을 위반하지는 않는 것으로 판단됩니다.

[이유]

(1) 「여신전문금융업법」 제2조 제6호에서 직불카드를 직불카드회원과 신용카드가맹점 간에 전자적 또는 자기적 방법으로 금융거래계좌에 이체하는 등의 방법으로 결제가 이루어질 수 있도록 신용카드업자가 발행한 증표로 정의하고 있는데,

- 직불카드는 신용카드업자의 '신용공여' 기능이 없다는 점에서 신용카드와 차이가 있습니다.

(2) 귀사에서 제공하고자 하는 체크(직불)카드 가승인 프로세스는 일부 경우에 '신용 공여' 행위가 수반되는 것으로 볼 여지도 있습니다.

- 다만, 동 서비스가 일상적이고 반복적으로 경제적 이득 획득을 위해 제공되는 것이라 보기 어렵고, 전산장애와 같은 특수한 상황에서 지급결제 시스템 안정화 및 고객 편의를 위해 제한적으로 제공되는 점 등을 감안 시
- 체크(직불)카드 가승인 서비스는 직불카드의 정의 조항을 위반하지는 않는 것으로 판단됩니다.

각주 58

○○페이 앱을 통한 금융서비스 제공과 관련된 질의(170469)

등록일 2017. 11. 10. / 회신일 2018. 2. 2.

[질의요지]

A은행은 ○○社와 제휴하여, 고객이 기존에 은행에서 발급받은 플라스틱현금카드(현금IC카드, 체크카드, 신용카드 등)를 ○○페이 앱에 등록하고 이후 스마트폰을 통해 CD/ATM 출금, 잔액조회, 이용내역조회 등이 가능한 서비스를 제공하고자 함. 이때 A은행이 ○○페이 서비스를 제공하는 ○○社와 업무 위·수탁 계약 또는 정보처리 위·수탁 계약을 체결하여야 하는지 여부

[회답]

은행이 자사의 고객을 대상으로 자사의 서비스를 제공하는 과정에서 고객의 동의에 따라 타 기관이 단순 금융거래 정보 전달의 통로 역할만 수행하는 경우에는, 비록 해당 금융거래정보가 은행 외의 타 기관의 서버(server)를 경유하여 전달되더라도 은행과 타 기관 간의 업무 또는 정보처리 위·수탁 계약 체결이 필요하지 않습니다.

[이유]

금융회사가 자사의 고객을 대상으로 자사의 서비스를 제공하기 위하여 고객의 요구에 따라 해당 고객의 금융거래 정보를 암호화된 형태로 제공하는 경우로서 타 기관이 단순 금융거래정보 전달의 통로 역할만 수행하는 경우에는 타 기관은 해당 금융거래정보에의 접근이 제한되고, 해당 금융거래정보를 활용할 수 없으며, 별도의 정보처리가 있다고 볼 수 없는 등의 사정을 고려할 때, 업무 또는 정보처리의 위·수탁이 있다고 판단하기 어렵습니다.

※ 통신사 스피커를 통한 은행 거래에 대한 유권해석(170273)

각주 59

NFC 인프라 보급을 위해 업계 공동 협의체를 구성하여 가맹점에 단말기 제공 (170116)

등록일 2017. 3. 2. / 회신일 2017. 5. 11.

[질의요지]

(1) NFC 인프라 보급을 위하여 개별 카드사가 아닌 업계공동 협의체를 구성하여 가맹점에 단말기를 제공하였을 경우 여신전문금융업법 위반 여부

[회답]

(1) 협의체를 통하여 NFC 인프라를 보급하는 행위가 「여신전문금융업법」(이하 "여전법")상 부당한 보상금 등의 제공에 해당하는지 여부는 구체적인 사안에 따라 판단해야 할 사항입니다.

(2) 협의체에 참가하지 않은 카드사의 동의를 전제로 하지 않는 등 일정요건을 충족하지 않을 경우 동 단말기를 신용카드가맹점에 무상으로 제공하는 행위 등은 여전법상 부당한 보상금에 해당할 수 있습니다(법령해석 일련번호 160896 참고).

각주 60

PG 오프라인결제업무 영위 가능 여부(170316)

등록일 2017. 7. 11. / 회신일 2019. 4. 24.

[질의요지]

(1) 전자지급결제대행업체가 오프라인 결제 서비스를 제공하는 것에 대해 「전자금융거래법」 및 「여신전문금융업법」에 따른 제한사항이 있는지 여부

[회답]

(1) 「전자금융거래법」에서는 전자지급결제대행(PG) 업자가 결제대행서비스 제공 영역을 오프라인으로 확대하는데 대하여 특별한 제한을 두고 있지 않습니다.

(2) 「여신전문금융업법」은 결제대행업체가 대행할 수 있는 거래의 종류에 대해서는 별도로 제한하고 있지 않는 것으로 판단됩니다. 다만, 결제대행업체가 물품의 판매 또는 용역의 제공 등을 하는 자의 정보를 직접 수집·제공할 수 있는 경우에만 신용카드등에 따른 거래를 대행하여야 하며, 「여신전문금융업법」상 가맹점이 준수하여야 할 사항을 신용카드등에 따른 거래의 대행을 요청한 자(물품의 판매 또는 용역의 제공 등을 하는 자)가 동일하게 준수하도록 관리·감독하여야 합니다.

[이유]

(1) 「전자금융거래법」에 따라 전자지급결제대행업으로 등록한 기업의 경우 전자금융 거래*의 요소를 모두 갖추어 서비스를 제공한다면 온라인상에서 제공하는지 오프라인에서 제공하는지 여부와는 상관없이 「전자금융거래법」상 전자지급결제대행업을 영위하는 것으로 판단됩니다.

* 금융회사 또는 전자금융업자가 전자적 장치를 통하여 금융상품 및 서비스를 제공하고, 이용자가 금융회사 또는 전자금융업자의 종사자와 직접 대면하거나 의사소통을 하지 아니하고 자동화된 방식으로 이를 이용하는 거래

(2) 「여신전문금융업법」 제2조 제5호는 결제대행업체를 신용카드업자와의 계약에 따라 신용카드회원등에게 물품의 판매 또는 용역의 제공 등을 하는 자를 위하여 신용카드등에 의한 거래를 대행하는 자로 규정하고 있으며, 대행할 수 있는 거래의 종류에 대해서는 규정하고 있지 않습니다.

• 따라서 「여신전문금융업법」상 결제대행업체가 오프라인 결제서비스를 제공하는 것도 별도로 제한되지 않는 것으로 판단됩니다.

(3) 다만, 「여신전문금융업법」 제19조 제7항 제1호는 결제대행업체가 물품의 판매 또는 용역의 제공 등을 하는 자의 신용정보 및 신용카드등에 따른 거래를 대행한 내용을 신용카드업자에게 제공하여야 하고, 제2호는 결제대행업체가 물품의 판매 또는 용역의 제공 등을 하는 자의 상호 및 주소를 신용카드회원등이 알 수 있도록 하여야 한다고 정하고 있습니다.

• 따라서 결제대행업체는 신용카드등에 따른 거래의 대행을 요청한 자(물품의 판매 또는 용역의 제공 등을 하는 자, 이하 '결제대행하위사업자'라 합니다)의 정보를 직접 수집·제공할 수 있는 경우에만 신용카드등에 따른 거래를 대행하여야 하며, 다른 결제대행업체의 신용카드 거래를 다시 대행하는 등 결제대행업체가 결제대행하위사업자의 정보를 직접 수집·제공하지 못하는 경우에는 신용카드등에 따른 거래를 대행할 수 없습니다.

(4) 결제대행업체는 신용카드가맹점의 지위에 있으므로 결제대행하위사업자가 「여신전문금융업법」 제19조 제3항에 따라 금융위원회에 등록된 신용카드 단말기만을 설치·이용하도록 관리·감독하여야 합니다.

• 또한 「여신전문금융업감독규정」 제24조의6에 따라 결제대행업체는 결제대행하위사업자가 신용카드에 의한 거래를 할 때마다 서명, 비밀번호, 생체정보 확인 등의 방법을 통해 본인확인을 하는지 여부를 관리·감독하여야 하고, 결제대행업체 및 결제대행하위사업자가 신용카드회원등으로부터 취득한 신용카드등에 관한 정보가 업무 외의 목적에 사용되거나 외부에 유출되는 등으로 인해 카드회원등이 손해를 입을 경우 결제대행업체가 해당 카드회원등에게 손해배상의 책임을 부담하여야 합니다.

각주 61

결제대행(PG) 사업영역 확장 관련 질의

일련번호 120207

[질의요지]

(1) 「전자금융거래법」 제28조(전자금융업의 허가와 등록) 관련 기 등록된 PG업체가 PG결제대행서비스 제공 영역을 오프라인까지 확장하여 제공하는 것에 대하여 법률적 제한 사항이 있는지

[회답]

(1) 「전자금융거래법」에서는 전자금융업자가 PG결제대행서비스 제공영역을 오프라인으로 확대하는데 대하여 특별한 제한을 두고 있지는 않습니다.

각주 68

비대면(모바일) 카드발급 시 본인확인 수단 방법 관련

등록일 2015. 11. 30. / 회신일 2016. 1. 21.

[질의요지]

(1) 「여신전문금융업법」(이하 "여전법") 시행령 제6조의7 제4항 후단에 대한 적용 범위 및 본인 신청 확인수단 확대 적용 시 적법성 여부

[회답]

(1) 「여전법 시행령」 제6조의7 제4항 후단의 '본인이 신청하였음을 확인할 수 있는 경우'에는 신분증 정보확인 및 본인서명 등 다양한 방식이 있을 수 있는데, 구체적인 비대면 본인확인 방식은 '15. 5. 18. 금융위원회가 발표한 '실명확인 방식 합리화 방안'에서 허용한 비대면 실명확인방식을 적용할 수 있을 것으로 보입니다.

[이유]

(1) 「여전법」 제14조 제4항, 동법 시행령 제6조의7 제4항에서는 인터넷을 통한 신용카드 회원 모집 시 「전자서명법」 제2조 제3호에 따른 공인전자서명을 통하여 본인 여부를 확인하지 아니한 신용카드회원 모집을 금지하고 있으나, 신청인의 신분증 발급기관·발급일 등 본인임을 식별할 수 있는 정보와 본인의 서명을 받는 방법 등으로 본인이 신청하였음을 확인할 수 있는 경우는 제외하고 있습니다.

- 「여전법 시행령」 제6조의7 제4항 후단의 '본인이 신청하였음을 확인할 수 있는 경우'에는 신분증 정보확인 및 본인서명 등 다양한 방식이 있을 수 있는데, 구체적인 비대면 본인확인 방식은 '15. 5. 18. 금융위원회가 발표한 '실명 확인방식 합리화 방안'에서 허용한 비대면 실명확인방식을 적용할 수 있을 것으로 보입니다.
- 다만, 이러한 비대면 본인확인 방식을 적용하는 경우에는 카드사 내부 시스템 구축 과정에 시스템 안정성 및 보안성 테스트를 거쳐야 하며, 개인정보 및 개인신용정보의 보호에 만전을 기할 필요가 있습니다.

각주 69

비대면 채널 통한 체크카드 발급 시 본인확인 방법(160984)

등록일 2016. 12. 5. / 회신일 2017. 3. 31.

[질의요지]

(1) 고객이 온라인 채널을 통하여 체크카드 발급을 신청하는 경우 본인 여부 확인을 위하여 기존에는 상담원이 전화 통화로 고객이 입력한 신분증 또는 계좌 정보의 진위 여부를 확인하고 있으나,
- 동 절차를 상담원 전화 통화가 아닌 온라인 신청화면에서 고객이 직접 수행하도록 변경하려고 하는데 문제가 없는지 여부

[회답]

(1) '15. 5. 18. 금융위원회가 발표한 "계좌 개설 시 실명확인방식 합리화 방안"에서 허용한 비대면 본인확인방식은 온라인을 통한 카드 발급 시 본인 여부 확인에도 적용할 수 있을 것으로 보입니다.

(2) 다만, 이 경우 카드사는 명의도용 등 부정발급 가능성을 최소화시키기 위하여 내부적으로 시스템 안정성 및 보안성 테스트를 거치고, 개인정보 및 개인신용정보의 보호에 만전을 기하여야 할 것입니다.

[이유]

(1) 「여신전문금융업법 시행령」 제6조의7 제4항에 따르면 신용카드업자는 인터넷을 통한 카드회원 모집 시 공인전자서명을 통하여 본인 여부를 확인하여야 하나,
- 신청인의 신분증 발급기관, 발급일 등 본인임을 식별할 수 있는 정보와 본인의 서명을 받는 방법 등으로 본인이 신청하였음을 확인할 수 있는 경우는 공인전자서명으로 본인 여부를 확인하지 않고 카드회원을 모집할 수 있습니다.

(2) 한편, '16. 1. 21. 금융위원회는 상기 규정에 관한 법령 해석 요청에 대하여 공인전자서명 없이도 본인이 카드 발급을 신청하였음을 확인할 수 있는 방식은,

• '15. 5. 18. 금융위원회가 발표한 "계좌 개설 시 실명확인방식 합리화 방안"에서 허용한 비대면 실명확인방식을 적용할 수 있을 것으로 보인다고 회신한 바 있습니다.

(3) 다만, 「여신전문금융업법 시행령」 제6조의7 제4항에서 명시하지 않은 방법으로 카드 발급 신청인의 본인 여부를 확인하려 하는 경우,

• 카드사는 명의도용 등 부정발급 가능성을 최소화시키기 위하여 내부적으로 시스템 안정성 및 보안성 테스트를 거치고, 개인정보 및 개인신용정보의 보호에 만전을 기하여야 할 것입니다.

각주 72

1. 신용카드 거래 시 제3자의 간편결제서비스를 통한 본인확인이 가능한지 여부 (170299)

등록일 2017. 6. 23. / 회신일 2017. 12. 13.

[질의요지]

(1) 간편결제서비스에 등록한 신용카드를 이용한 거래 시, 신용카드가맹점의 신용카드 거래를 위한 본인확인방법으로,

- 거래 시마다 이용자의 서명을 받는 대신, 해당 간편결제 서비스를 통해 간편결제 서비스의 비밀번호 또는 지문을 입력하도록 하는 것이 가능한지 여부

[회답]

(1) 여신전문금융업 감독법규에서는 신용카드 거래 시 본인확인방법을 해당 조항에서 열거한 서명, 신용카드의 비밀번호, 생체정보 등으로 규정하고 있으며,

- 귀사가 제안하는 새로운 본인확인방법(간편결제 서비스의 비밀번호 또는 지문 입력)에 따라 신용카드 결제를 처리하고자 하는 경우에는,
- 본인확인의무 및 카드 부정사용의 책임이 귀속되는 당사자인 신용카드가맹점, 카드사 등과 별도의 합의가 필요하다고 생각됩니다.

[이유]

(1) 「여신전문금융업법」 제19조 제2항 및 「여신전문금융업감독규정」 제24조의6 제1항에서는 신용카드 거래 시 카드사 및 신용카드가맹점에게 신용카드를 본인이 정당하게 사용하고 있는지 확인하도록 규정하고 있으며,

- 「여신전문금융업감독규정」 제24조의6 제1항에서는 본인확인방법으로 해당 조항에서 열거한 서명, 신용카드의 비밀번호, 생체정보, 전자인증 등을 예시적으로 허용하고 있습니다.
- 이와 같은 본인확인의무는 신용카드에 대해 정당한 권리를 가진 사람만이 사용하도록 하여 부정사용으로 인한 피해를 막고자 규정되었으며,
  - 신용카드등의 부정사용으로 인한 책임은 원칙적으로 카드사에게 있으나(「여전법」 제16조 제5항), 카드사가 신용카드회원·신용카드가맹점에게

신용카드등의 부정사용과 관련한 고의·중대한 과실이 있음을 입증 시 신용카드회원·신용카드가맹점이 책임을 질 수 있도록 계약을 체결한 경우에는 신용카드회원·신용카드가맹점이 책임을 질 수 있습니다(「여전법」 제16조 제6항, 제17조 제1항).

(2) 귀사가 제시한 본인확인방법인 간편결제 서비스의 비밀번호와 지문은 상기 조항(여전업감독규정 제24조의6 제1항)에서 열거된 본인확인방법과 기술적으로 유사하나,

- 본인확인의무는 카드사와 신용카드가맹점에게, 부정사용에 따른 책임은 원칙적으로 카드사(예외적으로 신용카드가맹점 및 신용카드회원)에게 귀속된다는 점을 고려할 필요가 있습니다.

(3) 따라서 귀사가 제안하는 새로운 본인확인방법에 따라 신용카드 결제를 처리하고자 하는 경우에는,

- 본인확인의무 및 카드 부정사용의 책임이 귀속되는 당사자인 신용카드가맹점, 카드사 등과 별도의 합의가 필요하다고 생각됩니다.

(4) 또한 새로운 본인확인방법은 신용카드가맹점이 신용카드회원의 개인정보를 수집하는 등 신용카드회원의 권익을 침해하는 방향으로 설계되어서는 아니될 것입니다.

2. 여신전문금융업감독규정 제24조의6과 신용카드사 가맹점표준약관이 병립하는 조항인지(180084)

등록일 2018. 3. 5. / 회신일 2018. 12. 26.

[질의요지]

(1) 오프라인 간편결제 서비스를 활용한 신용카드 거래 시, 비밀번호를 입력하는 방법으로 여신전문금융업법상 본인확인 절차를 수행하고 있는 경우

- 이와 별도로 가맹점 약관 등에서 요구하는 서명확인 방법 등 추가 본인확인 절차를 이행해야 하는지 여부

[회답]

(1) 비밀번호 입력방법 외에 추가적인 본인확인 수단 필요 여부는 신용카드업자와 신용카드가맹점 간 계약 체결 등을 통해 결정할 사항으로,

- 약관 등에서 정하는 서명확인 방법을 통한 본인확인 절차 생략을 위해서는 본인확인의무 및 카드 부정사용의 책임이 귀속되는 당사자인 신용카드업자와 신용카드가맹점 간 별도의 합의가 필요하다고 생각됩니다.

[이유]

(1) 「여신전문금융업법」 제19조 제2항 및 「여신전문금융업감독규정」 제24조의6 제1항에서는 신용카드 거래 시 카드사 및 신용카드가맹점에게 신용카드를 본인이 정당하게 사용하고 있는지 확인하도록 규정하고 있으며,

- 「여신전문금융업감독규정」 제24조의6 제1항에서는 본인확인방법으로 해당 조항에서 열거한 서명, 신용카드의 비밀번호, 생체정보, 전자인증(전자상거래의 경우) 등을 예시적으로 허용하고 있습니다.
- 이와 같은 본인확인의무는 신용카드에 대해 정당한 권리를 가진 사람만이 사용하도록 하여 부정사용으로 인한 피해를 막고자 규정되었으며,
  - 신용카드등의 부정사용으로 인한 책임은 원칙적으로 카드사에게 있으나(「여전법」 제16조 제5항), 카드사가 신용카드등의 부정사용에 대하여 신용카드회원·신용카드가맹점의 고의 또는 중대한 과실을 증명 시 그 책임을 신용카드회원·신용카드가맹점이 지도록 할 수 있다는 취지의 계약을 체결한 경우에는 신용카드회원·신용카드가맹점이 그 계약내용에 따른

책임을 질 수 있습니다(「여전법」 제16조 제6항, 제17조 제1항).

(2) 귀사는 「여신전문금융업감독규정」에서 정한 방법(비밀번호 입력)으로 본인확인 절차를 진행할 경우 신용카드가맹점 표준약관에서 요구하는 추가적인 본인확인 절차는 불필요하다는 입장이나,

- 본인확인의무는 카드사와 신용카드가맹점에게, 부정사용에 따른 책임은 원칙적으로 카드사(예외적으로 신용카드가맹점 및 신용카드회원)에게 귀속된다는 점을 고려할 필요가 있으며,
- 신용카드가맹점 표준약관은 '카드사·가맹점 간 필요한 권리와 의무에 관한 사항'을 규약으로 정한 것인바, 표준약관에서 정하고 있는 본인확인 절차 의무를 임의적으로 생략하기는 어렵다고 판단됩니다.

(3) 따라서 가맹점 약관 등에서 정하는 본인확인 절차 생략을 위해서는,

- 본인확인의무 및 카드 부정사용의 책임이 귀속되는 당사자인 신용카드업자와 신용카드가맹점 간 별도의 합의가 필요하다고 판단되며,
- 해당 본인확인 절차의 생략은 부당하게 신용카드회원의 권익을 침해하는 방향으로 설계되어서는 아니될 것입니다.

각주 74

전자결제대행업자의 접근매체 발급 시, 주민등록번호를 이용한 본인확인 가능 여부 (180338)

등록일 2018. 8. 28. / 회신일 2018. 11. 12.

[질의요지]

(1) 「전자금융거래법」 제6조 제2항 및 「전자금융감독규정」 제34조 제3호가 주민등록번호의 수집을 허용하는 근거 법령이 될 수 있는지 여부

(2) 전자결제대행업자가 접근매체 발급 시 대체수단 제공 없이 성명 및 주민등록번호 수집을 하여야 하는지 여부

[회답]

(1) 금융회사 또는 전자금융업자가 접근매체의 발급에 관한 실무를 처리하기 위하여 불가피한 경우 주민등록번호가 포함된 자료를 처리할 수 있습니다(「전자금융거래법 시행령」 제31조 제3항 제1호).

(2) 유선상 통화하여 파악한 결과 접근매체 발급 시 대체수단 제공없이 성명 및 주민등록번호를 수집하는 방식이 「정보통신망법」 제23조의2 제2항에 위반되는지 여부를 질의하신 것으로 파악하였습니다. 특정한 주민등록번호 수집 및 이용 방식이 「정보통신망법」에 위반되는지 여부는 「정보통신망법」을 담당하는 과학기술정보통신부에 문의해주시기 바랍니다.

각주 75

자동결제 시 결제창에 주민등록번호 입력 가능 여부

일련번호 140196

[질의요지]

(1) PG사의 신용카드 자동결제 과정에서 공인인증서로 본인확인을 할 경우 「전자금융거래법」 제15조에 근거 주민등록번호 수집이 가능한지 여부

[회답]

(1) 신용카드 결제의 경우 금융회사 등에 개설된 계좌에서 다른 계좌로 자금을 이체하는 것이 아니므로 추심이체에 해당하지 않습니다.
(2) 따라서 신용카드 결제 시 공인인증서로 본인확인을 하는 경우는 「전자금융거래법」 제15조의 적용을 받지 않음을 알려 드립니다.
(3) 아울러, 「전자금융거래법」 제15조에 따라 추심이체 출금동의 절차를 수행하는 경우에도 이를 근거로 주민등록번호를 수집할 수 없음을 알려드립니다.

[이유]

(1) 전자금융거래법 제2조 제1호에 따르면 "추심이체"는 수취인의 추심지시에 따라 지급인과 수취인 사이에 자금을 지급할 목적으로 금융회사 등에 개설된 계좌에서 다른 계좌로 자금을 이체하는 것으로 볼 수 있습니다.

참고자료

• 전자지급수단의 법적 규제방안(김시홍, 박사학위논문, 2016. 1. 26.)

• 신용카드 밴수수료 체계 변화에 대한 연구 논문(남재현, 민세진, 박래수 교수, 2017. 6. 26.)

• 우리나라 지급결제 현황과 과제 발표자료(양준모 교수, 2018. 12. 7.)

• 현금영수증 사업자 세액공제 방법 및 적정금액 산출(한국조세재정연구원, 2017. 12.)

• 우리나라의 모바일지급결제서비스 현황(지급결제정보 제2004-6호, 2004. 6. 23.)

후 기

와~ 후기를 쓰다니. 드디어 다 쓰긴 했네요.

이 업계에 처음 왔을 때 모르는 게 많아서, 그냥 혼자 여전법과 전금법 개념이라도 정리해야지 하고 시작하게 되었어요.

일단 시작을 하고 나니까, 여러분들이 알려도 주시고, 업무를 하면서 알게 되는 것들도 있어서, 하나씩 추가하다 보니 책이 되었습니다.

머리말은 수학의 정석을 오마주한 것인데, 거기서 느껴지는 저자의 자부심은…… 차마 비슷하다고도 하기 어렵네요. 그래도, 일과 관련된 분들이 보실텐데, 개괄적으로 현황을 이해하는데 도움이 되었으면 좋겠습니다. 그 정도는 될꺼라고 봅니다. 현업에는 이보다 더 많은 이슈들이 있습니다. 그러면서, 발전이 되는 거겠죠.

애쓰시는 동료분들께 파이팅을 전합니다. 가족들과 친구들, 도매니저에게도 감사합니다.

"네게 없는 것을 탓하지 말고,
지금 가진 것으로 네가 원하는 바를 이루라."

예 자 선

변호사(사법연수원 33기)

연세대학교 졸업

수원지검 검사, 예금보험공사, 금융위원회 파견근무,

AIG 법무팀장, 라이나생명 준법감시인, 현 카카오페이 변호사